Keyword Series of Psychology

キーワード心理学シリーズ 11　重野 純・高橋 晃・安藤清志 監修

パーソナリティ・知能

杉山憲司・小塩真司 著

新曜社

キーワード心理学シリーズ　全12巻

＊印既刊

＊1	視覚	（石口彰）
＊2	聴覚・ことば	（重野純）
＊3	記憶・思考・脳	（横山詔一・渡邊正孝）
＊4	学習・教育	（山本豊）
＊5	発達	（高橋晃）
＊6	臨床	（春原由紀）
7	感情・ストレス・動機づけ	（浜村良久）
8	障害	（大六一志）
＊9	非行・犯罪・裁判	（黒沢香・村松励）
10	自己・対人行動・集団	（安藤清志）
＊11	パーソナリティ・知能	（杉山憲司・小塩真司）
＊12	産業・組織	（角山剛）

【監修者】

重野　純（しげの　すみ）
青山学院大学名誉教授。専門は認知心理学，心理言語学。
1,2,3,4巻を担当。

高橋　晃（たかはし　あきら）
武蔵野大学名誉教授。専門は発達心理学，文化心理学。
5,6,7,8巻を担当。

安藤清志（あんどう　きよし）
東洋大学名誉教授。専門は社会心理学。
9,10,11,12巻を担当。

「キーワード心理学」シリーズ刊行にあたって

人類の長い歴史のなかで、今日ほど心理学が必要とされている時代はないでしょう。現代に生きる多くの人々が、社会のなかのさまざまな問題を解決するためには、心のはたらきに目を向けるべきだと考えているからです。心理学はこれまで多岐の分野にわたって発展してきましたが、その過程で分野ごとに専門化が進み、内容的に奥深い知識が要求されるようになりました。生理学、物理学、言語学などの知識が必要な分野もあります。心理学で扱う中心的なテーマも変遷してきました。19世紀には構成心理学からゲシュタルト心理学へ、20世紀には行動主義から認知科学へと心理学者の主な関心は移ってきました。そして現在、心（精神、魂）のはたらきを解明するのに最も深くかかわっていると考えられる脳のはたらきに関心が集まっています。脳研究の目ざましい発展により、人の脳をまったく傷つけることなく、脳のどの場所がどのような心のはたらき――考えたり感じたりすること――に関与しているのかを調べることができるようになりました。しかしこの場合も、心のはたらきを適切にコントロールできるかどうかが研究成果を大きく左右しています。今日、心理学に求められているものは非常に大きいといえるでしょう。

心の問題を考えるとき、情報をどのように受け入れどのように処理するのかを知ること、すなわち人の認知行動を適切に知ることはきわめて重要なことです。「キーワード心理学」シリーズ（全12巻）

では、現代科学のなかにおける心理学の役割を念頭におきつつ、日常生活でよく体験する出来事や現象、対人関係などについて、認知的視点に立って取り上げています。本シリーズでは、心理学の研究者や大学生はもとより一般の方々が容易に理解できるように、本の構成や記述方法を工夫してあります。どの巻も最も重要と考えられる30項目を精選して、項目ごとに独立した読み物として楽しんでいただくことができるようにしてあります。また、一人の著者（一部の巻では2名）が一つの巻をすべて書くことによって、項目ごとの関連や読みやすさの統一が図られています。さらに、もっと深く心理学を学びたい人々のために、巻末には本文であげた実験や調査の文献を一覧にして載せてあります。内容的には最新かつ専門性の高いテーマにも踏み込んでいますから、より深く心理学にかかわりたいという読者の希望にも、十分添えるものと信じております。知識の集積、学問としての心理学の面白さの実感、研究テーマのさらなる発展など、それぞれの目的に応じて、本シリーズを役立てていただければ幸いです。

監修者一同

まえがき

パーソナリティや知能は多様性（diversity）そのものであり、同時に、性格や知性というものはより広く人類の特徴をそのまま表しています。そして、パーソナリティに焦点をあてる心理学の歴史は古く、また現在でも極めて多くの研究が行われている領域でもあると言えます。本書は、そのような古くまた最新かつ豊かなパーソナリティに関するトピックを扱うことを目的としています。

近年、パーソナリティと知能は、それぞれ非認知能力と認知能力と呼ばれることもあります。このような「能力」という呼び方がパーソナリティを考えるときに適切であるかはわかりませんが、いずれにしても、これらは一つではなく、大きな個人差や多様性があります。そして、他の動物に比べて人間を考えてみれば、人間としての倫理、道徳、社会性の基盤としての「人間らしさ」すなわちパーソナリティと、行動に向けた情報処理をおこなう「知性」すなわち知能という、このふたつの要素は私たちを私たちらしくするために欠かせない要素でもあります。

心理学のこの研究領域では、個人差や多様性を把握するための測定手法が開発されてきました。その学問的背景は心理測定・評価論として知られ、尺度構成や多変量解析法など今では心理学のみならず他の学問分野でも盛んに用いられる手法を開発し提供してきた歴史があります。そして、これらの手法は現在でも改良が続けられ、次々と新しい手法が考案されています。本書の中でも、方法論的な側面も欠かすことなく触れていくつもりです。

大学をとりまく環境は大きく変容しています。近年も大学のグローバル化が叫ばれていますが、グローバル化は標準化と個性化をその中に含んでいます。大学の運営側は全体的に語学など特定の科目を重視し、また科目ナンバリングなど国際標準としてのカリキュラム等の全体の共通化を推し進めようとする傾向があります。その一方で、実際の授業の現場では各学部学科の個性を主張する傾向にあります。このように、大学改革の中にも標準化と個性化のせめぎ合いが見られます。

心理学では近年、国家資格である公認心理師制度が始まり、科学者－実践家モデルがスタンダードになりつつあります。このモデルでは、臨床家はエビデンスに基づいて治療指針を立て効果測定すること、他方で院生を含めた研究者に対しては、自らの研究成果や理論をチェックするフィールドをもつことが求められます。どのような理論や成果であっても、それを現場に応用するためには、各現場に特有の時と状況が関係してきます。そのような具体的な変数を含めずには、現代社会における複雑な様相を示す諸課題へのアプローチはおぼつかないものとなってしまいます。チーム医療やチーム学校の一員として、関連法規や制度を知った上で、産業や犯罪クライエントの理解を通じて、また目標や対象に応じた評価内容と方法を通じて対象者に働きかけることになり、多くの関係者との連携は不可欠なものとなります。このような連携や協同のありかたは、学びの初期段階から導入していく必要があります。

本書は、多様性を重視しつつ、パーソナリティ（性格）と知能（知性）に通底する人間性から、人間という存在の特性を明らかにしようと試みるものです。また、理論や成果の紹介に際しては、できるだけエビデンスを併せて示すことを心がけています。何故なら、大学教育ないし学校文化を一言で語るなら、根拠を示し、そこから論理的に自分の考えを主張することと考えるからです。多くの読者の皆さんに、パーソナリティと知能について、今知っておくべきことは何であるのかを伝えることができれば、そしてそこから、知識やスキル、態度を磨き高めることはもちろん、何かしら生きることへのヒントやきっかけになればと考えています。

ＣＯＶＩＤ－19の終息とその後の世界が未だ見通せない　２０２１年夏

杉山憲司
小塩真司

目次

装幀――大塚千佳子
カバーイラスト――いとう　瞳

パート・1

パーソナリティ

1　パーソナリティのビッグ5

パーソナリティ理解の普遍的な枠組み

近年、多くの研究で人の**パーソナリティ**（**性格**）が5つの基本的特性に収束し、これらの組み合わせで説明できるとする理論が提唱され、**パーソナリティのビッグ5**と呼ばれるようになりました。その根拠は、（1）辞書を対象とした自然言語の語彙的研究から、5つの性格特性次元が発見されたこと、（2）既存のパーソナリティ検査の再分析の結果、文化を超えていずれの国でも5因子が見出されたこと、があります[1]。この特性次元（因子）の抽出には、多くの質問項目を少数の因子で表現する、相関係数をもとにした多変量解析、特に因子分析法が使われました。この5因子によるパーソナリティ理解の普遍的な枠組みの確立を指して、パーソナリティ研究のルネッサンスと称する研究者もいます[2]。

パーソナリティの捉え方――特性論と類型論

ビッグ5のようなパーソナリティの**特性論**（trait theory）は、しばしば**類型論**（typology）と対比されます。特性論を提唱したオールポート[3]は、パーソナリティ特性を、その人の内部にあって環境への特有な適応を決定する力動的機構と定義しています。他方、類型論は何らかの基準や原則に基づいて特徴的なパーソナリティを少数の典型に分類しようとする立場で、クレッチマー[4]の体型による類型、ユング[5]のエネルギーの向かう方向による内向型、外向型などがあります。オールポートはその著『パーソナリティ』を、「自然はあら

1　Costa & McCrae (1992)

2　Nettle, D. (2007/2009)

3　オールポート（1982）

4　クレッチメル（1960）

5　「4　フロイトとユング」の項参照。

ゆることを個性に賭けてきた」との文豪ゲーテの引用で書き始め、50余のパーソナリティ特性の定義を紹介した上で、多くの人に普遍的な共通法則を見出そうとする**法則定立的**（nomothetic）な共通特性よりも、その個人に特有で、実際に存在するパーソナリティを研究しようとする**個性記述的**（idiographic）な個人特性を重視しています。他方、類型論に対しては、個性の研究法としては中途半端なものと論じ、パーソナリティ特性は連続体であって、その連続体上のどこに位置するかが個人によって異なり、個人差や多様性は同じ次元上の相対的な強弱の違いであると論じて、もともと異質なタイプが存在すると考える類型論を退けています。

パーソナリティ特性のビッグ5——外向性、神経症傾向、誠実性、調和性、開放性

パーソナリティのビッグ5とは表1-1に示したように、刺激を求めに行く**外向性**（extraversion）、危険な物や状況への警告機能を果たす**神経症傾向**（neuroticism）、まじめさを意味する**誠実性**（conscientiousness）または**勤勉性**、優しさとだまされやすさでもある**調和性**（agreeableness）または**協調性**、考えや気持ちが向かう方向が拡散的で好奇心が強い（経験への）**開放性**（openness）または**知性**（intelligence）の5特性（因子）で表現できると考えています（因子名は質問内容の抽象表現なので複数存在します）。一人ひとりの具体的なパーソナリティは、この5特性各々の強弱の集まりとして把握できるという説です。

これに対して、5因子間には、神経症傾向の低さと誠実性および調和性の高さの間、外向性と経験への開放性の高さの間にそれぞれ正の相関が認められることから、ビッグ5は後述する**ポジティブなパーソナリティ**と**ネガティブなパーソナリティ**に整理でき[6]、ひいては

表1-1　ビッグ5パーソナリティ次元の概要（ネトル, 2009を修正）

パーソナリティ次元	スコアが高い人の特徴	スコアが低い人の特徴
外向性　Extraversion	社交的 ものごとに熱中する	よそよそしい・物静か
神経症傾向 Neuroticism	ストレスを受けやすい 心配性の傾向	情緒的に安定
誠実性　Conscientiousness	有能・自己管理できる	衝動的・不注意
調和性　Agreeableness	人を信頼する 共感できる	非協力的・敵対的
開放性　Openness	独創性・想像力に富む エキセントリック	実際的・因習的

6 「8 自尊感情と自己肯定感」の項参照。

ビッグ5特性のメタ分析によって、**神経症傾向**（逆相関）、調和性と誠実性から成る**α**または**安定性**と、外向性と開放性／知性の共分散から成る**β**または**可塑性**の高次因子にまとめられることが指摘されています[7]。また、正直－謙遜（honesty-humility, H）を加えた**HEXACO6因子説**[8]なども議論されています。

ビッグ5パーソナリティ検査――NEO－FFIを例に

ビッグ5パーソナリティ検査には、コスタとマックレーのパーソナリティ検査の日本語版である「NEO－PI－R」、短縮版の「NEO－FFI」[9]、村上宣寛・千恵子[10]の「主要5因子性格検査」（インターネット上にデモ版を公開）、研究用に使いやすい和田さゆりのパーソナリティ特性用語を用いたビッグ5尺度[11]等があります[12]。「NEO－FFI」を例にとると、コスタとマックレー版を日本語60項目にした短縮版です。質問紙は複写式になっていて、質問紙に直接回答を記入し、それを標準値に換算します。検査対象者へのフィードバック用にNEOサマリーが用意されていて、主要5次元の5段階プロフィールが戻されます[13]。また他の心理検査との併用を考えて、10項目程度の尺度も開発されています[14]。小塩らの尺度は各特性2項目で、1項目は逆転項目で構成されています[15]。

ビッグ5パーソナリティ論研究の進展――ビッグ5の理論構成と生物・神経科学からの証拠

自然言語の分類から始まったビッグ5特性は当初記述的で、理論的ではありませんでした。しかしその後、マックレーとコスタ[16]によって、ビッグ5システムがどのように組織化され、発達していくかを説明する**5因子パーソナリティ理論**が構築されました。図1－1は

7 De Young (2006)、Van der Linden, et al. (2010)、Van der Linden, et al. (2016)

8 HEXACOは、Honesty-Humility (H)、Emotionality (E)、eXtraversion (X)、Agreeableness (A)、Conscientiousness (C)、Openness to Experience (O)の頭文字から取った尺度名です。Lee & Ashton (2004)

9 下仲順子ほか（2011）

10 村上宣寛・村上千恵子（1999）

11 柏木繁男（1997）

12 標準化されたパーソナリティ検査は、たとえば、千葉テストセンター（https://www.chibatc.co.jp/）で販売されています。しかし、専門家による実施と検査結果のフィードバックが前提で、一般の人は入手できません。

13 詳しく下位尺度まで測定するには240項目のフルスケール版が必要です。

14 ネトル（2009）付録ニューカッスル・パーソナリティ評定尺度

15 小塩真司ほか（2012）TIPI-J

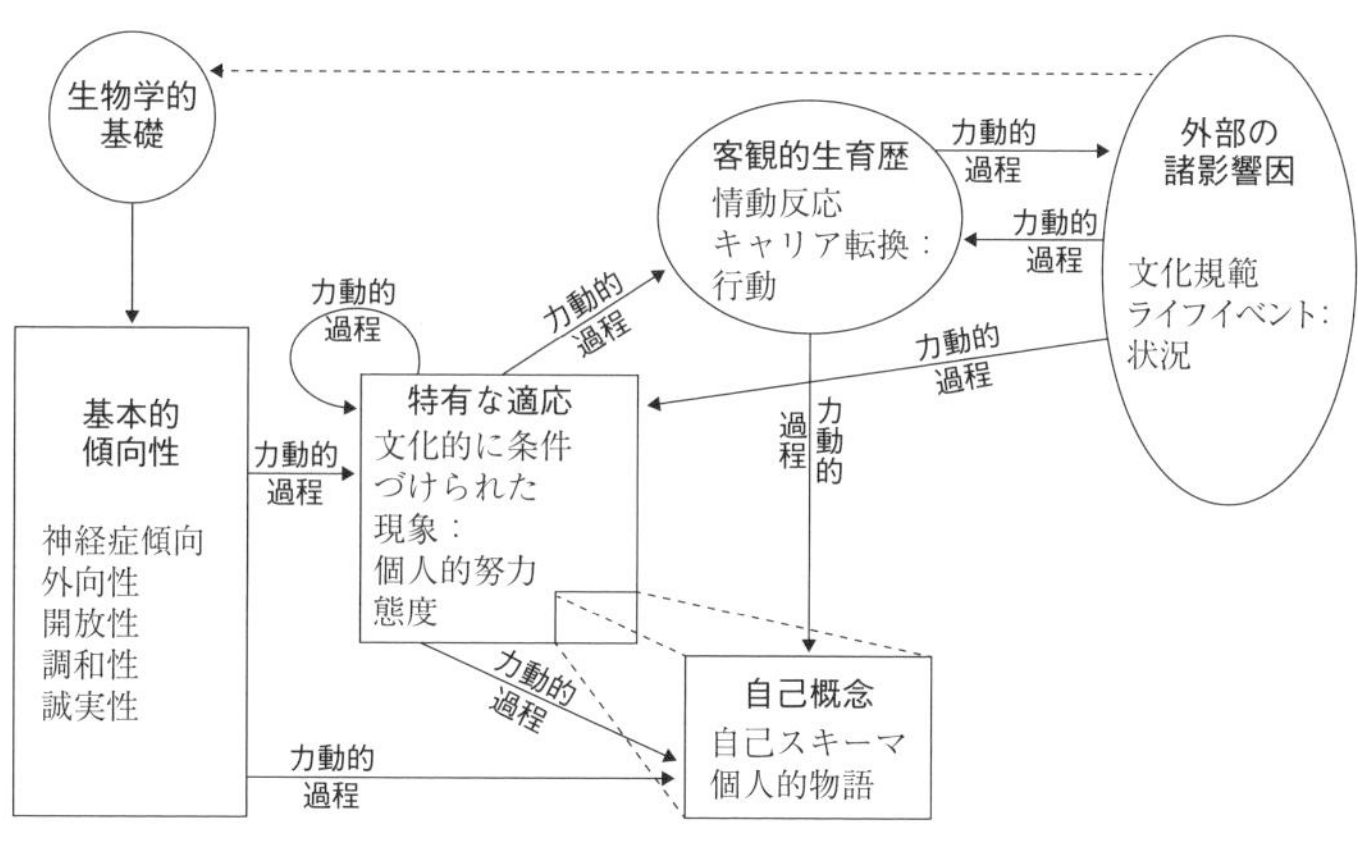

図 1-1　ビッグ５の中心的な構成要素と関連要因および要素間の結びつき
（McCrae & Costa, 2008）

表 1-2　ビッグ５の中心要素とその利点、コスト（ネトル, 2009）

次元		コアメカニズム	利点	コスト
外向性	Extraversion	報酬への反応（中脳ドーパミン報酬システム）	報酬を求め手に入れることの増強	肉体的な危険、家族の安定欠如
神経症傾向	Neuroticism	脅威への反応（扁桃および大脳辺縁系、セロトニン）	警戒、努力	不安、うつ
誠実性	Conscientiousness	反応抑制（背外側前頭前皮質）	プランニング、自己抑制	融通のなさ、自発的反応の欠如
調和性	Agreeableness	他者への配慮（心の理論、共感要素）	調和的社会関係	ステータスを失う
開放性	Openness	心の連想の広がり	芸術的感受性、拡散的思考	異常な信念、精神病傾向

16 McCrae & Costa (2008)

17 「2　気質とパーソナリティ」の項参照。

18 たとえば、Allen & DeYoung (2017)、登張真稲（２０１０）、杉浦義典・丹野義彦（２００８）

19 「20　人間行動遺伝学」の項参照。

その概要です。長方形で囲われているのは、パーソナリティの中心となる5特性を指す「基本的傾向性」、本人と環境との相互作用で獲得された個人的努力や態度などの「特有な適応」、特有な適応の一部が機能的単位として独立し、一人ひとりの人生の目的や固有の意味をもたらすようになった自己スキーマや個人的物語などからなる「自己概念」です。楕円形で囲われているのは周辺的要素としての「客観的生育歴」と「外部の諸影響因」、そして**気質**[17]などの「生物学的基礎」です。これらの間の力動過程が、ボックス間の矢印で示されています。このように、パーソナリティを重層的にとらえ、基本的傾向性は生物学的基礎から影響を受けるのに対して、特有な適応は外部の文化から影響を受けると定式化しています。

ネトルは、脳科学の成果も取り入れ、ビッグ5パーソナリティ次元の基盤となるコアメカニズムと、それぞれの次元の高スコアの利点とコストについて、表1-2のようにまとめています。

ビッグ5特性の脳科学、遺伝学、進化心理学からの解明は、気質に比べれば、研究の途についたばかりですが[18]、近年、ＭＲＩ（脳画像診断）をはじめとする脳神経科学の進歩、人間行動遺伝学[19]、ゲノムワイド関連解析（ＧＷＡＳ）などの分子遺伝学[20]や**進化心理学**の成果から、５因子論の新たな根拠が見出されつつあります。また、遺伝子による個体差の解明や個別医療などへの応用もされ始めています。

20　ＧＷＡＳは、genom-wide association study の略で、一塩基多型の組み合わせに応じて特性やリスクを分析できます。Von Stumm & Plomin (2021)、Plomin & Von Stumm (2018)

●参考書

ダニエル・ネトル／竹内和世（訳）（２００９）『パーソナリティを科学する――特性５因子であなたがわかる』白揚社［脳神経学、遺伝学・ゲノム学、進化心理学を駆使し、ビッグ5をパーソナリティ研究のルネッサンスと位置づけた啓発書です。］

村上宣寛・村上千恵子（１９９９）『性格は五次元だった――性格心理学入門』培風館［性格の５次元説を分かり易く解説し、著者の作成した検査で自身の性格判断ができ、心の健康への助言が得られます。］

杉浦義典・丹野義彦（２００８）『パーソナリティと臨床の心理学――次元モデルによる統合』培風館［パーソナリティのビッグ５から精神疾患や健常者との比較・連続性について扱い、パーソナリティと臨床心理学の橋渡しをしています。］

2 気質とパーソナリティ

パーソナリティの形成要因と発達

パーソナリティは「性格」と訳されていますが、伝統的には、性格はcharacterの訳語とされていたので、後から入ったpersonalityには長らく「人格」が当てられてきた、という経緯があります[1]。杉山は平凡社の『最新心理学事典』で、personalityの訳語に「性格」を当てました。他方、**気質**（temperament）は、パーソナリティの生得的・感情的側面や出生時の生物・生理的特性を指して使われています。パーソナリティの形成要因については、生得的要因（気質）と獲得的要因、または素質（遺伝）と養育（環境）の二分法的見方がありますが、二項対立的理解は事実でも有用でもなく、杉山[2]は後述するように、実用的には、少なくとも気質・養育者・養育環境・自己の4要因を分けるように提案しました。

乳幼児の気質概念の再検討――子どもの気質は初期値であり、変化する

気質研究は、ギリシャ時代のヒポクラテス[3]とガレノス[4]の4体液説にまでさかのぼれます。その後近代になって、たとえば精神科医クレッチマーは大人の精神病（質）者を対象として、気質は生涯変わらないとしました。しかし、子ども、特に乳幼児期の気質研究から、子どもは個性をもって生まれてきますが、気質は成長過程で変化する可能性があるとして、子どもの気質概念は再検討されました[5]。

トマスとチェスら[6]の長期にわたるニューヨーク縦断研究は、親への面接調査によって、

1 杉山憲司（2013）
2 杉山憲司（2016a）
3 Hippocrates
4 Galenos
5 菅原ますみ（1996）
6 Thomas, et al. (1963)

活動性、順応性、気分の質など9つの気質次元を抽出し、子どもの気質から、（1）扱いにくい子（difficult child）、（2）手のかからない子（easy child）、（3）何ごとをするにも時間がかかる子（slow-to warm-up child）の3つのタイプを見出しました[7]。そして、パーソナリティは気質と環境との絶え間ない相互作用によって形成されると考え、気質と環境との**適合の良さ**（goodness of fit）という概念を提唱し、気質特徴を知ることは子どもを育て、問題行動を避ける強力な武器となるとしました。そして、養育者に精神的負担を負わせ、養育に工夫を強いる重要な個人差として、特に**扱いにくい子ども**に注目しました。その後、ニューヨーク縦断研究をもとに、ケアリーらによって気質質問紙が作成されていますが、文化の問題も含め、日本では気質9次元は再現されていません[8]。

バスとプローミン[9]は、気質を発達初期に現れる生得的なパーソナリティ特性であるとし、**情動性**（emotionality）・**活動性**（activity）・**社会性**（sociability）の3次元で捉えていますが、情動性は生涯発達し、成人では苦痛（distress）、恐れ（fearfulness）、怒り（anger）に分化するとの観点から、これらを個別の気質次元として扱う「ＥＡＳ尺度」を開発しました。ロスバートとデリベリ[10]は、気質を閾値や潜時などの反応性（reactivity）と、注意を向ける対象や注意の持続時間などの自己制御（self-regulation）に関わる体質的な個人差と考え、「気質質問紙」（ＩＢＱ[11]）を作成し、概念的妥当性の分析結果から、活動性レベル（activity level）、微笑みと笑い（smiling and laughter）、恐れ（fear）、自由を制限された時の負の情動表出（distress to limitation）、なだめやすさ（soothability）、注意の持続性（duration of orienting）を気質の6次元としました[12]。

---

7 A・トマス、S・チェス、H・G・バーチ／本明寛（訳）（1972）「人格はどのように形成されるか」『別冊サイエンス心理学特集 不安の分析』日本経済新聞（pp. 91-100）は、2ヶ月～10歳の6つの年齢の各気質次元の特徴と写真入りの事例が載っていて観察の参考になります。

8 Fullard, et al. (1984)、武井祐子ほか（2007）

9 Buss & Plomin (1984)

10 Rothbart & Derryberry (1981)

11 ＩＢＱ :Infant Behavior Questionnaire

12 水野里恵（2003）、中川敦子ほか（2009）

シャイナーとデヤング[13]は、パーソナリティの生物学・神経科学的基盤研究、表面特性の共有分散に基づく特性間の関連性分析、ヒトの生存に関わる進化の適応圧力などの最近の研究から、乳幼児の気質から大人のパーソナリティ特性への発達過程を、表2-1のようにまとめました。大人の外向性は、乳児期の怒りやポジティブ情動性が関係し、よちよち歩き児では高い外向性と自己制御の低さが目印となります。神経症傾向は就学前児の行動観察から恐れや**ストレス**、新しい状況からの撤退や回避が手がかりとなり、短気や怒りは外部志向型の敵対的感情へと向かう傾向が示されました。

誠実性と調和性は幼児期の気質特性としてめったに測られませんが、ヒトは極めて社会的な種であり、ビッグ5特性の誠実性は実行行為の自発的なコントロール（エフォートフル・コントロール）に強く関わり、調和性は

表2-1　3つの指標を通じて子どもと大人のビッグ5特性を定義する項目例（Shiner & DeYoung, 2013）

サンプル項目			
パーソナリティ特性	子ども用行動質問紙	特性記述	ビッグ5尺度（大人用）
外向性／ポジティブ情動性	たいていの人とは楽しそうにしていられる 行った先々で、いつも焦っているように見られる 新しい状況に慣れるのに時間がかかる（逆転項目） あらっぽくて騒がしいゲームが好きだ	社交的 快活な 精力的 内向的（逆転項目）	容易に友達が作れる 自分が幸せな時に感情を表す 自分は良いリーダーだと思う 自分の意見は差し控える（逆転項目）
神経症傾向／ネガティブ情動性	何かするのを阻止されると意気消沈する 動揺した時、落ち着かせるのが難しい 家族との計画がうまくいかなくなると気落ちする 少々の切り傷や打撲傷に激しく動揺する	恐がり 神経質な 涙もろい 落ち着いた（逆転項目）	簡単に脅されていると感じる 物事について気に病む 気分が大いに変わる 簡単に動揺する
誠実性／制御	本の絵や色彩に強い集中力を示す 指示に従うのは良いことである 必要なものの計画を立てて、旅行の準備をする 危険だと教えられた場所には、ゆっくり注意深く近づく	勤勉な 計画的 慎重な 意欲的な	計画は実行する 簡単に取り乱す（逆転項目） あらゆることに細部にまで気を配りたい 秩序を好む
調和性	該当しない	思いやりがある 人を疑わない 意地悪な（逆転項目） 無作法な（逆転項目）	相手の感情に敏感 柔軟性がない（逆転項目） 自分の決定を押しつけない 葛藤を求める（逆転項目）
開放性／知性	絵本を見て楽しむ 触れた対象のなめらかさや荒さに注目する	独創的 明敏な 賢い 好奇心の強い	複雑な問題を解決するのが好きだ 物事を理解するのが速い 創造性のはけ口が必要だ 他者が注目しないものに美を見出す

共感と向社会的行動と関連することから、養育と暖かさを志向する対人特性に結実します。子どもが怒っているか、恐れやフラストレーションが喚起された時に、ネガティブ情動性からポジティブ情動や接近行動に焦点を移すように援助することが調和性や社会性の発達にとって重要です。また、内外の感覚刺激への敏感さは、成人期の開放性と強く関係します[14]。

誠実性の神経生物学的基盤は外側前頭前皮質（ＬＰＦＣ[15]）にあり、大人の誠実性の神経生物学的研究は児童のエフォートフル・コントロールの研究結果と首尾一貫しています。進化的視点からは、調和性は子孫への親の投資、配偶者間の一夫一婦制、血縁者への利他的行動を促進する生態系から生じていて、開放性／知性はＬＰＦＣと関連がある領域を含み、特に作業記憶、抽象的推論と注意のコントロールが関わるようです。今後の縦断的研究によって、たとえば、青年期と成人期の目標、戦略、価値、状況を解釈するスキーマ、**アイデンティティ**[16]と生活物語などが異なり、パーソナリティ特性が人々の経験の解釈を通して関わり、体験を生み出す方法を形づくるとすれば、発達過程は個人の性格特性によって大いに影響されそうです。

パーソナリティの形成要因——気質・養育者・養育環境・自己の相互作用

人は白紙でなく、**気質**という初期値を持って生まれてきます。そして、個性を持った親、ないしアロマザー（allomother）といわれる母親以外の「養育者」によって、特定の「養育環境」で育てられます。加えて、子どもは早くから好き嫌いや得意不得意があって、子の「自己」が活躍の場面を選んでいます[17]。一方、養育者の側も情緒的な敏感さ、教育レベル、精神的な健康度、態度や信念などが異なり、養育環境の良質さにも違いがあります。養

13 Shiner & DeYoung (2013)
14 Rothbart & Bates (2006)
15 ＬＰＦＣ：lateral prefrontal cortex
16 「7　アイデンティティ」の項参照。
17 杉山憲司（２０１６ａ）

育者はそれが親であろうと保育者であろうと、また祖母や叔父たちであろうと、安全の基地となって子どもが安心して探索に向かい、基本的信頼感とアタッチメントを形成し、自律性やたくましさを身につけていくための役割を担っていますが、子どもは養育者を選べません。養育環境は家庭（自然、読み聞かせ・家事手伝いなどの生活文化、経済力）であれ、保育園／幼稚園／認定こども園（保育施設、遊具）であれ、学校（学業、友人関係、課外活動、学校文化、スポーツ）であれ、やがては職場であれ、環境と自己との関係として捉える必要があります。

幼児期を対象とした自己概念については、「自己記述質問紙」[18]や「バークレーぬいぐるみインタビュー」[19]などで検討されますが、そこでの自己知覚の内容としては、学力・社会・症状面（うつ・不安・攻撃性・敵対性）などがあります。やがて幼児期から児童期に至り、自己の学力や社会性領域の区別が明確になると、後の社会的情緒的コンピテンス[20]が予測されるようになります。また、マシュマロ・テスト[21]を利用することで、5歳頃から報酬から目をそらす、空想に浸る、数を数えて気を紛らわすなどして、衝動性を抑制することができるようになることが分かっています。パーソナリティの形成には、これら気質・養育者・養育環境、そして自己の4要因が少なくとも相互に影響し合っています。

気質からパーソナリティへ——クロニンジャーの7次元モデルと長期縦断研究の成果

パーソナリティの形成／発達を考える時に、行動経済学者たちは発達および教育的介入の効率の視点から、パーソナリティを認知能力（知能、ＩＱ）と区別して、非認知能力としてのやる気・忍耐力・協調性を身につけることの重要性を指摘しました。これは、幼少期の自

---

18 ＳＤＱ：Self Description Questionnaire には Marsh らの8領域に分かれる多次元尺度があります。

19 ＢＰＩ：Berkeley Puppet Interview は操り人形を用いて達成動機づけや仲間受容など6領域から幼児の自己認識を評価します。Damon らの自己理解インタビューもあります（佐久間ほか、２０００）。

20 コンピテンスについては、「17 コンピテンス」の項を参照。

21 「21 セルフ・コントロール」の項参照。

22 ヘックマン（２０１５）

23 「21 セルフ・コントロール」の項参照。

24 「14 社会的スキル」の項参照。

25 Ramanaiah, et al. (2002)

己制御の高さがその後の身体的・社会的・経済的な充実度と相関するとの発達心理学者らの長期縦断研究のデータに基づいています[22]。また、自己制御とも関連して、ビッグ5の誠実性、セルフ・コントロール[23]やり抜く力（grit）、社会的スキル[24]としての協調性・自己抑制・自己表現などに焦点があてられています。

クロニンジャーのパーソナリティの7次元モデルは、図2－1のようにパーソナリティを気質と性格に大別しています。クロニンジャーは各気質が、脳内の神経伝達物質（ドーパミン、セロトニン）の機能を規定する遺伝子と関連性があり、性格は、成人期に成熟し、自己あるいは社会との相互作用に影響すると想定しています。人の行動は発達初期には行動を自動的にコントロールする気質によって決定されますが、成長するにしたがって性格によって調節されると想定しています。しかし、気質と性格の二分法は維持できません。杉山の研究では、表2－

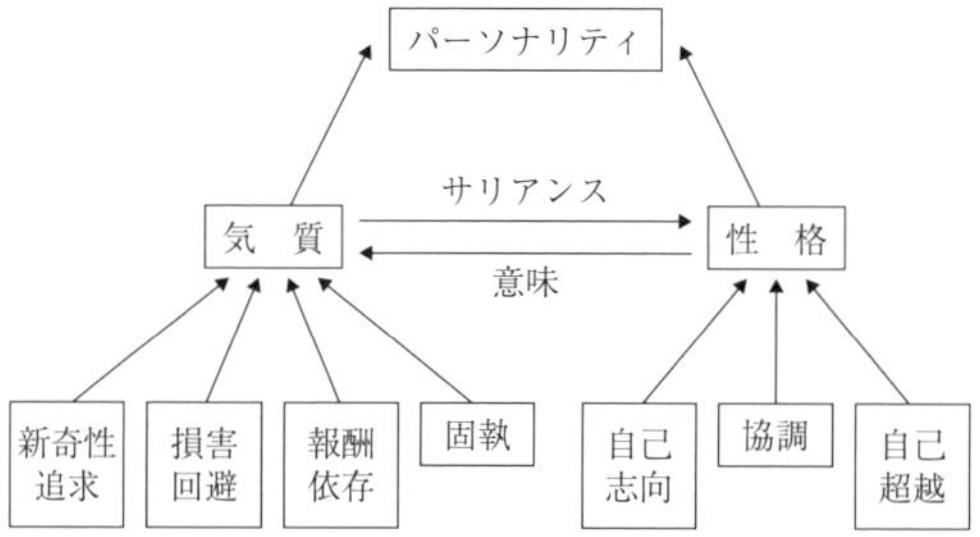

図2-1　気質とパーソナリティの関連図（木島, 2000）

表2-2　理論背景の異なるパーソナリティ検査の統合的理解（杉山, 未公刊）

性格検査下位尺度	因子1	因子2	因子3	因子4	因子5
Big Five 調和性（A）	0.84	0.08	− 0.15	− 0.04	0.12
性格・協調性	0.79	0.24	0.05	0.07	0.27
気質・報酬依存	0.69	− 0.12	− 0.07	0.51	− 0.07
エゴグラム養育的な親	0.67	0.16	0.21	0.17	0.18
Big Five 神経症傾向（N）	− 0.23	− 0.84	− 0.09	0.02	0.09
気質・損害回避	− 0.02	− 0.83	− 0.07	− 0.27	− 0.10
性格・自己志向	0.25	0.75	0.24	0.00	0.05
エゴグラム順応的な子ども	0.18	− 0.52	− 0.26	− 0.20	− 0.19
気質・固執	0.20	0.09	0.70	0.09	− 0.01
エゴグラム批判的な親	− 0.16	0.09	0.69	0.15	0.14
Big Five 誠実性（C）	0.37	0.30	0.67	− 0.23	− 0.13
エゴグラム大人	− 0.23	0.20	0.65	− 0.16	0.16
Big Five 外向性（E）	0.35	0.21	0.14	0.74	0.12
エゴグラム自由な子ども	0.26	0.26	0.12	0.68	0.22
気質・新奇性追求	− 0.32	0.00	− 0.33	0.61	0.17
Big Five 開放性（O）	0.08	0.01	0.09	0.11	0.70
性格・自己超越性	0.25	0.09	0.01	0.14	0.68

因子抽出法：主因子法　回転法：Kaiser の正規化を伴うバリマックス法

26 TCI：Temperament and Character Inventory

27 木島伸彦ほか（1996）、木島伸彦（2014）

２のように、クロニンジャーの７次元がビッグ５の５次元に対応していました[25]。この理論はクロニンジャーが精神科医であったことから、精神疾患との関連で利用されることが多く、遺伝子多型との関連性を検証する神経生理学的研究、パーソナリティの構造と遺伝を検証する行動遺伝学的研究、パーソナリティの発達を検証する幼児期からの縦断的研究がなされ、自己記入式検査ＴＣＩ[26]が開発されています[27]。

●参考書

水野里恵（２０１７）『子どもの気質・パーソナリティの発達心理学』金子書房［「その子らしさ」を発達心理学の視点からとらえ、気質からパーソナリティへと発達していくことを既存の研究と自分の研究でまとめています。］

杉山憲司・松田英子（２０１６）『パーソナリティ心理学――自己の探究と人間性の理解』培風館［パーソナリティ心理学の視点から、個人差・多様性のみならず人間性の理解を含めて、行動遺伝学、進化心理学、認知考古学も引用してパーソナリティの統合を試みています。］

Shiner, R. L. & DeYoung, C. G. (2013) The structure of temperament and personality traits: A developmental perspective. In P. D. Zelazo (Ed.), *The Oxford Handbook of Developmental Psychology, Vol. 2. Self and Other.* New York: Oxford University Press. (pp. 113-141). ［パーソナリティのビッグ５の視点から、気質からパーソナリティへの発達を一貫して考究しています。研究の進展が著しく、翻訳書ないし和書の出版が待たれます。］

3　パーソナリティ理解の3レベル

人間の統合性・全体性の復権

パーソナリティ研究は、基本となる特性の分析や個人差の研究と同時に、**人間性の統合性／全体性**の理解、すなわち人間らしさとしての人間性の全体像の解明と関わってきました。この意味で、パーソナリティ心理学は心理学諸研究のクロスロードに位置し、隣接諸科学と連携して、**人間科学**（human sciences）を総合／統合しようとしてきました[1]。この流れの原点として、人格の層理論やヒューマニスティック心理学といわれる人間性心理学があり、伝統的なパーソナリティの**素朴／しろうと理論**にも、この全体的な考え方が認められます。現代では、パーソナリティの統合科学に向けて**パーソナリティ**を3レベルで捉える、マックアダムス[2]が提唱した方法的原理があり、後述します。

性格の層理論と高次因子分析――性格病理からの心的構造論から実証的研究へ

性格の層学説は古く、精神医学のジャネ[3]やジャクソン[4]にまでさかのぼれます。そこでは高度な機能ほど病的過程に侵害されやすく、かつ高度な機能の障害はそれまで阻止されていた低級な諸機能を顕現させるという原理によって、発作や半身不随だけでなく精神病まで説明しようとしてきました。すなわち、上級レベルの機能脱落によって生じる退行現象を手がかりに、行動異常の解明や治療を行おうとの考えです[5]。たとえば、ロータッカー[6]は人格を三層構造に分け、最上位の「自我」は意識性を喚起する働き、「人格層」は深部

1　杉山憲司（2004ab）
2　McAdams, D. P.
3　Janet, P. (1859-1947)
4　Jackson, H. (1834-1911)
5　水田善次郎（1995ab）
6　Rothacker, E. (1888-1965)

人格をおおいこれを統制する働きがあり、「深部人格」には個体維持、種族保存や情動と生気層が含まれると位置づけました。これらは、高次機能が何らかの原因（疲労、中毒など）によって抑制がとれたり解体したりすると、異常行動が顕現するという退行の原理で説明されています[7]。この考え方はクラーゲス[8]の性格構造論やゴットシャルト[9]の知的上層と内部感情的基底層から成る層理論へ、そしてその後の遺伝生物学や脳生理学の神経系統のヒエラルキー論へと引き継がれています。

前記の概念的な層理論に対して、アイゼンク[10]やキャッテル[11]は、類型論と特性論の統合を目指し、パーソナリティの構成要因や構造の実証的分析法として、因子分析等の心理測定分析技法を初めてパーソナリティ研究に導入しました。アイゼンクはパーソナリティ特性を、図３-１のように、個別的反応がいくつか集まって習慣的反応因子を形成し、それらが集まって持続度、硬さなど５つの特性レベルをなし、さらにこれら特性を下位次元とする最上位の類型レベルである内向性を形成するという、４レベルの階層で捉えています[12]。そしてパーソナリティの特性次元についてアイゼンクは、因子分析により２次元（外向性-内向性：Ｅ次元と神経症的傾向：Ｎ次元）あるいは３次元（Ｅ、Ｎ次元に加えて精神病的傾向：Ｐ次元）からなるとし、これらの次元で構成される平面上（空間内）に個人を定量的に位置づけています。このアイゼンクのパーソナリティ理論は、現代のビッグ５理論[13]からは外向性と神経症傾向に位置づけられています。現在では高次因子分析に階層因子分析モデルが加わり、さらに仮説検証として利用可能なモデル適合度が示せる構造方程式モデリングへと発展し、これらのモデルがパーソナリティの構造分析に盛んに使用されています[14]。

7　ロータッカー（１９９５）
8　Klages, L. (1872-1956)
9　Gottschaldt, K. (1902-1991)
10　Eysenck, H. J. (1916-1997)
11　Cattell, R. B. (1905-1998)

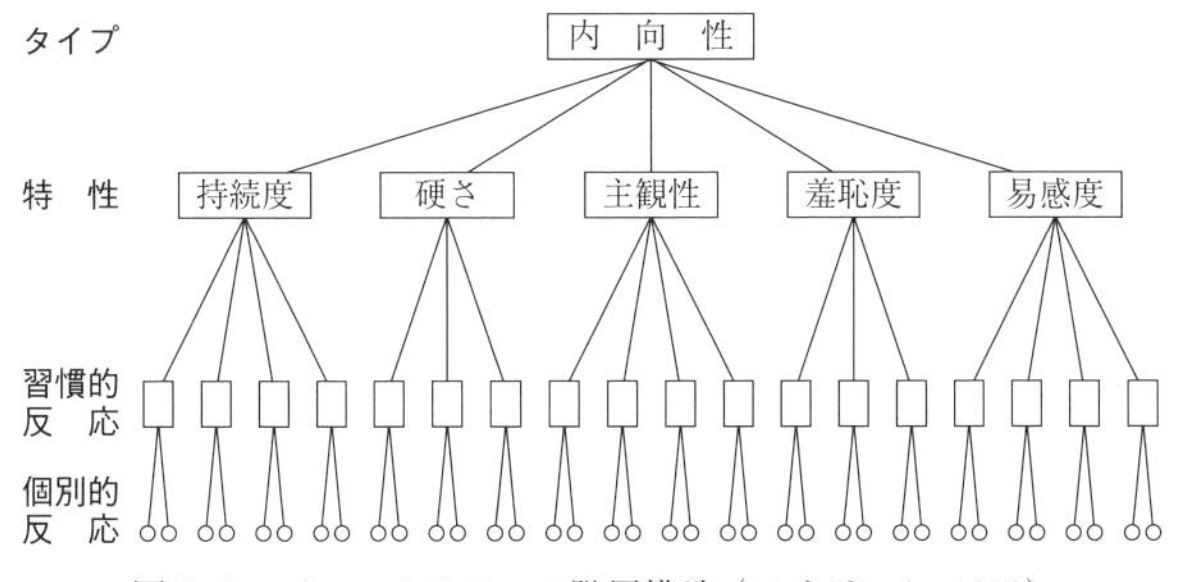

図3-1　パーソナリティの階層構造（アイゼンク, 1973）

性格の素朴理論――しろうと理論、性格観のファセット分析

心理学の客観的ないし科学的パーソナリティ研究とは別に、人間とはいかなるものかについて、誰もがその人特有の人間観、性格観を持っています。しかし人は、あいにくそれらの構造や利用についてあまり気がつきません。つまり、本人も気づかない暗黙（implicit）なもので、**暗黙のパーソナリティ論**（implicit personality theory）と言われます。また、しろうと（lay）ないし素朴（naive）理論とも総称されています。この**しろうと理論**は観察されていない関係の予測を可能にしたりもしますが、一方で、能動的選択的に観察を偏向させることにもなります[15]。

このように暗黙のパーソナリティ論は、人が他者のパーソナリティについて漠然と抱いている見方を言いますが、この概念の提唱者であるブルーナーとタジウリ[16]は、暗黙のパーソナリティは多くの行動を決定する、かなり持続的な性格的あるいは身体的なさまざまな特徴の全体像を指すと定義し、社会的認知の視点から、人についての情報の選択は、認知される人より認知する人の方に依存していると述べています。しかし、アッシュは、対人認知実験[17]で「暖かい－冷たい」が評価軸として重視された理由は、それらが人の内にある永続的で持続的な資質を意味しているからだと述べています。人は発達の初めから個性的で、情況はすでにその人の認知に基づいて加工されており、種や人に共通する環境一般は存在しません。やはりパーソナリティは認知する側にではなく、認知された人の側に属していると言えるでしょう[18]。

杉山ら[19]は、しろうとの考えるパーソナリティないし個人差を調べようとして、パービン[20]のパーソナリティの定義から、時間3次元（過去・現在・未来）、人間性の3側面（認

---

12 キャッテルは同様に16PF性格検査の因子分析から4階層から成る9特性を抽出しています。

13 「1　パーソナリティのビッグ5」の項参照。

14 たとえば、荘島宏二郎（2017）

15 ウェグナー、ヴァレカー（1988）、ファーンハム（1992）

16 Bruner & Taguiri (1954)

17 一方の実験参加者群に架空の人物の特徴として「知的な・器用な・勤勉な・暖かい・決断力のある・実際的な・用心深い」という特性リストを提示し、他の群には「暖かい」を「冷たい」に置き換えて提示しました。すると、形成された印象に両群で顕著な違いが認められました。Asch (1946)

18 Endler & Magnusson (1976)、北村晴朗（1993）

19 杉山憲司・安永幸子（2005）

20 Pervin (2003)

知・感情・行動）、形成２要因（素質・環境）の相対的重要度について、パーソナリティ心理学受講前の学生を対象に７段階評定を求めました。質問項目は、たとえば、「将来の自分が抱く感情は、育ちや環境の影響が強いと思う」のように、時間・人間性・形成の３要因が含まれた項目で、ファセット理論[21]に基づいて作成しました。結果は図３－２に示したように、（１）パーソナリティの形成要因については、遺伝重視と環境重視に大きく二分されています。（２）時間次元では現在・未来重視と過去重視に分かれています。（３）人間性の３側面では差が認められませんでした。以上は極めて分かりやすい結果であり、まず、遺伝重視者と環境重視者に対しては、両要因の交互作用の学ばせ方に異なるアプローチが必要となります。時間次元では、過去重視のフロイト[22]の精神分析と現在・未来志向のロジャーズ[23]の来談者中心療法の存在を考えると、クライエントと心理療法との間に**適性処遇交互作用**（ＡＴＩ[24]）が考えられます。認知行動療法を含めた行動療法と精神分析的心理療法やパーソンセンタード・アプローチなどの伝統的な洞察志向心理療法との間で、治療効果やそれを裏付けるエビデンスの質や量の違いをめぐって論争がなされてきましたが、それ以前に、クライエントの人間観を考慮に入れる必要が示唆されます。人間性の３側面については、おそらく自覚的に弁別されていないと考えられますが、いずれにしても暗黙の人間観が対人関係における予測因となっていると考えられます[25]。

21　分析後の解釈に重点を置くのではなく、ファセットに基づく構造に関する事前仮説を重視する仮説検証型の多変量解析（木村通治ほか、２００２）。

22　「４　フロイトとユング」の項参照。

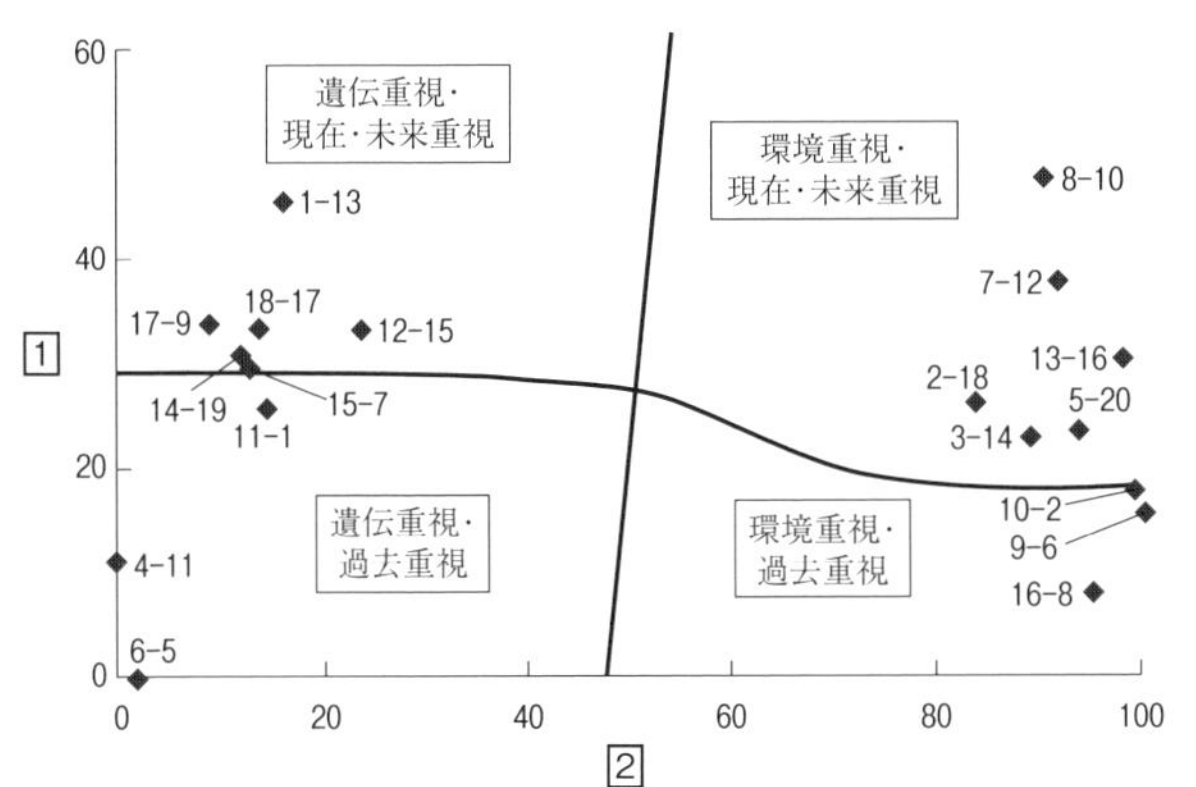

図３-２　ファセット分析結果（杉山・安永, 2005）
１：時間次元、２：形成要因。図中の数字は質問項目番号。

マックアダムスのパーソナリティ理解の3レベル——人間の統合性・全体性の復権

マックアダムス[26]は「パーソナリティの統合的科学のための基本原理」との副題を付した論文で、全体としての人を理解するための包括的枠組みを示しています。まず、パーソナリティは、個人の行動特性のアウトラインを素描する気質特性、他者と比較しての個性の詳細を記している個性的なパーソナリティの適応、時代や文化を背景とした個人生活の意味についての語りからなる統合的な生活物語の3レベルから成るとし、パーソナリティに及ぼす文化と社会環境の影響は複雑で多次元的であり、パーソナリティの3レベルに依存するとしました（表3－1）。さらに、パーソナリティの3レベルに加えて、パーソナリティ心理学には5つの原理があるとし、それらの相互関係を示しています（図3－3）。進化過程で獲得した全体的デザインとしての人間性が、気質特性と文化に影響を及ぼし、他方、文化は意味体系の生成と実践を通じて、生活物語の生成に強い影響を及ぼします。また、タイミングとコンテンツ（文化の目録）を通じて性格的な適応に中位の程度で影響し、表示規則を通じて気質特性に弱く影響します。特徴的な適応は、大多数の人の毎日の行動と強く影響し合っています。

今日、**人－状況論争**を乗り越えて、パーソナリティないし個人差は長期的安定性があり、パーソナリティは精神生物学的基盤と重要な行動や生活特性を予測できるとの証拠が示されています。人間性のデザインは進化的な適応環境（ＥＥＡ[27]）に注意が向けられていて、パーソナリティの作用機序としては、脳内のモジュールやピンカー[28]の認知的ニッチが強調されています。特徴的適応を通して社会と結びつくなど、パーソナリティは発達、寿命、文化、政治、認知、そして健康心理学の領域の影響要因であるという考えの説得力が増してきています。

---

23 Rogers, C. R. (1902-1987)

24 ＡＴＩ：Aptitude Treatment Interaction

25 Lambert (1992)、杉原保史（２０２０）

26 McAdams & Pals (2006)、McAdams (2006, 2010)

27 ＥＥＡ：Environment Evolutionary Adaptedness

28 ピンカー（２０１３）

表 3-1　パーソナリティの３レベルと文化の関係（McAdams & Pals, 2006）

レベル	定義	機能	文化との関係
1．気質特性	行動、思考、感情の時と状況を超えた一般的な一貫性を説明する、幅広い個人差（例えば、外向性、Big Five） 特性の個人差は、長期にわたって比較的安定している	気質特性は、行動のアウトラインを略述する	類似した特性ラベルと体系は、多くの異なる文化と言語を横断して見出された しかも、文化は、特性がどのように表現されるかに影響する
2．性格的な適応	時、状況、社会的役割と関連するより特定の動機、社会的認知、発達変数（例えば、目標、価値、対処方略、関係を示すパターン、領域固有のスキーマ、発達段階固有の懸念） いくつかの性格的な適応はライフコースで著しく変わる可能性がある	性格的な適応は、人の特質の細部を記述する	文化は最も重要な目標、信念、社会的生活に対する戦略で、多少の違いがある 例えば、文化的個人主義と集団主義はそれぞれ、特徴的な適応の異なるパターンを促す
3．統合的な生活物語	過去を再構成し、人々の生活にアイデンティティ（統一性、目的、意味）を提供する未来をイメージする内在化され発展する生活物語 生活物語の個人差は、特徴的なイメージ、トーン、テーマ、計画と結末に関して見られる 生活物語はかなり長い時間をかけて変わり、パーソナリティ発達を反映する	統合的な生活物語は、結局は人の生活の意味と文化について語る	文化は、物語のメニューをライフコースに提供し、物語はどう語り生きるべきかを詳述する 現代社会では、多くの異なる物語が競合している 人は一部の物語を選び、他に抵抗する

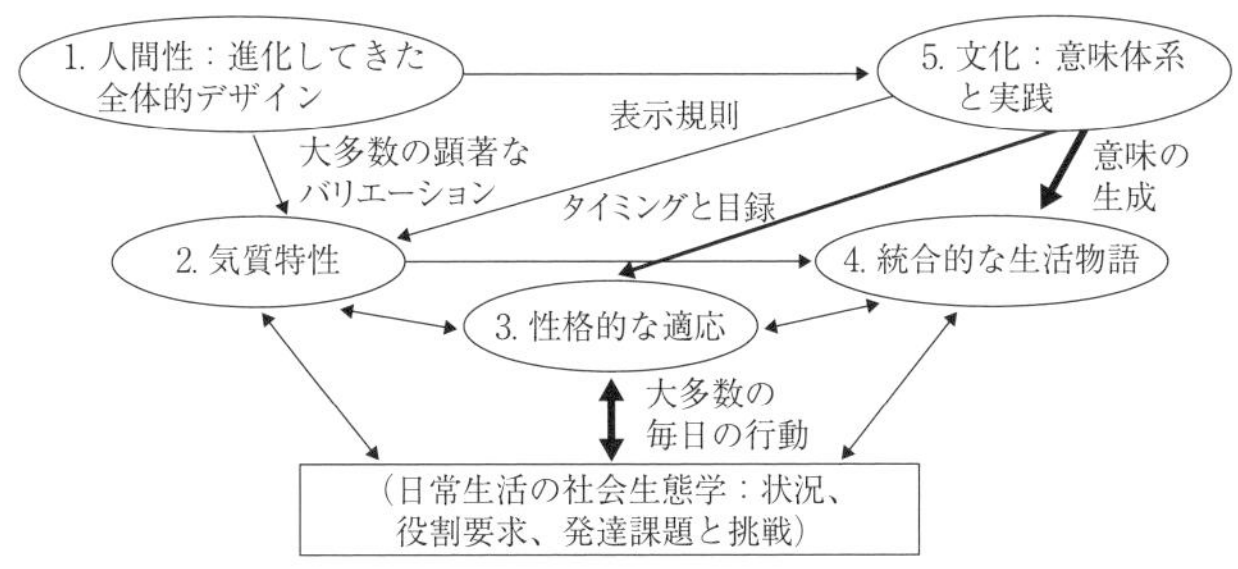

図 3-3　パーソナリティ心理学の５つの原理：概要図（McAdams & Pals, 2006）

●参考書

北村晴朗（1993）「パーソナリティを考える――二段階の接近法の試論」『性格心理学研究』*1*(1), 2-14.［性格研究の対立点や歴史的テーマを論じた上で、二段階の接近法試論を提案しています。性格心理学会（現パーソナリティ心理学会）発足に寄せた機関誌論文］

McAdams, D. P. & Pals, J. L. (2006) A New Big Five: Fundamental Principles for an Integrative Science of Personality. *American Psychologist, 61*, 204-217.［本稿で表３－１や図３－３を引用した元論文。人間性の全体像の解明には気質特性、性格的な適応、生活物語の３レベルを問うことによって、人間の全体性の復権が図れると主張しています。］

4 フロイトとユング

人々が認識することができない機能や過程の解釈

精神分析学は、19世紀末に**フロイト**[1]によって確立されたこころの構造と機能に関する学問領域を指します。

精神分析学とは第1に、夢や空想したものなどを解釈して精神の深層を探求しようとする方法であり、第2に、このような方法によって神経症の発病の経緯を理解し、そこから治療を行う臨床的技術を指し、第3に、このような治療法の理論的解明に基礎を置き、そこでの臨床経験を集大成したパーソナリティや行動に関する理論体系を指します[2]。精神分析学では特に**無意識**の領域が重要視され、人々が認識することができない機能や過程を解釈することに重点が置かれています。また、神経症の症状を無意識的な力動的精神機能が働く結果とみなしています。過去の出来事や解釈を意識化させて言語化することで解釈につなげようとする**自由連想法**という手法を用いることで、さらに無意識の世界についての理解がこの学問領域の中で深められていきました。フロイトの後、ユング[3]やアドラー[4]、クライン[5]や、フロイトの娘であるアンナ・フロイト[6]などが精神分析学を発展させ、多くの理論が展開し、周辺の学問へと影響を及ぼしていきました。

フロイトのパーソナリティ理論――エス（イド）、自我、超自我

フロイトのパーソナリティ理論は、**エス**（イド：es, id）、**自我**（ego）、**超自我**（super-ego）

1　フロイト：Freud, S.（2019）

2　詫摩武俊（1967）

3　ユング：Jung, C. G.

4　アドラー：Adler, A.

5　クライン：Klein, M.

6　アンナ・フロイト：Freud, A.

という3つの体系で構成されます。図4－1は、フロイトのパーソナリティの構造を模式的に表したものです。エスはドイツ語で「それ」を表しており、英語の表記ではラテン語であるイドを用います。エスは欲望や衝動の源泉であり、人間が生まれながらにもつ、原始的で統制が困難な衝動を意味しています。そして、自我や超自我に心的エネルギーを供給する役割を担うと仮定されています。超自我は、両親からのしつけや社会の中で求められている規範を自分自身の中に取り込むことで形成されます。超自我の役割は、衝動の抑制と道徳的な方向づけにあります。そして自我は意識や知性によって、エスによる衝動や超自我による抑制とのバランスを保ち、現実の場面への適応を試みる機能をもつとされます。ここで利用されるのが、抑圧や昇華、否認や投影といった、各種の防衛機制です。また、これら3つの要素の強さは個人によって異なります。たとえば、エスが強いと衝動的・感情的な行動が生じやすく、自我が強ければ現実的・合理的な行動が生じやすいとされます。また超自我が強いと道徳的・良心的行動が生じやすくなるといわれます[7]。

フロイトのパーソナリティ理論と測定

自我や超自我のバランスを問題にして、測定を試みた尺度がいくつか存在します。たとえば茂垣[8]は、自我理想型の人格と超自我型の人格を両極とする個人差傾向を測定する尺度である、「自我理想型・超自我型人格尺度」（ＥＩ－ＳＥＳ）を構成しました。この尺度は、人生の目的や方向性の明確さである「志向性」と、自分の主体性よりも「～すべき」という超自我が反映した「べきの専制」という2つの特性からなります。自我理想型も超自我型も、前提として自己の目的や方向性は明確であり、その上で超自我の強さによって自我理想型か

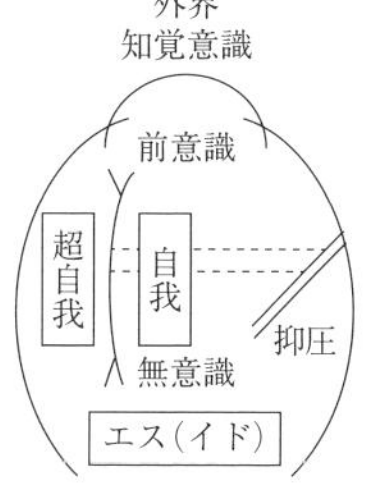

図4-1　フロイト理論のパーソナリティ構造
（小塩, 2005より）

7　詫摩武俊（１９９０）

8　茂垣まどか（２００５）

超自我型かを区別するモデルとなっています。

「エゴグラム」（egogram）は、1950年代にバーンによって提唱された**交流分析**に基づく心理検査です[9]。交流分析では人々が、P（Parent）、A（Adult）、C（Child）という3つの自我状態をもつことが仮定されています。Pは、幼い頃に親から教わった態度や行動を表しており、フロイトのモデルで言えば超自我に近い内容です。Aは事実に基づいて判断や行動をする傾向を指しており、これは自我に近い内容を表しています。そしてCは、本能や感情が前面に出ることを指しており、エス（イド）を想定させるような内容となっています。PとCはさらにそれぞれ、2つの内容に分けられています。CP（Critical Parent）は命令や支配、禁止や許可を与える父親の役割であり、NP（Nurturing Parent）は他者の世話や親和性を表す母親的な状態を指します。またFC（Free Child）は自由や制約のなさを表し、AC（Adapted Child）は周囲に合わせて順応的な自我状態を指します。日本でよく用いられるエゴグラムとしては、1984年に開発された「東大式エゴグラム」（TEG[10]）があり、2006年には「新版TEGⅡ」が発表されています。TEGでは、5つの自我状態の高低の組み合わせから、個々人の自我状態を全体的に解釈します。

ユングの分析心理学

もともとフロイトの弟子であり、共同研究者でもあったユングは、のちにフロイトとは学問的にも人間関係的にも断絶し、独自の精神分析学的理論を構築しました。ユングは環境に対する反応様式によって、人間を大きく2つのタイプに分けることができると考えましたが、その2つのタイプを**外向性**と**内向性**といいます[11]。外向性と内向性は、心的エネルギーで

9　Berne, E. (1961)

10　TEG : Tokyo University Egogram

11　依田明（1967）

あるリビドーの方向が自分自身の外部に向いているか内部に向いているかで変わると考えられています。外向的な人々は、環境に存在する外部の人々や物事に対して関心を抱き、積極的な姿勢で反応し、依存するような態度を示します。このような人々は、新たな環境や見知らぬ人に対しても自信をもって良好な関係を形成することができます。それに対して内向的な人々は、外部の環境にある人々や物事に対して消極的で、周囲の環境よりも自分自身の心の内にある主観的な出来事が関心の中心となります。このような人々は、社交性に欠け、活発であるよりも反省を好む傾向があるとされます。

また外向性・内向性の他に、ユングの理論では４つの心理学的機能が想定されています。第１は思考的機能であり、物事の意味を知り理解する機能です。第２は感情機能であり、喜びや苦痛など、物事に対して価値づける機能です。第３は感覚機能であり、物事を認知し具体的な事実を知る機能です。第４は直観機能であり、未来の可能性や物事の本質を捉えようとする機能です。思考機能と感情機能は推理や判断などを使用する合理的で理性的な機能であり、感覚機能と直観機能は偶然の認知に基礎を置く非理性的な機能だといえます。これらの外向性・内向性と４つの機能を組み合わせることにより、８つのタイプを構成することができます。ただし、思考と感情を両極、感覚と直観を両極にとる構造が想定されることもあります。その場合には、外向－思考－感覚や内向－感情－直観といった８つのタイプ分けになります。ただし、実際に私たち全員が明確にこれら８つのタイプに分かれるというわけではないという点には注意が必要です。これらのタイプは、典型的な人物はいるものの、大まかに分けることができるものだと考えておくのが良いでしょう。

ユング理論の測定

これまでいくつかの尺度によって、ユング理論のパーソナリティの測定が試みられてきました[12]。「ＭＢＴＩ」[13][14]は、その代表的な心理検査のひとつです。ＭＢＴＩは各質問項目について二者択一で回答する形式となっており、「外向性－内向性」が21項目、「思考－感情」が24項目、「感覚－直観」が26項目、加えてＭＢＴＩ独自の「判断－知覚」が22項目で構成されています。ＭＢＴＩは特に米国でよく使用される尺度であり、ワークショップが開催されたり、学校場面や職業場面で非常に頻繁に使用されたりしています。しかしながら、ＭＢＴＩの信頼性や妥当性に対しては、懐疑的な意見も存在しています[15]。

佐藤[16]は、より信頼性と妥当性の高いユング理論に基づく尺度の構成を試みています。専門家による内容的妥当性や併存的妥当性の検討、および、内的整合性や再検査法による信頼性の検討により、「ＪＰＴＳ」[17]を作成しました。ＪＰＴＳはビッグ５[18]との関連も検討されており、ＪＰＴＳの外向性－内向性がビッグ５の外向性の高さ、思考－感情は協調性の低さ、感覚－直観は開放性の低さに対応することが明らかにされています。

非意識の測定

精神分析学的な無意識の探求は、科学を志向する心理学の流れの中で次第に顧みられなくなっていきました。ところが近年、精神分析学における無意識のように、意識的に認識できない態度やパーソナリティの個人差を測定する試みが盛んに行われるようになっています。

その代表的な研究手法が、「潜在連合検査」（ＩＡＴ[19]）です。グリーンワルド[20]はこの方法を用いることで、人種や性別などに対して人々が意識していない偏見や差別的態度をも

---

12 佐藤淳一（２００５）

13 ＭＢＴＩ：Myers-Briggs Type Indicator

14 Myers & Briggs (1998)

15 Lilienfeld, et al. (2003)

16 佐藤淳一（２００５）

17 ＪＰＴＳ：Jung's Psychological Types Scale

18 「１　パーソナリティのビッグ５」の項参照。

19 ＩＡＴ：Implicit Association Test

20 Greenwald, A. G. (1998)

ち、意識的な態度よりも非意識的な態度の方が実際の行動に関連することを示しました。

ＩＡＴは、カードの分類課題をイメージすると分かりやすいでしょう。たとえば、トランプのダイヤとハートを左側へ、クラブとスペードを右側へとできるだけすばやく分類してみます。次に、ダイヤとスペードを左側に、ハートとクラブを右側にできるだけ早く分類します。すると、最初の分類よりも分類する速度が遅くなることが分かるのではないでしょうか。このようなカードの分類を試してみると、同じ色どうしをまとめて分類するときよりも、異なる色をセットにして分類する方が、時間がかかることは容易に想像がつくでしょう。

ここで、ダイヤを白人、クラブを黒人、ハートをポジティブな言葉、スペードをネガティブな言葉に置き換えます。白人とポジティブ語、黒人とネガティブ語の組み合わせで分類課題を行う場合と、白人とネガティブ語、黒人とポジティブ語の組み合わせで分類課題を行う場合とを比べると、前者の方が後者よりも分類するスピードが速くなります。ここで、両課題のスピードの差が大きい人ほど、潜在的な人種の偏見が強いことになります。この手法を応用することで、自尊感情[21]やシャイネスなど、さまざまな心理学的概念の潜在的な側面の測定が試みられています。

なお近年、２００６年から２０１７年の間の４００万人以上のＩＡＴのデータから、潜在的な偏見の時代変化が検討されています[22]。この研究では、性別や障害に対する潜在的な偏見が減少する一方で、高齢者に対する潜在的な態度にはあまり変化が生じていないことが示されました。人々の潜在的な偏見や差別的な態度は時代によっても徐々に変化し、またその変化の様子は対象によっても異なっているようです。しかし全体としては、偏見や差別的な態度は減少傾向にあると言えるでしょう。

21「8　自尊感情と自己肯定感」の項参照。

22 Charlesworth & Banaji (2019)

●参考書

S・フロイト／懸田克躬（訳）（２０１９）『精神分析学入門』中央公論新社［フロイト自身が精神分析学の本質についてわかりやすく記した代表的な著作です。］

河合俊雄（２０１５）『ユング――魂の現実性』岩波書店［フロイトとは異なるユングの思想を、その人生を概観しながら学ぶことができます。］

5 共感性と心の理論

他者の気持ちの理解と行動の推論

「人間性の本質とは何か」との問いや、時に、見ず知らずの他者に対して利他的に振舞うヒトの理解には、**他者理解**や**共感性**が関わっています。他者理解は**心の理論**（theory of mind）として研究され、共感性（empathy）は他者理解を規定する重要な要因で、その欠如が自閉（スペクトラム）症[1]の中核症状ではないかと推定されています。しかし、共感性はポジティブな影響を及ぼすだけかと言うとそうでもなく、被害者への同情（共感）から攻撃性を抱いたり、他者の苦境を快とする**シャーデンフロイデ**（schadenfreude）などのネガティブ感情を引き起こす場合もあります。

共感性の構成要素——情動的共感と認知的共感、そして共感的配慮

乳児は生後間もなく、他の乳児の泣きに反応して自らも泣く**情動伝染**（emotional contagion）を示します。1歳前後では自分の苦痛と共感による苦痛を区別せず同じように反応しますが、やがて2歳前後になると自他を区別して、苦痛を感じている他者に**共感的配慮**（援助行動）を示すようになります。幼児期に入り、自他の区別の発達に従って自分の要求とは異なる他者の要求を理解できる**視点取得**の能力を獲得します[2]。これは共感性に感情的側面と認知的側面があることを示していますが、情動と認知に分けるのではなく、両過程は連続すると捉え、ボトム・アップ的共感とトップ・ダウン的共感と捉える考え方もあ

---

1 「24　発達障害」の項参照。

2 Hoffman (1981)、アイゼンバーグ、マッセン（1991）

3 大平英樹（2015）

4 IRI：Interpersonal Reactivity Index

5 Davis (1983)

6 メンタライジングは振り返り（reflexion）を通した自己理解・他者理解を指し、生涯を通じて発達、変

ります[3]。

共感性を調べるには、**多次元共感尺度**（ＩＲＩ[4]）[5]が多く使われます。ＩＲＩには４つの下位尺度があり、「共感的配慮」と「個人的苦痛」が情動的共感に関わる下位尺度、「視点取得」と「想像性（fantasy）」が認知的共感に関する尺度です。情動伝染や情動共有（emotion sharing）に関わる神経回路と、他者の立場に立って他者の心的状態を推論する過程、すなわち、心の理論や**メンタライジング**（mentalizing）[6]に関わる高次認知機能を担う神経回路は異なる脳部位の活動とされ、機能的脳画像撮影装置（ｆＭＲＩ[7]）を用いて利他行動を調べると、情動共有と視点取得の２つのシステムが活性化しています。血縁・互恵関係を超えた広い範囲で利他行動の素地となるには、情動共有による動揺を制御し、かつ視点取得により相手が何を必要としているかを想像する必要があるようです。そこから、感情的・認知的・行動的コンポーネントに対応させて、共感性には情動的共感、認知的共感、共感的配慮が重要と考え、ドゥ・ヴァール[8]は図５－１のロシアのマトリョウシカ人形モデルでこれら３要素の関連を示しています。

他者の行動と心の推論――心の理論と認知的共感

他者理解と共感性は、どちらも社会生活において他者と関わる上で重要な役割を果たしますが、他者の意図や信念、感情についての把握と理解は心の理論として研究されてきました。プレマックら[9]は霊長類のあざむき行動のような、他個体の心の状態を推測しているかのような行動に注目して心の理論を提案しました。この提案を受けて、誤信念課題[10]を用いて幼児の心の理論の発達過程が調べられてきました。誤信念課題では他者であるサリー

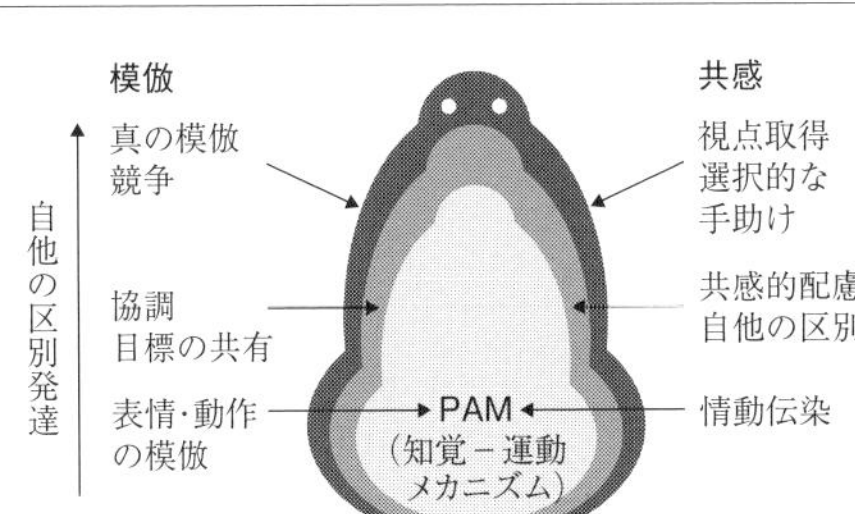

図５-１　ドゥ・ヴァールの共感性のロシア人形モデル
（http://www.emory.edu/LIVING_LINKS/empathy/faq.html 2020/7/26 アクセス）

化すると考えられています。

7　ｆＭＲＩ：Functional Magnetic Resonance Imaging

8　ドゥ・ヴァール（２０１０）、デンワース（２０１８）

の立場に立つことができればバスケットの中が正解ですが、自閉症や3歳未満の子どもは箱の中と言ってしまい、チンパンジーも誤信念課題を通過することはできませんでした。そこで、自閉症の研究から他者の立場に立つことの重要性を明らかにしたバロン＝コーエン[11]は、意図の検出器、視線の検出器、共有注意のメカニズムと心の理論のメカニズムからなる、心を読むシステムの発達モデルを提案しています。

共感は誰に対しても同じように起こるわけではなく、対象となる他者の性別やパーソナリティ、ムードといった特徴や、自己と対象者の親近感や感情的繋がり、状況の評価などによってその程度は変わってきます[12]。また、誤信念課題の通過年齢が、欧米に比べて日本の子どもは際だって遅いとの研究[13]の中で、内藤は、課題が自他の区別が前提になっていて、自分とはまったく無関係な主人公の思考内容を脱文脈的に考える必要があると指摘しています。そして、本来、子どもの対人理解はそこで交わされる言語、注意や興味、話題、帰属や説明の仕方に左右されるのであって、さまざまな方向に開かれた異なる対人関係を導く多様性こそが日本の子どもの誤信念課題への正答の遅さの理由ではないかと推測しています。

同情力トレーニング——共感的配慮は高められる

さまざまな対人援助職で、共感性を高めるプログラムが実施され、成果があげられています。たとえば、西村ら[14]は介入群と統制群を比較したプログラムで、アイスブレーキング[15]、映画鑑賞を通しての他者視点取得の向上、参加者間の経験共有など、6セッションからなる認知的共感と感情的共感のトレーニングを行った結果、視点取得、各種感情共有などは介入プログラムによって高まりましたが、社会的スキル[16]や向社会的行動の向上は確

9 Premack & Woodruff (1978)

10 日本では図5－2のようなサリー・アンの課題が用いられます。サリーはバスケットとお菓子を持っていて、アンは箱を持っています。サリーがバスケットにお菓子を入れて外に出た後に、アンはこっそりサリーのお菓子を箱に入れます。戻ってきたサリーはどちらを探すだろうかという課題です。

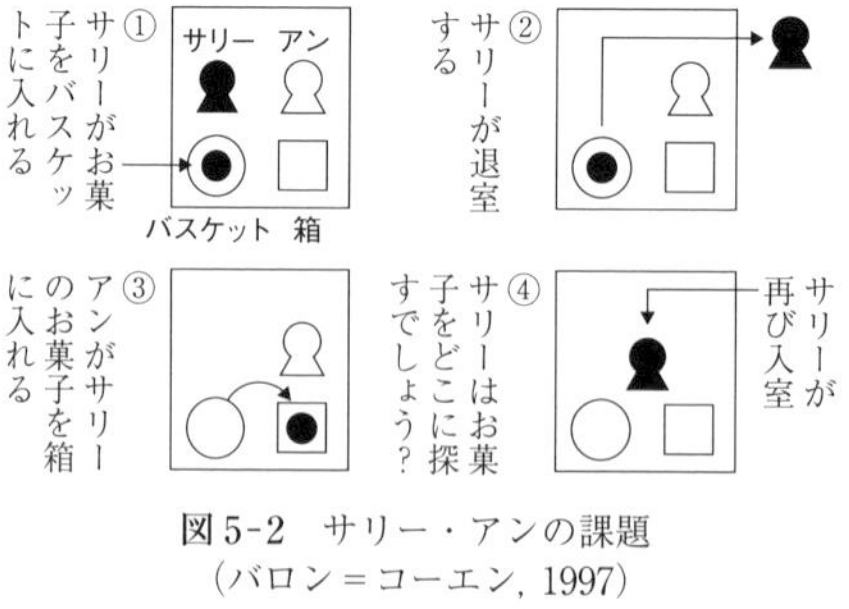

図5-2　サリー・アンの課題
（バロン＝コーエン, 1997）

認されませんでした。古見ら[17]は、PCを利用した〝ウサギのなんでもやさんゲーム〟×ロールプレイありなし条件で、視点のずれが生じている相手の意図を読みとるマインドリーディング課題で、ディレクターの役割演技(role-playing)をした群の誤答率が減少し、反応時間が早くなる結果を得ました。杉山[18]は少し古いですが、幼稚園児、小学生、中学生を対象とする研究結果から、観察学習することで小学校高学年から中学生にかけて、物の得失よりも対人関係に関する状況での共感性が強くなり、共感性の質的変化が見られると結論づけました。このように、トレーニング(強化学習)、ロールプレーイング、観察学習など、共感性を高める各種教育的介入が試みられ、成果をあげています。

ヒト社会における共感性の役割——大規模集団内協力での評判と共感性

自分が行為した場合と他者の行為を観察する場合に同じニューロンが発火することがマカクザルの神経活動で発見され、**ミラーニューロン**[19]と名づけられましたが、これはヒトの脳にも備わっています。集団で生活するヒトは、他者の状態に無関心ではいられない敏感な社会的感受性を備えていますが、そうした心の社会性を安定して維持できる人数の上限を**ダンバー数**(Dunbar's number)といいます。これは、１５０人程度の閉じた内集団(ingroup)です。この内集団では、利他性や向社会的行動(prosocial behavior)の説明理論として、リチャード・ドーキンスの『利己的な遺伝子』[20]が唱える血縁淘汰説や、血縁者とか見知った者への直接互恵性(reciprocal altruism)の説明が当てはまりますが、現代の情報化社会は非血縁者どころか異質な他者との相互交流が不可避で、ダンバー数を遙かに超えた巨大なグローバル社会であり、このような社会における見知らぬ者への利他性は説明で

---

11 Baron-Cohen, S.：バロン＝コーエン(１９９７)
12 嶋田総太郎(２０１４)
13 内藤美加(２０１１)
14 西村多久磨ほか(２０１５)
15 アイスブレーキング：初対面の人同士が出会う時、その緊張をときほぐす方法の一つ。
16 「14 社会的スキル」の項参照。
17 古見文一・子安増生(２０１２)
18 杉山憲司(１９９０)
19 自分が行為する場合と他者の行為を観察する場合に同じニューロンが発火し、他人の行動をミラーリングするニューロン。
20 ドーキンス(１９９１)
21 亀田達也(２０１５)
22 Bateson, et al. (2006)
23 山岸俊男(２０１１)
24 村田藍子ほか(２０１５)
25 ロールズ(２０１０)

きません[21]。

ベイトソンら[22]は自分が周りから見られていることに対して感受性が高く、自分が変なことをやるとみんなが見ているという場面では、公平・公正で協力的に行動することを確かめました。図5－3は珈琲マシーンに一週間おきに花と目のポスターを張り替えた結果です。自分が周りから見られていることに対する感受性は、評判がヒトにとっていかに重要な役割を持つかを示していて、山岸[23]は内集団を限界とする情動的共感に対して、外集団に拡る間接互恵性は評判（reputation）の働きによって支えられていると主張しています。また、村田ら[24]は同様に、ジョン・ロールズの『正義論』[25]が示唆する最不遇の他者の福利を最優先するマキシミン原理[26]に適う心的傾向を人が備えているかを実験的に確かめ、公平や正義について検討しています。

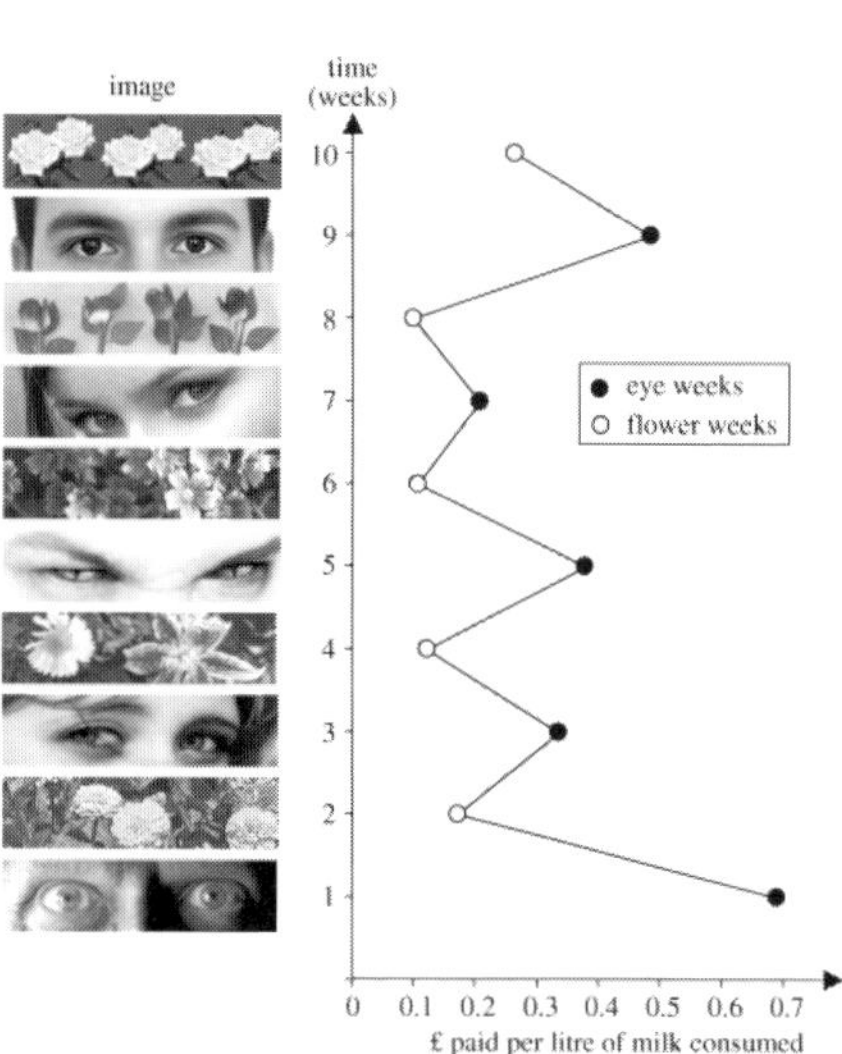

図5-3　珈琲マシーンに一週間おきに花と目のポスターを張り替えた結果（Bateson, et al., 2006）
目のポスターがあるとお金をちゃんと払う。

26　マキシミン原理：いくつかの選択肢があるとき、最悪の選択をしても得られる利益が最大になるものを選ぶ戦略。

●参考書

アイゼンバーグ、マッセン／菊池章夫・二宮克美（訳）（1991）『思いやり行動の発達心理』金子書房［子どもたちの思いやり行動の育ち方・育て方について、発達心理学から学生や教師、保育者向けに向社会的行動の高め方についての情報提供を目指しています。］

L・デンワース（2018）「共感の功罪」『別冊日経サイエンス230　孤独と共感――脳科学で知る心の世界』日本経済新聞社，pp. 6-11.［情動的・認知的・行動（共感的配慮）の3つの共感について、神経科学的知見を含め、共感の偏りや負の側面と善を促す力等、最新の研究を手短にまとめています。］

亀田達也（2017）『モラルの起源――実験社会科学からの問い』岩波新書［実験社会科学から、人間の行動や社会における振る舞いの解明を目指し、適応や利他性の仕組み、共感する心、正義とモラル等の実験・調査データを示し、論じています。］

6 一貫性論争

パーソナリティにもＴＰＯがある？

パーソナリティは、個人の内にある安定した何らかの構造をもつ概念として仮定されるものです。パーソナリティは人間の行動はじめ、さまざまな結果を予測すると考えられていますが、その根拠のひとつとなっているのは、パーソナリティが時間や状況を超えて一貫しているという、**パーソナリティの一貫性**についての考え方です。たとえばパーソナリティの測定尺度を作成する際には、いちど調査を行った後で数週間や数ヶ月という一定の期間を空けて同じ集団に対して再度検査を行い、２度の調査の間の関連の大きさを検討します。この関連の大きさは**相関係数**によって表され、**再検査信頼性**と呼ばれます[1]。パーソナリティの測定尺度では、この再検査信頼性が高いことが期待されます。それは、パーソナリティが時間を超えて安定しており、大きく変動しないことが仮定されているからです。もしも測定する概念が一時的なもので状況によって大きく変動しうるものなのであれば、高い再検査信頼性は予想されません。このように、パーソナリティという概念は、安定していることが暗黙のうちに期待されるものだと考えられます。

状況や時を超えたパーソナリティの一貫性

ミシェル[2]は、質問紙で測定されたパーソナリティの得点と、質問紙以外の測定手法で測定された外的基準との間に、おおよそ0.20から0.30の間の相関係数が繰り返し報告される

1 小塩真司（２０１６）

2 Mischel (1968)

ことを指摘しました。ミシェルはこの低い相関係数を、「パーソナリティ係数」と揶揄するように名づけています。一般的にこのような低い相関係数は、大まかな選別や大集団の傾向を記述することには利用できますが、目の前にいる個人の行動の予測のためにその関連の情報を用いることは困難だと考えられます。

パーソナリティの一貫性のうち、パーソナリティに関する行動が時間を超えて安定していることを**経時的安定性**といいます。私たちは普段の行動の中で、自分自身や周囲の人の振る舞いの時間を超えた一貫性を観察することができます。したがってこの経時的安定性が観察されることについては、大きな問題はないと考えられます。その一方で、パーソナリティを表すような行動が状況や文脈が変わっても一貫しているのかという問題を**通状況的一貫性**といいます。この通状況的一貫性をどこまで仮定することができるのかということは、大きな問題です。先ほど示したように、質問紙で測定されたパーソナリティの得点が質問紙以外の得点とそれほど高い関連を示さないという現象は、この通状況的一貫性に疑問を投げかけるものであると考えられます。

ミシェルの主張は、**パーソナリティの一貫性論争**と呼ばれ、長年に続く議論を引き起こしました。そしてこの議論は、パーソナリティの一貫性が個人の特徴と状況や文脈との相互作用で生じるという、**首尾一貫性**（Sense of Coherence）という考え方へとつながっていきました。この首尾一貫性は、パーソナリティが状況や文脈とは独立に存在するのではなく、個々人が経験する状況と個人との関係性にはそれぞれの個人において独自な構造があるという考え方です。

図６－１は、それぞれの一貫性を例としてグラフに表したものです。３名の人物を対象に、

4つの場面（文脈）におけるある行動（発話量など）の頻度を測定しています。また首尾一貫性では、複数の時点で異なる場面について行動を測定しています。絶対的一貫性は、どのような場面であっても行動の頻度が変わらないことを表します。つまり、発話量の多い人はどのような場面でもよく話をし、発話量が少ない人はどの場面でもあまり話をしないことを表しています。相対的一貫性は、場面に応じて行動の頻度は変わるものの、その順位は変わらないことを指します。発話量の多い人は発話量が少ない人よりもどの場面でもおおよそよく話をするのですが、その全体的な量は場面によって異なるという考え方です。そして首尾一貫性は、場面に応じて個々人がそれぞれ独自の反応を示すことを仮定します。たとえば図の人物Aは場面4でよく話をし、人物Bは場面1でよく話をします。場面によって個々人でどの程度行動するかの量は異なるのですが、その傾向は時間を超えて安定しており、複数の観察を通じて繰り返し同じような傾向が観察されるということがグラフに表現されています。

個人的構成概念の心理学

ケリー[3]は、私たち人間が物事を予測し認知し解釈する方法によって心理学的に方向づけられていると考えました。私たちは多くの物事に接する中で、ある物事の集合を別の物事の集合と区別するようになります。このように、私たちは物事の間の類似性と対比性を識別していきます[4]。そしてこの類似性と対比性は、より抽象的な構成概念を発達させます。個人のパーソナリティはその個人がもつ構成概

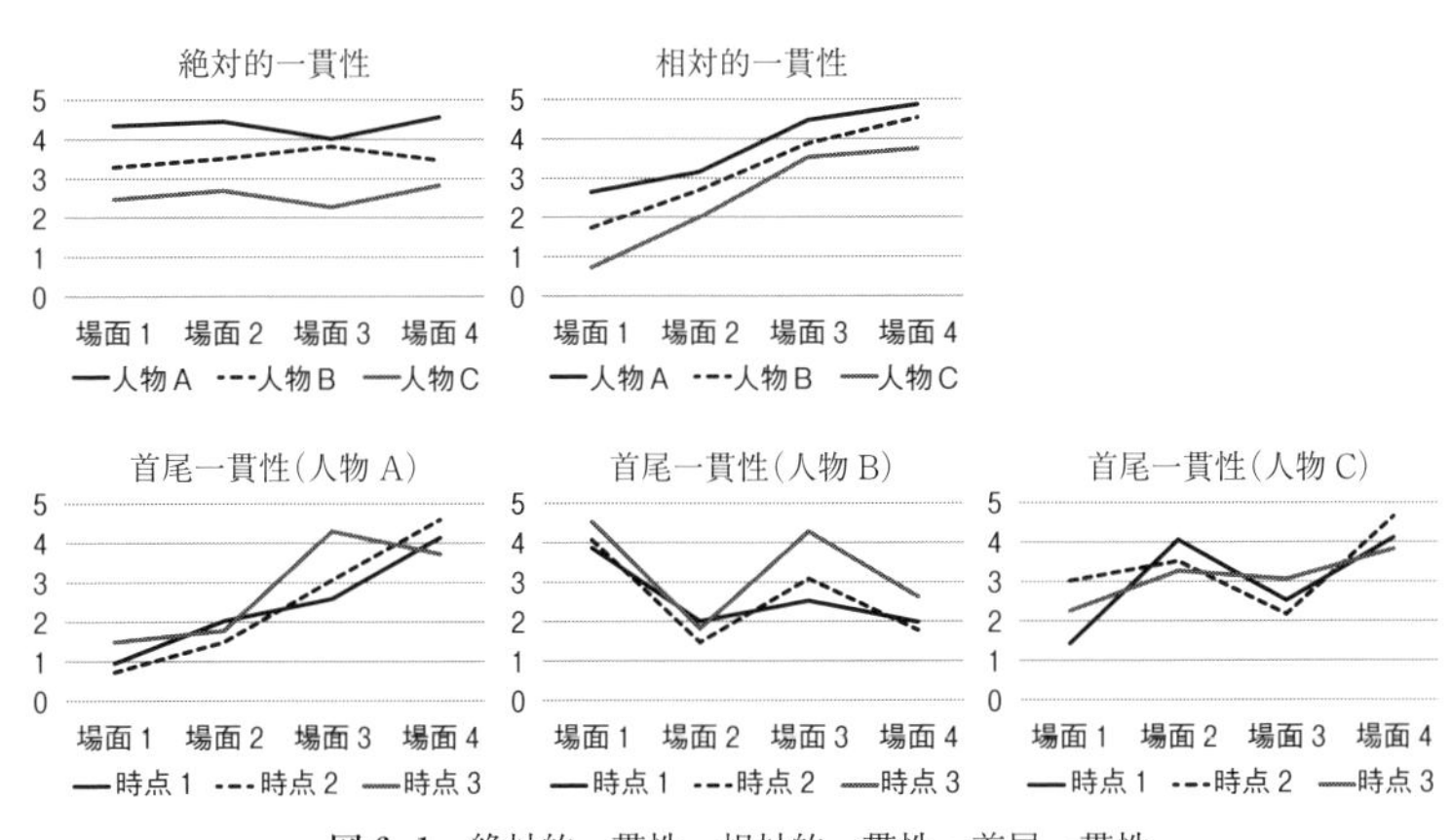

図 6-1　絶対的一貫性・相対的一貫性・首尾一貫性

念のシステムであり、ある個人を理解したいのであれば、その個人が使用している構成概念とその概念のなかに含まれる事象、そして構成概念間の相互関係とシステムについて知る必要があると考えられます。

ケリーはＲｅｐテストと呼ばれる、個人の構成概念を測定するためのシステムを考案しました。このテストでは、たとえば「父親」「最も影響を受けた教師」「最も成功した知人」といった役割人物リストが与えられます。そしてそれぞれの役割について、個人的に重要であると考えられる人物のリストを作成します。次に、人物リストを記入した後で、指定された特定の３人について、そのうち２人に共通していてもうひとりとは異なる点を指摘します。この共通点を構成概念の類似極、異なる点を対比極といいます。先ほど例に挙げた「父親」「最も影響を受けた教師」「最も成功した知人」について考えてみましょう。もしも父親と教師の共通点に自信があることが挙がり、最も成功した知人にはその点が当てはまらない場合には、その構成概念の次元は「自信がある‐ない」となり、類似極が「自信がある」、対比極が「自信がない」となります。さらに、この類似極が他の人物についても当てはまるかどうかも判断していきます。このようにＲｅｐテストを用いることによって、検査をする側が構成概念を用意するのではなく、自分自身で日常的に用いている構成概念によって自分自身や他者を評価することが可能になります。

このケリーの考え方は、物事の捉え方の複雑さを意味する**認知的複雑性**というパーソナリティ特性の考え方にも影響を与えました。認知的に単純な人に比べて、認知的に複雑な人物は、より正確に他者の行動を予測したり、ストレスに対してより頑健であったりする特徴をもつとされます。

3　ケリー（２０１６）
4　若林昭雄（１９９２）

個人を捉えるパーソナリティ

パーソナリティを測定する質問項目を用いて、自分自身を対象に評価を行った場合、よく知る人物を評定する場合、そして見知らぬ人物を対象に評定した場合、という3つの評価対象について評価を行ったとしましょう。そして、それぞれについて変数をまとめてその背後にある潜在変数を見出す統計手法である因子分析を用いてその構造を検討すると、いずれもほぼ同じような次元構造となることが知られています。自分自身やよく知る人物を対象に評定を行った場合に同じような構造となることは当然としても、見知らぬ人物を評定した場合でも同じような構造が得られるということは、その評定の枠組みがその評価の対象となる人物に付随するわけではないことを示唆しています。さらに、単語の類似度を評定したデータを分析の対象としても、同じような構造が得られることも知られています。これらの現象は、パーソナリティを表現する複数の次元の構造が、人間が物事を認知する過程や単語どうしの意味の類似性から来ている可能性を示唆しています。

ミシェルは、パーソナリティが認知の枠組みであり行動の主体にあるわけではないことから、パーソナリティの存在を否定的に捉えました。それに対してケリーは、この認知の枠組み自体をパーソナリティとして位置づけたのです[5]。両者は同じような現象を捉えながらも、注目する観点が異なっていたと言えるのかもしれません。

状況の整理

近年、状況そのものを捉える新しい研究の動きが見られています[6]。たとえばラウスマンやファンダーら[7]は、日々体験する数多くの状況を整理することで、8つの状況因子を

5　若林昭雄（1992）
6　堀毛一也（2020）
7　Rauthmann, J. F., et al. (2014)

見出しています。それは、義務（duty）、知性（intellect）、逆境（adversity）、配偶（mating）、ポジティビティ（positivity）、ネガティビティ（negativity）、欺瞞（deception）、社会性（sociality）の8つの因子です。これらの状況因子は、その頭文字をとって、DIAMONDSと呼ばれています。

他にも、辞書から状況を表す単語を抽出して整理していく、辞書的アプローチによる状況研究も行われています。これらの状況分類や状況認知の研究は、パーソナリティに対する理解を深めることを可能にする研究であると言われており、人と状況との具体的な相互作用を明らかにし、統合的な理解につながることが期待されています。

●参考書

ウォルター・ミシェルほか／黒沢香・原島雅之（訳）（2010）『パーソナリティ心理学――全体としての人間の理解』培風館［広くパーソナリティという概念を体系的にまとめてあり、豊富な内容から統合的な理解が促されます。］

ブライアン・R・リトル／児島修（訳）（2016）『自分の価値を最大にするハーバードの心理学講義』大和書房［著者は自由特性理論（free trait theory）という理論を提唱しており、自分にとって重要な場所では生まれながらに持つパーソナリティを越えて振る舞うことができるという考え方をとっています。この考え方をはじめ、パーソナリティに関する理解が深まる書籍です。］

7 アイデンティティ

自分は何者？

人生全体をいくつかの段階に分けて理解しようとする試みを、**発達段階説**と言います。その代表的な理論のひとつが、エリクソン[1]による**漸成発達理論**と呼ばれる理論です。このエリクソンの理論を図式化したものが、図7-1です。この図の縦軸では、人生を乳児期から老年期までの8つの段階に分けており、横方向には課題の領域が配置されています。そして、左下から右上にかけて、それぞれの時期に解決すべき課題が示されています。たとえば乳児期に解決すべき課題としては、基本的信頼対基本的不信があります。このように、課題は片方が肯定的でもう片方が否定的な課題のペアで構成されています。

ただし、課題は対になっていますが、これは基本的不信をゼロにして基本的信頼を百にするような、完全な解決を求めるわけではありません。たとえば乳幼児の親は子どもの欲求を全て満たせるわけではなく、時にはうまく対処できない状況が存在します。そのようなうまくいかない経験も積みつつ、肯定的な要素が勝っている状態が望ましいとされるのです。

アイデンティティの感覚——青年期の課題

青年期における代表的な発達課題が、アイデンティティ対アイデンティティ混乱です。**アイデンティティ**は自我（自己）同一性とも呼ばれる概念で、「自分とは何か、社会の中で何者として生きていくか」という問題に対する自分なりの答えのことを指します。そして、ア

1　Erikson, E. H. (1968)

イデンティティの感覚は、自分自身に対する確固たる自信や確信というかたちで得られます。それに対して**アイデンティティ混乱**（拡散）は主体性を失い、自分が何をしてよいのか分からなくなってしまうような状態に至ることを指します。青年期におけるアイデンティティの感覚は、それまでに積み重ねられた各種の発達課題を自分の中で統合し、新たな自分を作り替えるような作業を通じて獲得されます。その点で、学童期までの発達課題がどの程度達成されているかということも、青年期の問題となって現れてくるのです。たとえば図7－1では、乳児期における基本的信頼対不信という課題が、青年期では時間的展望対時間的展望の拡散の問題として表面化することを示しています。このように、それぞれの時期の発達課題が別の時期にはまた異なる問題として現れてくるという構造もエリクソンの理論の特徴のひとつです。

　青年期のアイデンティティの獲得について比較的わかりやすい図式を提示しているのが、

図7-1　エリクソンの漸成発達図式（谷・宮下, 2004より）

Ⅷ 老年期								統合性 対 絶望、嫌悪
Ⅶ 成人期							世代性 対 停滞、自己耽溺	
Ⅵ 若い成人期					連帯 対 社会的孤立	親密性 対 孤立		
Ⅴ 青年期	時間的展望 対 時間的展望の拡散	自己確信 対 アイデンティティ意識（自意識過剰）	役割実験 対 否定的アイデンティティ	達成の期待 対 労働麻痺	アイデンティティ 対 アイデンティティ拡散（混乱）	性的アイデンティティ 対 両性的拡散	指導性と服従性 対 権威の拡散	イデオロギーへの帰依 対 理想の拡散
Ⅳ 学童期				勤勉性 対 劣等感	労働同一化 対 アイデンティティ喪失			
Ⅲ 遊戯期			自主性 対 罪悪感		遊戯的同一化 対 空想的同一化			
Ⅱ 早期幼児期		自律性 対 恥、疑惑			両極性 対 自閉			
Ⅰ 乳児期	基本的信頼 対 基本的不信				一極性 対 早熟な自己分化			
	1	2	3	4	5	6	7	8

マーシャ[2]です。マーシャは、エリクソンのアイデンティティ概念を、4つのアイデンティティの状態（地位）として整理しました。その4つのアイデンティティ地位は、「危機」と「傾倒（コミットメント）」という2つの要素で整理されます。危機はアイデンティティの確立のために迷いや葛藤を経験したかどうかという問題であり、傾倒は自分らしさや自信を見出したかどうかという問題です[3]。この枠組みで整理された4つの地位は以下のようになります。第1にアイデンティティ拡散であり、これはアイデンティティの危機を経験しているかどうかにかかわらず、職業や自分の信じる道について積極的に関与していない状態です。第2に早期完了であり、アイデンティティの危機を経験していないにもかかわらず、自分の目標や信念にたいして積極的に関与する状態のことを指します。第3はモラトリアムであり、アイデンティティの危機をまだ解決していないものの、課題の解決のために積極的に選択肢を模索している状態のことを意味します。そして第4にアイデンティティ達成であり、これはアイデンティティの危機を経験しているが自分自身のやり方で解決に至り、現在は職業や社会的役割に対して積極的に関与している状態のことを指します。

アイデンティティと自己――自己と文化・社会

先に述べたように、青年期のアイデンティティの獲得は、それまでに積み上げてきた自分らしさの集大成となる感覚だと言えます。そこでは、自分がそれまで何ができて何ができなかったのか、何が得意で何が不得意なのか、何が好きで何が嫌いなのか、そして何が優れていると思えるのかといった、自分自身を評価する感覚を統合するとともに、それが社会の中でどのように位置づいていくのかを探索することが重要になります。

2　Marcia, J. E. (1966)
3　塚原拓馬（2019）

コテら[4]は、**アイデンティティホライズン**（identity horizon）という新たな概念を提唱して、青年期のアイデンティティの広がりを捉えようと試みています。アイデンティティホライズンとは、社会階層的な規定をもたらす親や生活している地域の縛りを超えて、個人のアイデンティティの地平を時間的にまた空間的にどこまで広げることができるかを問題とする概念です[5]。アイデンティティホライズンの枠組みでは、高校から大学への移行や学校から社会への移行といった、トランジションに注目します。そしてアイデンティティの達成は、これらのトランジションをより豊かに推し進める要素となります。また、アイデンティティホライズンを測定する尺度も開発されています。その尺度は、自分がやりたい仕事のためなら親や地域の縛りから離れるのもためらわないという内容の「仕事ホライズン」、自分の将来のために勉強が役立つと考える「教育ホライズン」、さまざまなしがらみのためにそこから抜け出せないという感覚を抱く「アイデンティティ不安」の３つの因子で構成されています。

自分のアイデンティティを知る――質問紙による測定

アイデンティティの状態を測定する尺度には、いくつかのものがあります。たとえば、多次元同一性尺度（ＭＥＩＳ[6]）は、複数の次元から青年期のアイデンティティの感覚を捉えようと試みています[7]。一連の研究の中で、エリクソンの記述などから項目を作成し、４つの次元から構成される尺度が開発されました。４つの次元とは、自分が自分であり続ける感覚である「自己斉一性・連続性」、自分自身が望むべき自分と調和しているという感覚である「対自的同一性」、自分自身が重要な他者から見られている自分自身と調和しているという感覚を意味する「対他的同一性」、そして現実の社会の中で自分が意味づけられる感

4　Côté, J. et al. (2008)

5　溝上慎一（２０１８）

6　ＭＥＩＳ：Multidimensional Ego Identity Scale

7　谷冬彦（２００１）

覚を反映する「心理社会的同一性」です。

また、アイデンティティの感覚についてより簡便に測定することができる尺度として、EPSI（5th）とも呼ばれる、エリクソン心理社会的段階目録（第5段階）があります[8]。この尺度は、アイデンティティの統合状態を表す6項目、アイデンティティの混乱状態を表す6項目の計12項目で構成されています。アイデンティティ統合と混乱は互いに負の関連を示しますが、研究の中では全体として1つの指標というよりも、それぞれを別の次元として捉えるモデルの方がデータにより適合していることが示されています。

多次元アイデンティティ発達尺度（DIDS[9]）は、アイデンティティ地位を構成する要素をより詳細に検討することを目的とした尺度です[10]。この尺度は、コミットメント形成とコミットメントとの同一化という2つの側面によって傾倒（コミットメント）を捉え、広い探求と深い探求、そして反すう的探求で現在の探求の側面を捉える、アイデンティティ形成の二重サイクルモデルを反映しています。このモデルでは、アイデンティティの発達過程を、多様な選択肢を探索する過程（広い探求とコミットメント形成）と、選択された対象が傾倒に値するかどうかをさらに検討して深めていく過程（深い探求とコミットメントの同一化）に区別しています。DIDSは各次元5項目の計25項目で構成されており、クラスタ分析を行うことによって、この尺度の得点からマーシャのアイデンティティ地位に相当する類型化が可能であることが示されています。

アイデンティティの状態を測定する尺度としてさまざまなものが開発されていますが、それぞれの尺度は焦点をあてる場所が異なっており、独自の特徴があります。研究や応用場面で用いる場合には、それぞれの尺度の特徴をよく理解してから使用することが大切です。

8　畑野快ほか（2014）

9　DIDS：Dimensions of Identity Development Scale

10　中間玲子ほか（2015）

●参考書

E・H・エリクソン／西平直・中島由恵（訳）（2011）『アイデンティティとライフサイクル』誠信書房［エリクソンの3つの書籍を通じて、その思想の内容に迫ることができるでしょう。］

高木秀明ほか（2019）『挫折と向き合う心理学――青年期の挫折を乗り越えるための心の作業とその支援』福村出版［青年期の挫折というテーマを通じて、青年期という発達段階の意味や解釈、役割が明らかになる一冊です。］

8 自尊感情と自己肯定感

よいパーソナリティとは何か

パーソナリティのなかには、「よいパーソナリティ」とされるもの、「ポジティブな特性」とされるものがあります。このようなパーソナリティ特性は、社会のなかで身につけることが望ましいとされ、なかには養育場面や学校場面でもその特性を伸ばすことが推奨されるようになっているものもあります。

自尊感情とは――ポジティブな自己評価

これまでに心理学の研究のなかでもっともよく取り上げられ、数多くの研究で検討されてきた概念のひとつが、**自尊感情**です。自尊感情はself-esteemの訳語であり、自尊感情の他にも自尊心や自己肯定感と訳される場合もあります。

ローゼンバーグ[1]は自尊感情を、「自己に対する肯定的または否定的態度」と定義しました。自尊感情は自分自身を評価の対象としたものであり、自分自身に対する態度がどの程度好ましいかが、自尊感情という概念に反映するとされています。その他、ジーグラー・ヒル[2]は自尊感情について、人々が自分のことを好ましいと思ったり、自分を有能だと信じたりする程度を反映した自己の評価的側面であると述べています。自尊感情は総じて、自分自身に対する全体的な評価的感情の肯定性、つまり自分自身を基本的によい人間、価値のある存在だと感じる程度だといえます[3]。

1 Rosenberg (1965), p. 30.
2 Zeigler-Hill (2013)
3 遠藤由美（2013）

自尊感情はポジティブな特性として検討がなされていますが、これまでの心理学では自尊感情が高いことが絶対的によい意味を指すわけではない、ということも示されてきています。たとえば、自尊感情の高さとその安定性とを組み合わせる枠組みが検討されています（図8-1）。不安定な自尊感情とは、何かを経験した時に自尊感情が大きく揺れ動くことを意味します。そして、不安定で高い自尊感情は攻撃的な行動に結びつきやすいこと[4]などが明らかにされています。外的な評価や内的な基準を満たすことで自尊感情を維持しようとする自尊感情の側面のことを随伴的自尊感情といいます[5]。このような、出来事と密接に結びついた自尊感情についても、やはりあまり適応的ではないことが明らかにされています。随伴的自尊感情という現象からも、自尊感情の高さがそのままポジティブな結果を意味するわけではないことを示していると考えられます。

社会的によい結果をもたらすよいパーソナリティ

社会にとってよいパーソナリティとは、どのように規定されるのでしょうか。ひとつの考え方は、そのパーソナリティが社会にとってよいとされる結果を予測することです。たとえば、ビッグ5[6]の神経症傾向は、各種精神病理やパーソナリティ障害、内在化問題に関連することが指摘されています[7]。また勤勉性（conscientiousness）は、職業パフォーマンスの高さ[8]や学業成績の良さ[9]、飲酒や喫煙など健康を損なう可能性のある行動頻度の低さ[10]、さらに寿命の長さ[11]に関連することが報告されています。これらのように、パーソナリティの「よさ」は、現実社会の中で「よい」と考えられる行動や行動の結果との関連によって示されるのです。

4 Baumeister, et al. (1996)

5 Kernis (2003)、Deci & Ryan (1995)

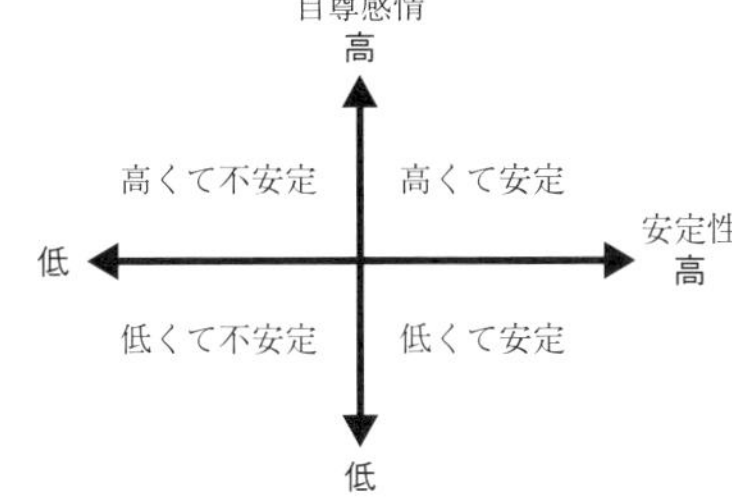

図8-1　自尊感情と安定性の組み合わせ

6 「1　パーソナリティのビッグ5」の項参照。

7 Lahey (2009)

8 Barrick & Mount (1991)

9 Propat (2009)

10 Bogg & Roberts (2004)

11 Friedman, et al. (1993)

ビッグ5パーソナリティの5つの特性については、外向性、開放性、協調性、勤勉性がポジティブな結果、神経症傾向がネガティブな結果につながりやすいとされています。しかしながらここでも、それぞれのパーソナリティ特性が現実社会のどのような現象に関連するのか、何を予測するのかを考慮する必要があります。

望ましいパーソナリティを育てる

社会にとって望ましいパーソナリティ特性が研究の中で見出されると、いかにして教育場面でその特性を育んでいくかという応用に目が向くことがあります。ここでは、教育場面でよく注目されるいくつかの心理特性を挙げてみましょう。

第1に、**自己効力感**[12]です。自己効力感とは、人がある事態に対処するとき、それをどの程度効果的に処理できると考えているかの認知であり[13]、特定の課題についてうまくできるだろうと考える程度を意味します。そして実際に、自己効力感を高める介入方略がテスト成績を改善するために有効であることが、研究で示されています[14]。

また第2に、**満足遅延耐性**（delay of gratification）です。幼児に目の前のマシュマロをがまんさせる実験として、マシュマロ・テストはよく知られています。満足遅延耐性は、この実験で測定される特性でもあります[15]。これは、将来のより大きな報酬を得るために、目前に得られる即座の報酬に耐える傾向のことです。この傾向は、自己統制（self-control）や自己制御（self-regulation）などの、自分自身の欲求や衝動をコントロールする傾向にも関連することが知られています。

そして第3に、**知的好奇心**です。知的好奇心は、自らの興味・関心に基づいて行動を生起

---

12 「16　自己効力感」の項も参照。

13 Bandura (1977)

14 松沼光泰（2004）

15 ウォルター・ミシェル（2015）

させる内発的動機づけにつながる心理特性であり、大きく拡散的好奇心と特殊的好奇心という2つの要素に分けることができます[16]。拡散的好奇心は、新規な情報への関心と幅広い探索行動を表し、特殊的好奇心は特定の物事を追究し矛盾を解決しようとする志向性を表します。

さらに、このような望ましい特性を教育場面で育んでいこうとするひとつの例として、**品格教育**（character education）を挙げることができます。アメリカでは1990年代に入ってから、この品格教育と呼ばれる教育内容が新たに注目を集めるようになりました。品格教育とは、子どもたちがよい行為とはどのようなものかを知り、よい行為をとれるようになることを望み、子どもたちが自分自身の生活をよい方向に導いていくように支援する教育のことを言います[17]。そしてこの教育では、知力の習慣、心情の習慣、行為の習慣という3つの習慣を形成することを目指していきます。この習慣の形成として目指す内容は、**徳**（virtue）と呼ばれます。徳の内容は、勇気や責任感、好奇心、忍耐強さ、自己統制、公平さなど、多くの教育者や親にとって子どもがもつことが望ましいと考えるような内容で構成されています。今後、日本でもこのような教育が注目を集めていく可能性があると言えるでしょう。

幸福なこころ

望ましい結果を予測するというよりも、それ自体が望ましい状態であることに近い意味をもつ心理特性もあります。

たとえば、**主観的幸福感**（subjective well-being）です。幸福感は、自分自身がうまくいっ

16　西川一二・雨宮俊彦（2015）

17　青木多寿子（2014）

ていることを指し、これまでに大きく2つの研究の系譜がある概念です。ひとつは喜びを達成し苦痛を回避することを幸福とみなす快楽主義[18]であり、もうひとつはよく生きることを指して幸福とみなす**幸福主義**[19]です[20]。前者は幸福感や悲しみ、怒りなどの感情を中心とした幸福感であり、後者は人生の意味や目的に基づく判断を指すと考えられます。

楽観性は、肯定的な結果を期待する傾向や、自分自身に生じた否定的な出来事を一時的なもの、肯定的な出来事を内的で永続的なものと捉える説明スタイルなどを指すパーソナリティ特性です。楽観的であることはストレスフルな出来事に直面しても適切な対処方略をとりやすく、精神的、身体的な健康にも結びつくと言われています[21]。いわゆる**ポジティブ思考**と言われるものは、楽観性に近い内容を指していると考えられます。

また、ネガティブな出来事を経験することで一時的に落ち込んだ状態にありながらもそこから回復する過程やそのような過程に影響する心理要因を、**レジリエンス**（resilience）と言います[22]。実際に回復する過程をレジリエンス、回復を促す心理的な要因をレジリエンシーと呼ぶこともあります。私たちは実生活の中でさまざまな出来事を経験し、頻繁に落ち込むような経験をするものです。そのような私たちにとって、落ち込んだ状態から回復することを促す心的要因は、非常に重要な特性のひとつだといえるでしょう。

自分への慈しみや慈愛、やさしさである**セルフ・コンパッション**という概念も、近年注目を集めています。セルフ・コンパッションは自分へのやさしさ、共通の人間性、マインドフルネスという3つのポジティブな特性と、それらと対極に位置する自己批判、孤独感、過剰同一化という計6つの次元で構成されます[23]。セルフ・コンパッションが高い人物は、たとえ困難に直面しても、自分自身に対してやさしく接し、困難な状況の否定的な側面だけ

18　hedonism : Hedonic well-being
19　eudaimonism : Eudemonic well-being
20　浅野良輔ほか（2014）
21　外山美紀（2019）
22　小塩真司ほか（2002）
23　有光興記（2014）
24　水野雅之ほか（2017）

でなく肯定的な側面にも目を向けることにより、主観的幸福感が高まる傾向があるとされています[24]。

　これらの特性は、それ自体がポジティブなものとして扱われる傾向にありますが、やはり現実の生活の中においてこころの回復やより良い生き方を予測する特性としての機能を持つと考えられます。数多くあるポジティブな概念を整理して、うまく活用していきましょう。

●参考書

堀毛一也（２０１９）『ポジティブなこころの科学——人と社会のよりよい関わりをめざして』サイエンス社［幸福感やウェルビーイングなど、ポジティブな心理学的特性や機能の研究が盛んに行われています。本書は、その歴史的な流れから周辺概念、そして実際の応用まで広く学ぶことができる一冊です。］

スティーヴン・マーフィ重松／坂井純子（訳）（２０１６）『スタンフォード大学 マインドフルネス教室』講談社［現在、多くの企業も取り入れているマインドフルネス瞑想ですが、しっかりとした研究や理論的枠組みを学ぶことも重要です。マインドフルネスの第一人者が解説する一冊です。］

クリスティーン・ネフ／石村郁夫・樫村正美（訳）（２０１４）『セルフ・コンパッション——あるがままの自分を受け入れる』金剛出版［セルフ・コンパッションの研究を行ってきた著者が、この研究領域を読みやすくまとめた一冊。セルフ・コンパッションの研究の概観を知ることができます。］

9 パーソナリティの生物・進化論

ヒトの普遍性と多様性の起源

パーソナリティは文化社会的要因だけでなく、生物学的メカニズムとしての脳神経やゲノムとも関係します。1980年代後半に誕生した**進化心理学**は、ヒトの心的活動は進化の産物としての遺伝的基盤があり、生存や繁殖上の諸課題への適応によって形成されたと考えています[1]。ヒトとしての種に共通する人間性は狩猟採取を生業としていた更新世時代への適応として生じた進化的特徴であり、遺伝基盤のあるパーソナリティは行動のセットとして、対人交渉における戦略として獲得され、戦略は複数の中から選ばれるのでパーソナリティの多様化を促したと考えています。

同時に、ヒトに普遍的と思われる道徳性も集団への適応として進化の過程で獲得されたと主張されています。

生物進化と多様性――人間性とパーソナリティは進化的適応に起源がある

人間性は、哲学や倫理ないし教育の問題として、すなわち、文化・社会の問題として論じられることが多く、親の行動規範が子どもに伝達され、内面化されるとの前提に立っていました。しかし近年、心もまた自然淘汰による**進化**の産物であるとの前提に立ちダーウィンの唱えた自然淘汰の下位理論としての性淘汰、血縁淘汰、親による（子への）投資、最適採餌の理論などが提唱されてきました。しかしこれらはいずれも種として一律の最適解を求め

1 Cosmides & Tooby (1992)、ピンカー（2013）

る理論であり、個人差や多様性を捉える枠組みではありませんでした。

バス[2]はこれらの理論が個人差や多様性を捉えられなかった理由として、第1に、個人差を説明予測する進化論が存在しなかったこと、第2に、自然淘汰は適応形質について遺伝的に均質な集団を生み出すとの原理（集団内に存在する遺伝的変異はやがて淘汰されてしまうので、適応上重要な意味を持たない）を挙げています。しかし、ガラパゴス・フィンチ[3]の嘴が季節的降雨の変動による選択の結果として遺伝的な多様性が高いレベルで維持されているという主張[4]や、ヒトのパーソナリティのような遺伝性の変異（結果としての多様性）が犬や猫などあらゆる種に偏在していることから、多様な変異の持続性を説明する枠組みがいくつか提唱されています。たとえば、集団内において少数派の形質が、少数派である限りにおいて適応的である時に、集団内に複数の形質が成立するとする低頻度依存選択（negative frequency-dependent selection）、ローカルな生態学的条件への選択的な反応（状況や文脈による喚起因子の作用を認める）、生育初期の生活出来事による較正（calibration）等があり、ネトル[5]はパーソナリティのビッグ5[6]の各次元が異なる適合度の利得とコストのトレードオフの結果として認められると論じています。低頻度依存選択は、タカ・ハトゲーム（Hawk-Dove Game）[7]で検討されています。つまり頻度依存淘汰では、他個体の振る舞い、つまり社会環境により、自らの最適な行動戦略が変化し、複数の行動戦略が等しい適応度を得るため、低頻度の形質でも成功するチャンスがあります。このような複数の対立遺伝子を残すようにはたらく平衡淘汰のプロセスは、環境多様性ないし不均質（environmental heterogeneity）と呼ばれています。

2　Buss (2009)

3　Galapagos finch

4　Grant (1986). ただし、Nettle (2006) より引用

5　Nettle (2006)

6　「1　パーソナリティのビッグ5」の項参照。

7　常に戦うタカ派戦略と威嚇はするがタカに出会うと無条件に逃げるハト派戦略の利得行列を表のように描くと、自分以外が全てタカ戦略の集団では、怪我を考えれば、自らもタカとして振る舞うより、ハト戦略の方が適応度は高くなります。しかし、自分以外が全てハト戦略をとっている状況の適合度は異なります。

表9-1　タカ・ハトゲームの利得行列

相手＼自分	タカ	ハト
タカ	-25 / -25	0 / + 50
ハト	+ 50 / 0	+ 15 / + 15

進化心理学から見たパーソナリティ——生活史理論とビッグ5パーソナリティ

進化心理学では、パーソナリティは適応上の問題を解決するための戦略として概念化されたと考えられています[8]。ヒトの適応上の問題には人間関係を取り結び、他者から資源を引き出し、血縁者との葛藤を解決することなどがありますが、パーソナリティはこれらの問題に内在するトレードオフに対して個人が用いる戦略です。たとえば、最終的に繁殖が目標となる課題には、成長、自己保存、伴りょ獲得がありますが、いずれに努力を傾けるかは葛藤場面であり、適切な配分はその個体の質や置かれた環境によって異なります。こうした配分に関わる戦略を**生活史戦略**（Life History Theory）と呼び、個人が置かれた環境を手がかりとして、最適な生活史戦略を選択するための発達的可塑性が存在することが明らかにされてきています[9]。生活史理論はティンバーゲンの動物行動についての4つの問い[10]への説明を背景としています。その意味では、心理学はこれまで行動の動機づけは問うても究極要因、特に系統発生要因は重視してこなかったように思います。パーソナリティ変数との関連では、神経症傾向やサイコパスのようなパーソナリティがなぜ適応過程で生き残ったのか、先行環境をトリガーとする家庭不和や育児放棄などの解明への展開が進められています。

パーソナリティの5因子は人間特性の変異の主要因であるとの合意ができつつあり、各特性の強度レベルの違いは適合度と同じく利益とコストに影響します。その要約が表9-2に、利益とコストとしてまとめられています。たとえば、外向性得点が高くなると性的パートナーの数が多くなり、その社会的行動が他者からの強い支持を得ますが、逆に性的多様性と探索や活動レベルの高さは自身を危険にさらし、事故や疾患で入院する率も高くなります。神経症傾向の高さは抑うつと不安や社会的孤立の予測因ですが、他方、用心深さと慎重さは

8　Buss (2009)、Nettle (2006)

9　Giudice, et al. (2005)、米谷充史・齊藤誠一（2019）、杉山宙・高橋翠（2015）

10　行動がどのように生成されるかHow（至近要因）とその機能がなぜ備わっているかWhy（究極要因）に分類でき、さらに一定時期の現象を捉えるか通時的変化を捉えるかで、直接要因・個体発生要因・系統発生要因・生存（適応）要因に分けられますが、ある生物の機能が完全に解明されたというには、全ての観点から妥当な説明がなされなければならないとの考えです。Tinbergen, N. (1963)

災害を避けるには非常に有益で、学究的な成功とも強く相関しています。特に知性（開放性）または誠実性が高い人の神経症傾向の持つ意味はかなり異なる可能性が示唆されています。開放性は芸術的な創造性[11]に関連があり、詩人やアーティストは異性を惹きつけますが、開放性は超常現象信念と相関があり、並外れた思考・認知スタイルは真実の世界認識に至るとともに、時に統合失調症の予測因ともなります。誠実性、調和性の持つ意味は表の通りですが、誠実性はローカルな環境のアフォーダンスの変化に順応するのに特に優れています。

状況の変化に適応する源は、もちろん突然変異ですが、変異は**遺伝子多型**（genetic polymorphism）のなかでも重要で永続的な表現型の変化を引き起こします。遺伝性の変異が母集団で偏在していて、環境要因もまた偏りがあると、異なる適合度の利益とコストの取引きが日常的に起こり、これが多様性を維持する有効な説と捉えられています[12]。

道徳性の認知的二過程モデル

利他性は**愛他行動**（altruistic behavior）や**援助行動**（helping behavior）として論じられ、ピアジェ[13]やコールバーグ[14]やギリガン[15]によって認知発達、あるいは社会化や養育の問題として、人文社会科学の領域で研究されてきました。

近年、ハイト[16]が火付け役となり、道徳判断に関する直感型人間モデル（intuitionist model）や後述する通文化的な道徳判断基準を論じた道徳基盤理論（moral foundation theory）を提唱しました。ハイトの主張は、（1）道徳判断の心理的基礎過程として直感的処理と理性的処理という二過程モデルの提唱、（2）旧来の道徳研究で想定されてきた、他者に危害を加えない、公正な社会的交換を行うべきだといった道徳基準以外に、誰にとって

11　「15　創造性とイノベーション」の項参照。

12　Nettle (2006)、平石界（2011）

表 9-2　ビッグ5次元の値の増大が適合度に及ぼす利益とコスト（Nettle, 2006 より）

次元	利益	コスト
外向性	結婚成功; 社会的同盟; 環境の探索	身体的な危険; 家族の安定
神経症傾向	危険性への用心; 努力と競争力	ストレスと抑うつ（対人関係と健康への影響）
開放性	創造性（魅力に影響を与える）	並外れた信念; 精神病
誠実性	長期的な適応度効果への注目; 生活期待と望ましい社会的特質	即時の適応度効果の欠如; 強迫神経症; 堅さ
調和性	他者の精神状態への注目; 友好的な対人関係; 重要な連合のパートナー	社会的不正行為の被害者; 利己的な利点の最大化の失敗

も害がないが通文化的に嫌悪される道徳基盤が見出されること、（3）これらの道徳基盤に基づく人の行動や社会的制度の運用にコミュニケーション機能が大きく関わっているとの指摘、この3点に集約できます。

認知的二過程モデルとは、人の思考や行動が、暗黙の（自動的な：automatic）無意識の過程と、明示的な（統制された：controlled）意識的な過程からなるという理論です。先行刺激によって行動が影響されるプライミングやIAT[17]のような潜在的社会的認知の研究が蓄積され、再度、無意識や非意識に焦点があてられ、統制的な情報処理と比較して、認知的負荷の影響を受けにくい自動的な処理過程の不可欠性が明らかになりました。そこから、偏見やステレオタイプ、さらには自己評価や目標達成行動などの領域で、自動的・統制的の二過程によって社会的課題の認知を説明しようとしています。

人権や公正など典型的な道徳基準以外に、たとえば、「国旗を切ってトイレ掃除に使う」「車にはねられた犬の死体を調理して食べる」など、誰かに特に害を及ぼさないことでも多くの人が嫌悪感を抱くストーリーを刺激として提示すると、人々は不道徳だと判断するだけでなく、シナリオに無い害となる根拠を挙げようとしました。これは理屈抜きで悪いことは悪いとするヒューリスティックな判断が先行し、後から論理立てようとする過程が追従したと考えられます。知的で理性的な人間性こそが道徳性の本質であるとの考え方に対して、直感型人間モデルは非意識の過程の存在を実証的に示して反論したのです。

コミュニケーション機能という観点からみると、道徳判断の正当化が行われるのは、自身の理解のためというより、むしろ他者に理解の共有を求めるためであるとハイトらは主張しています。直感に基づく道徳判断であるのに、なぜ他者の理解や賛同を求めるかという

13　ピアジェ（1956）
14　コールバーグ（1987ａｂ）
15　ギリガン（1986）
16　Haidt (2007, 2013)
17　ＩＡＴ：Implicit Association Test

と、道徳判断とその正当化は進化的適応の機能であり、自身が信頼に足る人物で、ただ乗り（free-rider）ではないことを内集団成員に認識させることが生存の重要な条件となると考えるためです。互恵的利他関係から拒絶され孤立することは村八分や死を意味するので、コミュニケーション機能は規範遵守を実現させ、違反者に懲罰を加える社会的制裁（sanction）機能を持つといえます。

道徳基盤理論とは——進化と文化の対立を超えて

ハイトらは、道徳性が人間に生得的に備わる基盤を土台とし、社会への適応として進化してきた機能として、道徳基盤理論を提唱しました。道徳性は、（1）他者に苦痛を強いることを非難し、同情と保護を与えることを徳とするHarm/care（H）、（2）不公平な扱いを認めず、互恵性と正義を徳とするFairness/reciprocity（F）、（3）裏切り行為を警戒し、集団への忠誠と義務の遂行を徳とするIngroup/royalty（I）、（4）権威に対する服従や階層的な関係性、社会秩序を尊重することを徳とするAuthority/respect（A）、（5）身体的、精神的汚染を忌避し、清潔さや貞節を守ることを徳とするPurity/sanctity（P）のＨＦＩＡＰ５因子からなると説明しています。そして、全ての人がこれらの基盤を生得的に持っていることを舌が甘味を感じた快感情についての味覚受容器にたとえて、文化や個人差を説明しています[18]。

また、道徳基盤尺度（ＭＦＱ[19]）[20]が開発されており、各基盤が関連する強さを測定する関連度15項目、どの程度同意するかの判断15項目とダミー２項目の計32項目で構成されています（20項目の短縮版もあります）。分析結果はおおむね５因子モデルの適合度が

18　唐沢穣（２０１３）、青山美樹（２０１８）
19　ＭＦＱ：Moral Foundation Questionnaire
20　Graham, et al. (2011)、金井良太（２０１３）、村山綾・三浦麻子（２０１９）
21　Haidt (2012)

高いですが、高次因子としてH、Fを個人の権利と繁栄に関わる道徳基盤である個人志向（Individualizing）、I、A、Pを役割や義務を通して個人を結びつけ集団や組織の強度を増していくための道徳基盤としての連帯志向（binding）としてまとめる階層モデルもあります。

ところで、これら道徳基盤とイデオロギーとの相関を求めると、リベラル派は上位者や社会制度によって個人の自由や尊厳が損なわれることを嫌い、他方で、保守派は所属集団の繁栄に強い関心を持ち、それらの達成のためには、時に個人が強い制約を受けることも受容するという傾向が認められました[21]。これは保守主義者は連帯志向の3基準すべての道徳基準を強調するので、政党支持における保守政党（アメリカ合衆国ならば共和党）の有利さにつながるとハイトは指摘しています。また、人が違反行為を罰しようとする基準には2種類あり、第1は功利主義的な判断過程で、いわゆる犯罪予防の考え方に対応します。第2は応報的公正観（retributive justice）による懲罰で、毀損の修復と報復を動機として、行為に対する道義的義憤（moral outrage）を伴います。日本の最近の法意識調査においても、国民の多くが、犯罪者を懲罰する理由として、功利主義的理由と応報的理由の両方を挙げています[22]。応報的動機では道義的義憤の介在が鍵となり、人格的道徳性が懲罰的動機に影響を与えて、より過酷な尋問を行っても差し支えないとか、量刑を重くするのがふさわしいといった判断を喚起すると示唆されています。

22　松村良之ほか（2011）

●参考書

平石界（2013）「パーソナリティと進化心理学」日本パーソナリティ心理学会（企画）『パーソナリティ心理学ハンドブック』福村出版、pp.29-35.［なぜパーソナリティが存在するのか。個人差の適応を説明する進化仮説を論じ、進化心理学はパーソナリティ構造を明らかにできるかと問います。］

五百部裕・小田亮（編著）（2013）『心と行動の進化を探る――人間行動進化学入門』朝倉書店［心とは何だろうか。この問いに利他行動の進化、個人差が生じるしくみ、石器から読み解く認知考古学等の切り口から、心理学にとらわれず人間行動の進化を論じています。］

金井良太（2013）『脳に刻まれたモラルの起源』岩波書店［道徳とか倫理は人間に固有な理性的判断ではなく、直感的で情動的な判断で、進化過程で人類が獲得した生得的な認知能力に由来します。脳はつながりを求め、協力的な社会を希求しています。］

一口に「問題がある」という表現を使ったとしても、その中身はさまざまです。「あの人は落ち込んでいるようなので問題だ」という場合と、「あの人は攻撃的なので問題だ」という場合とでは、その行動や現象としての現れ方も、対処の方法も大きく異なってくるからです。また、そのような問題が生じる背景にある要因も、大きく異なる可能性があります。

問題行動の二大分類

人間の多岐にわたる問題行動を、大きく2つに分けて捉える観点があります。そのひとつは**内在化問題**（internal problem）と言い、もうひとつは**外在化問題**（external problem）と言います。なお、問題のある行動に注目することで、内在化行動と外在化行動と言うこともあります。また、それぞれに問題のある特徴的な行動のタイプということを強調して、内在型問題行動と外在型問題行動などと呼ばれることもあります。焦点のあて方は異なるのですが、問題行動を大きく**内在化**（internal）と**外在化**（external）という対比で捉えていることがわかるのではないでしょうか。

内在化問題は、情動の問題や気分の問題などに代表されるような精神病理学的背景をもつ問題のことです。これは、気分が落ち込んだり不安を抱いたり怒りや恐怖を抱くこと、ストレスにさらされて疲労してしまうことなど、自分の内部に問題を抱えることを指します。

それに対して外在化問題とはいわゆる不適応な行動であり、環境との葛藤を含むような行動のことです。たとえば、攻撃行動や非行、かんしゃくや要請に応じないこと、多動、家出、性的逸脱など、具体的に社会と関わる際に問題となる多岐にわたる行動が外在化問題には含まれます。

ただし日常生活の中では、明確に内在化問題と外在化問題が分かれるとは限らず、双方の問題構造が混在しながら同時に生じることもあります。たとえば**いじめ**の場面では、内在化問題である抑うつ傾向やそこから生じる自傷行為はいじめの被害経験に関連する一方で、外在化問題である非行傾向はいじめ加害傾向に関連し、攻撃性はいじめ被害経験にも加害経験にも関連することが報告されています[1]。このように、一連の現象の中では、内在化問題と外在化問題が複合的に生じることを想定しておく必要があります。

慢性的な逆境要因

内在化問題と外在化問題の相互関係について、**双生児**で検討した研究があります。その結果によると両問題は互いに中程度の相関関係を示し、この両者の関係に対しては遺伝が約23%、家庭などの共有環境が約53%、残りが家庭外の個々人に独自の環境要因である非共有環境の影響と推定されています[2]。この共有環境の影響力の大きさは、内在化・外在化の両問題に対する家庭の要因の影響力が比較的大きいことを示唆しています。

内在化問題であれ外在化問題であれ、問題の発生確率を高める要因を**危険因子**（リスク因子）と呼び、低める要因を**保護因子**（プロテクティブ因子）と呼びます。何が危険因子となり、何が保護因子となるかは、問題とする現象によっても異なっており、また多くの要素を

1　村山恭朗ほか（2015）

2　山形伸二ほか（2006）

考慮する必要があると考えられます。たとえば縦断的な研究では、養育者が統合失調症やうつ病を発症している場合には、統制群の家庭よりも18歳以上になったときの精神疾患の発症率が高くなることが示されました[3]。また、1967年から1971年にかけて調査された虐待やネグレクトの傾向が、1994年までに記録された暴力犯罪による逮捕の確率を高めることも報告されています[4]。このように、親の養育態度だけでなく家庭が置かれている状況、親の疾患なども子どもの問題行動の危険因子となり得るのです。

母親の抑うつという要因に注目すると、図10－1のようなモデルを想定することができます[5]。家庭の社会経済的状態や家族をサポートする存在の有無が親の抑うつに影響を及ぼし、また親の抑うつが社会経済的地位を押し下げたりサポートを失わせたりもします。親の抑うつは養育行動の歪みをもたらし、それが背景要因とともに子どもの問題を誘発していきます。また、子どもの問題が顕在化することでさらに養育行動の歪みをもたらしたり、親の抑うつが助長されたりする可能性も考えられます。このように、単純に親の精神疾患のような慢性的要因が子どもの問題に影響を及ぼしていくというプロセスだけでなく、相互に影響を与えつつ状況が悪化していくようなプロセスを想定することができます。

レジリエンス

たとえ長期にわたる悲惨で困難で苦痛に満ちた環境を経験したとしても、そこからうまく回復して良好な心理的機能を示す人々が存在します。ウェルナーとスミスは、ハワイのカウアイ島で行われた30年間にわたる長期縦断調査から、親の精神疾患など生後から長期にわたる悲惨な環境の中で育った子どもたちの追跡調査を行いました[6]。そして、そのような経

3　Weintraub (1987)
4　Maxfield & Widom (1996)
5　菅原ますみ（1997）

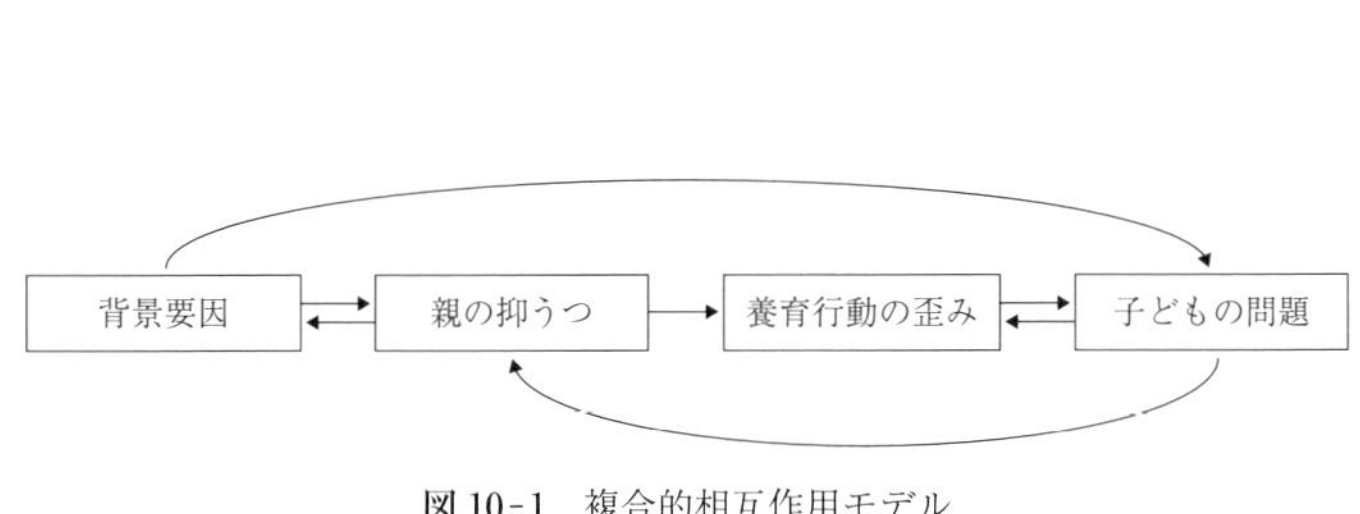

図10-1　複合的相互作用モデル

験をもつ子どもたちであっても、青年期以降に良好な適応状態に至った者たちが少なくなかったことを報告しました[6]。

このような報告が発端となり、似たような現象を示す子どもたちに注目が集まるようになっていきます。そして、このようにトラウマや逆境、悲惨な出来事や重度のストレッサーにさらされても、適応を示す過程や資質のことは、**レジリエンス**（resilience）と呼ばれるようになりました。レジリエンスとはもともと、物質が引き延ばされたり曲げられたりした際に、もとの形状に戻ることを指した言葉であり、この物質の特性のようにいったん落ち込んだ適応状態から元に戻るという現象を強調した言葉となっています。

レジリエンスは1つの構成概念ではなく、多面的、多層的な複数の構成要素で構成されています。レジリエンスに関しても、回復を促す要因を保護因子、回復に悪影響となる要因を危険因子と言います。危険因子と保護因子には、個人レベル、家族レベル、そしてより広範な環境レベルという3つのレベルを想定することが可能です。そして個人レベルには、心理的な側面や生物学的な要因、家族レベルには養育態度や両親の関係性、広範な環境レベルには就労環境や貧困、国や自治体による政策などが含まれます。

アメリカ心理学会は２００１年のアメリカ同時多発テロ事件を受けて、２００２年に「レジリエンスへの道（The Road to Resilience）」と題された声明を発表しました[7]。そこでは、次の4つの関連する因子が挙げられています。これらは、個人レベルの保護因子だと考えることができるでしょう。

（1）現実的な計画を立て、それを実行する手段を講じる能力
（2）自分自身に対するポジティブな見方や、自分の強さや能力についての自信

6　Werner & Smith (1992)
7　Newman (2005)

（3）コミュニケーションと問題解決のスキル
（4）強い感情や衝動を取り扱う能力

またアメリカ心理学会は、レジリエンスを促進するために有効となる10項目を示しています。それは、（1）他者との良い関係を築くこと、（2）危機を乗り越えられない問題だと捉えないこと、（3）変化を生活の一部として受け入れること、（4）現実的な自分の目標へと進むこと、（5）困難な状況に対して断固たる行動をとること、（6）困難を経験する中でも自己発見をする機会を探すこと、（7）肯定的な見方を育むこと、（8）より広く長期的な視点で物事を考えること、（9）希望のある楽観的な見方を維持すること、（10）自分自身を大切にすること、という10項目です。レジリエンスを高め、逆境に対処しやすい状況を構築するためには、個人内の特性だけに注目するのではなく、広く対人関係や社会的状況にも目を向け、全体としてより良い状態へと方向づけることが大切だと言えるでしょう。

●参考書

越智啓太（2012）『Progress & Application 犯罪心理学』サイエンス社［犯罪捜査に関する心理学とはどのような内容なのかについて、基礎からわかりやすくコンパクトにまとめてあります。］

シェリル・サンドバーグ、アダム・グラント／櫻井祐子（訳）（2017）『OPTION B ── 逆境、レジリエンス、そして喜び』日本経済新聞出版社［休暇の滞在先で突然夫を亡くした著者が、人生を打ち砕かれるような出来事から回復するためのヒントを心理学から学んでいくことができます。］

パート・2

知　能

11 知能の測定方法と時代背景

知能を測る

知能検査は、これまでに心理学の歴史のなかでもっとも社会的に大きな影響を及ぼした心理検査であると言ってよいでしょう。知能検査や**IQ**という言葉は、心理学についてほとんど知識がない人々の間にもよく知られており、よく話題になります。そして、**精神年齢**という言葉もよく使われる言葉のひとつです。しかし精神年齢という言葉はもともと知能検査で用いられる用語であったにもかかわらず、それとは違う意味で世の中に広まってしまった経緯をもつ言葉でもあります。

ビネー式知能検査と精神年齢——知能検査の目的と開発の歴史

1905年にフランスの心理学者ビネーは共同研究者のシモンとともに、最初の知能検査を作成しました[1]。当時のフランスでは初等教育が義務化され、それまで学校に通っていなかった子どもたちが大勢学校に通うようになりました。そのような情勢の中で、学校に入学する前の子どもたちの状態を把握するために開発されたのが、知能検査だったのです。学校の教育にうまくついて行けない子どもには、2つの種類が存在します。ひとつは学習能力を持ちながらも意欲や関心が欠けているために学業が不振になる子どもたちであり、もうひとつは勉強をするための知的能力が低い子どもたちです。前者の子どもたちに対しては、学習の動機づけを高めたり環境の改善を図ったりすることで対応することができそうです。し

1 Binet, A. & Simon, T. (1948)

かし、後者の子どもたちには特別な学級で適切な教育を行う必要があります。知能検査は、この後者の子どもたちを見分けるという目的のために開発されました[2]。

ビネーは、当時存在していたさまざまな知的能力に関連する個別の課題を組み合わせて、難易度順に並べることを試みました。初期の知能検査においてもっとも回答が簡単な課題は、マッチを目の前で擦って火をつけ、左右に動かすというものでした。この課題では、子どもの視線が火を追って左右に動けば合格となります。その他には、手に届く範囲のものに手を伸ばすとか、体の部分を指さして名称を答えるといったように、現在では一般的に知能検査とは想像されないような課題も、当時の知能検査には含まれています。しかしよく考えてみれば、このような課題に合格できないような子どもの場合には、学校に進学しても授業に対応することは難しいと考えられます。なお難易度の高い課題の例としては、抽象的な単語の組み合わせ（尊敬と友情など）の意味の相違点を答えるといったものがあります。また、これらの課題の内容からも分かるように、ビネーが作成した知能検査は、検査者と児童が1対1で行う形式となっています。

ビネーはこのように、雑多な課題を1つの検査にまとめて入れるというアイデアを考えました。これは、異なるテストを組み合わせて1つの概念を測定する、**テスト・バッテリー**という考え方です。ところがこのようなテストの作り方は、当時の他の心理学者たちにとってはガラクタの寄せ集めのように思えたそうです。しかしビネーは、知能とは全体的な傾向の束として捉えられるものであり、多様な能力の全体を測定するにはこのような手法を用いることが適切だと考えていました。

ビネーによる1905年の知能検査は、1908年と1911年に改訂されましたが、そ

2　滝沢武久（1971）

の改訂版は、それぞれの課題が年齢に対応づけられていきます。これは、どの程度の難易度の課題に答えられるかを問題にする際に、「何歳相当の難易度に正答できるか」という年齢との対応を使用するということを意味します。このような年齢に伴った尺度のことを、**精神年齢**と言います。子どもたちは、年齢に伴って発達していきます。したがって、子どもの知的能力の違いを年齢に当てはめることができるというアイデアに基づいた指標が、精神年齢なのです。なおアメリカの心理学者ターマン[3]はビネーの精神年齢について、なぜこんな簡単なことを発見するのに、これほど長い時間がかかったのかと嘆いたそうです[4]。

知能指数による知能の表現

知能指数はビネーの死後、ドイツの心理学者シュテルン[5]によって考えられた指標です。シュテルンは、実年齢に対する精神年齢の程度を表現するために、精神年齢を実年齢で割ることを提案しました。そして、1916年に作成された知能検査であるスタンフォード・ビネー検査の中で、精神年齢を実年齢で割った値を100倍するという知能指数（IQ[6]）という指標が、ターマンによって考案されました。知能指数は、精神年齢と実年齢が等しいときに100となり、精神年齢が実年齢よりも進むと100を超え、精神年齢が実年齢よりも遅れると100を下回るという数値です。

精神年齢と知能指数は、何が異なるのでしょうか。精神年齢は、その児童が実際に何歳に相当する段階に位置しているかを意味します。それに対して、知能指数は比率を表す数値です。たとえば、5歳の子が6歳の精神年齢の場合には、知能指数は120です。ではこの子が10歳になったとき、知能指数はそのままの比率が維持されて、12歳の精神年齢を示すよう

表11-1　1908年のビネー式知能検査の課題例
（滝沢, 1971を改変）

年齢	課題の例
3歳	• 自分の鼻、目、口を指し示す • 2個の数字を反復する • 自分の苗字を言う
7歳	• 自分の10本の指を数える • 三角形と菱形を写し取る • 5個の数字を反復する
11歳	• 3分間に60語以上を言う • 抽象語（慈悲、正義、善意）の定義を述べる • 単語を意味が通る文章になるよう並び替える

3　Terman, L. M.
4　滝沢（1971）
5　Stern, W.
6　IQ：Intelligence Quotient

になるのでしょうか。さらに、この子が20歳になったときはどうでしょうか。そのとき、精神年齢は24歳となると言えるのでしょうか。

ではここで、この関係を身長に置き換えて、ある子どもの実年齢と平均身長の年齢から、身長指数という架空の数値を計算してみましょう。ある5歳の子が6歳の平均身長と同じ場合、実年齢5歳に対して6歳に相当する身長となるので身長指数は１２０です。ではこの子が10歳になったとき、身長指数が１２０のまま、12歳程度の身長を示すようになるのでしょうか。そして、この子が20歳になった時はどうでしょうか。身長指数が１２０のままであれば、24歳相当の身長となります。しかし、そもそも24歳相当の身長という表現は可能なのでしょうか。

身長と同様に、精神年齢はせいぜい15歳程度までしか表現をすることはできないため、成人の知能指数を実年齢と精神年齢の比率から算出することはできません。そこで、成人の知能を表現する際には、その代わりに**偏差知能指数**という数値を用いることになります。

陸軍式知能検査とウェクスラー式――成人を対象にした知能の測定

１９１７年、アメリカ合衆国はドイツに宣戦布告して第一次世界大戦に参戦しました。それに伴い、大量に徴兵された兵士候補の中から士官候補生を選び、特別な教育を施す必要性が生じてきました。そのような時代背景の中で、当時アメリカ心理学会の会長であったヤーキーズ[7]らが中心となり開発されたのが、αテスト[8]とβテスト[9]と呼ばれる知能検査です。αテストは言語を用いた検査、βテストは言語を最小限にした図形やパズルなどが中心となった検査です[10]。これらの検査は個別式ではなく集団式で実施される形式であり、

7　Yerkes, R.

8　Army alpha；陸軍A式検査

9　Army beta；陸軍B式検査

10　Yoakum & Yerkes (1920)

11　Wechsler, D.

12　ＷＩＳＣ：Wechsler Intelligence Scale for Children

13　ＷＡＩＳ：Wechsler Adult Intelligence Scale

14　ＷＰＰＳＩ：Wechsler Preschool and Primary Scale of Intelligence

精神年齢や知能指数ではなく得点で知能を表現していました。

また、ニューヨークのベルビュー病院の精神科医であったウェクスラー[11]は、病院で患者である成人を対象にして1対1で行う知能検査の必要性を感じていました。そこで新たな知能検査を開発し、１９３９年に「ウェクスラー・ベルビュー知能検査」として発表されました。その後引き続いて、１９４９年に児童向けである「ウェクスラー式児童用知能検査」（ＷＩＳＣ[12]）、１９５５年に「ウェクスラー式成人用知能検査」（ＷＡＩＳ[13]）、１９６６年には幼児向けの「ウェクスラー式幼児用知能検査」（ＷＰＰＳＩ[14]）が開発されていきます。このウェクスラー式の知能検査は、現在でもその改訂版が世界中で広く使用されています。

ビネー式の知能検査によって精神年齢と実年齢から算出された知能指数は、第1に正規分布を示すこと、第2に平均が１００となること、そして第3に標準偏差が16となることが明らかにされていました。そこで成人を対象とした場合でも、知能検査の得点から正規分布を描き、中央を１００、標準偏差が1つ平均から離れるごとに15ないし16ずれていくようにすれば、模擬的に知能指数を表現することができるようになります。そのような考え方に基づくのが、**偏差知能指数**（Ｄ・ＩＱ）という指標です。

さてもう一度、先ほどの身長の例を用いて考えてみましょう。5歳の時に6歳の平均くらいの身長、10歳の時に12歳くらいの身長を示した、身長指数１２０の男児が大人になったとします。そして、成人男性の平均身長を１７０㎝、標準偏差を６㎝とします。このとき、身長指数１２０の成人男性というのは、１７０㎝から標準偏差２つ分身長が高い、１７８㎝の身長を示すことになります。確かに子どもの頃に高い身長

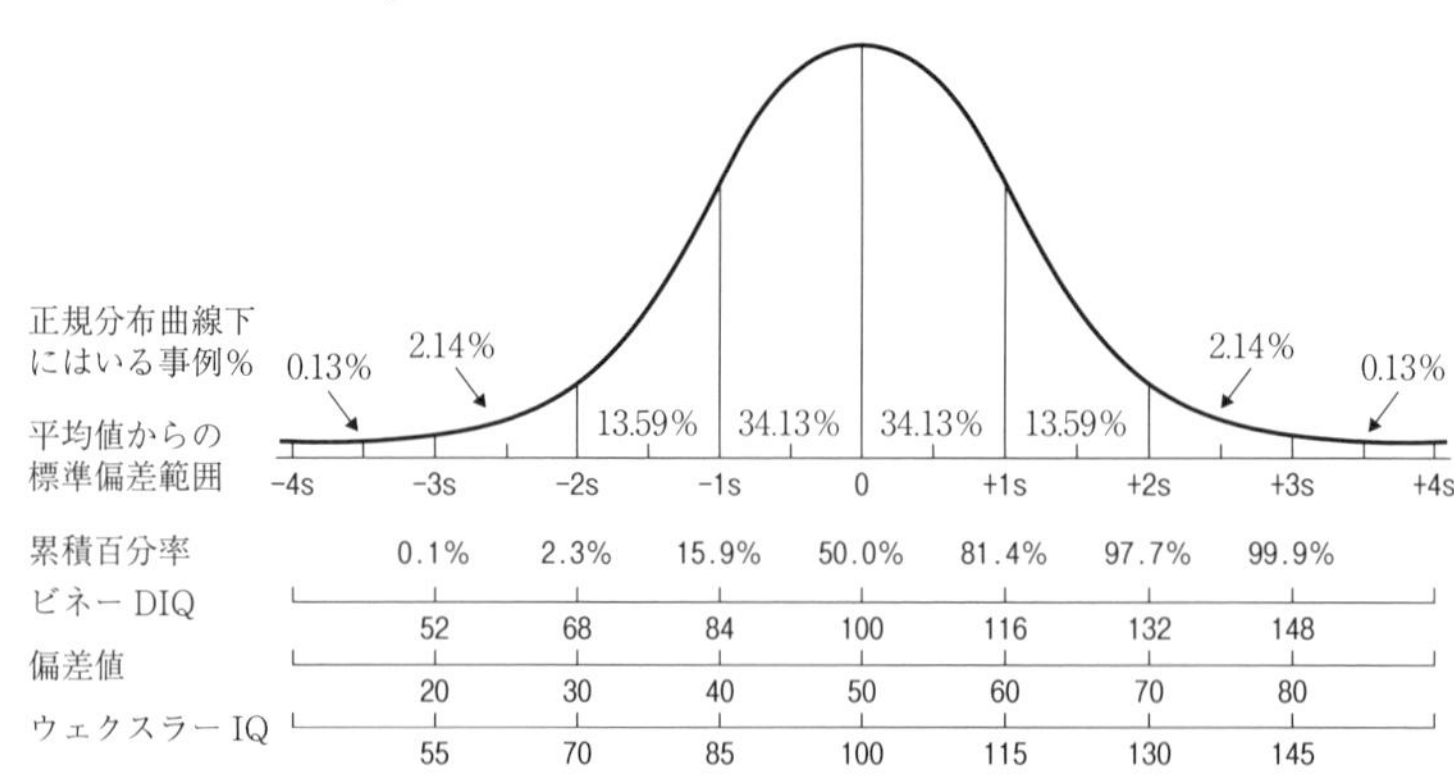

図11-1　知能指数の分布（田中教育研究所, 1987より）

を示す子は、大人になっても集団の中で比較的身長が高くなることがあります。しかしそれは、常に成立するわけではありません。子どもの頃は背が高いほうだったのに、大人になったら平均くらいの身長となる人ももちろん存在しますし、第二次性徴の頃に一気に身長が高くなる人もいます。

この身長の例と知能指数は、同じような関係を示します。子どもの頃の知能指数は他の子どもたちに対してどれくらい年齢が先に進んだり遅れたりするかという発達指標を意味しており、成人の知能指数は同年代の中でどれくらいの位置にいるかという集団内の位置を表すということなのです。この２つの知能指数の違いを理解しておかないと、知能指数に対する正確な評価を行うことは難しいのではないでしょうか。

フリン効果——時代・世代による知能検査得点の変化

ニュージーランドの心理学者フリン[15]は多くの知能検査の資料を検討する中で、20世紀初めに知能検査が開発されて以降、時代を経るに従って知能検査の得点が上昇する傾向にあることを見出しました。たとえば、米国のウェクスラー式知能検査のデータでは、１９４７年から２００２年にかけて知能指数の平均値が全体で約18ポイント上昇していることが明らかにされています[16]。このような現象は、**フリン効果**と呼ばれています。

フリン効果が生じる要因については、就学年数の増加や教育技術の進歩、栄養状態の改善や都市化の進展など、さまざまな事項が想定されています。フリンはこの問題について、社会倍率器という考え方を用いて説明をしています[17]。この考え方は、社会の中で何かの技術の獲得に対して効率化が進むと、集団間の大きなＩＱ差が生じるというものです。

15　フリン（２０１５）
16　Flynn (2007)
17　フリン（２０１５）

この考え方はスポーツにたとえてみると分かりやすいのではないでしょうか。たとえばサッカーにたとえて考えてみると、次のようになります。科学技術が進展してインターネットの動画サイトに多くの人が動画を投稿できるような環境が整うと、サッカーの動画も多数投稿されるようになります。その中には、丁寧にテクニックを教える動画や、プロ選手の技術の詳細をスローモーションで示してくれる動画、高等な戦術を空から俯瞰しながら解説してくれるような動画も投稿されていきます。すると、サッカーがうまくなりたい若者たちはそれらの動画を見て技術や戦略、練習方法を学び、若者たちの全体的な技術レベルは向上していきます。そしてそのうちその中の誰かが、それまで誰も試みなかったような新たな技術や戦術を使い始めることがあります。すると、他の若者たちもそのレベルに追いつこうとその新しい技術を練習し始めます。このように、身体的な遺伝的基盤にはまったく変化が見られないにもかかわらず、世代を経るとサッカーの全体的なレベルは大きく向上していくと考えられるのです。世代間の知能指数の上昇の背景には、社会全体でこのような向上が行われていることが考えられるのです。

●参考書

ジェームズ・フリン／水田賢政（訳）（２０１５）『なぜ人類のＩＱは上がり続けているのか？――人種、性別、老化と知能指数』太田出版［知能検査の結果が上昇し続けているフリン効果の証拠と、その背景にある社会的な変化について論じています。］

ジェニファー・アッカーマン／鍛原多惠子（訳）（２０１８）『鳥！驚異の知能――道具をつくり、心を読み、確率を理解する』講談社［知性とはそもそも何なのか、人間が物事を見る枠組みであるのか、他の動物の知性をどのように評価することができるのかなど、鳥という生物から知性そのものの考え方にまで考え方をめぐらすことができる本です。］

12 知能の多重説

知能はIQで測ることができるのか

スピアマン[1]はさまざまな認知能力を測定する検査の得点に対して、その得点間のまとまりを検討するために因子分析を行い、知能には**一般因子（g因子）**と**特殊因子（s因子）**という2つの因子が存在することを見出しました[2]。

一般知能（g）として単一の知能を想定する考え方がある一方で、知能をより小さな知能の集まりである多重な構造として捉える説もあります。たとえばサーストン[3]は、知能検査の得点に対して因子分析を施すことで、「言語」「語の流暢性」「数」「空間」「記憶」「知覚」「推理」という7つの因子を見出しました。またギルフォード[4]は、知能全体を「操作」「内容」「所産」という3つの次元からなる立方体構造で捉えるモデルを唱えています（図12-1）。さらにスターンバーグ[5]は、問題解決時の情報処理や問題解決方略の実行など思考過程を扱うコンポーネント（構成成分）理論、新たな環境や状況に対処する際の経験の影響を扱う経験理論、そして環境や文化の影響に関連する文脈理論という3つの要素で構成される体系から、知能を捉えようとしました。このように、全体的に知能が単一の要素で構成されるわけではなく、多くの要素から構成されるのではないかという説には複数のものがあり、それぞれが独自の理論体系をもっています。

本項では、ガードナーの**多重知能説**やキャロルの**CHC理論**など、多面的な要

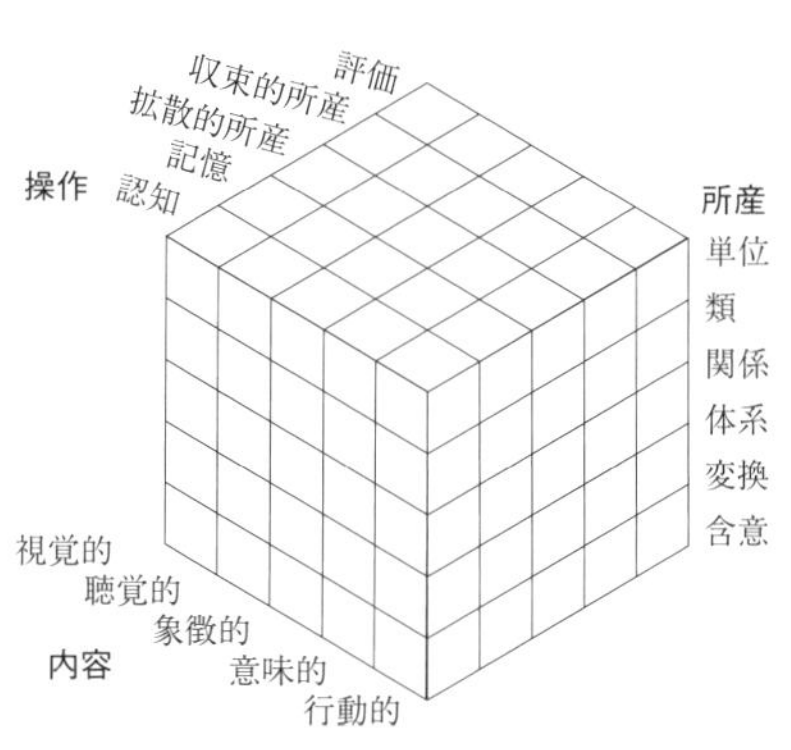

図12-1　ギルフォードの知能構造モデル
（Colman／藤永・仲監訳, 2004より）

1　Spearman, C. E. (1904)

2　この一般知能は、ビネーが想定する全体的な傾向の束としての知能の考え方に一致するものです。

3　Thurstone, L. L. (1938)

4　Guilford, J. P. (1967)

素で知能が構成されるという説を見ることで、能力の多重性や階層性について考えていきます。

多重知能説とは――どのように導き出されたか

ガードナー[6]は、子どもたちや脳損傷の患者たちを研究対象とする中で、人々の広範囲な能力の存在に目を向けるようになっていきました。得意なことや不得意なことは、それぞれ歪んだ形で分布しています。ある課題が得意であっても、他の課題が得意であるかどうかを予測することは難しく、個々人でその得意・不得意のあり方は異なるのです。たとえば、外国語の習得が得意な人であっても、不案内な場所で自分がいる場所を見失ってしまうことがあります。また別の人は、数学の問題を解くのが得意でも、歌の歌詞を覚えるのは苦手であるかもしれません。脳の損傷をもつ患者を観察すると、損傷の部位に関連して、空間の把握、正しい音程で歌う、他者と円滑な関係を築くなど、何かの課題を達成することが困難になるという現象が生じることに気づきます。このように、さまざまな機能や能力が全体的にひとつにまとまるのではなく、モジュールのように個別に捉えることができるのです。

このような経験に基づいて、ガードナーは知能を「情報を処理する生物心理学的な潜在能力であって、ある文化で価値のある問題を解決したり成果を創造したりするような、文化的な場面で活性化されることができるもの」であると考えました。知能は見えたり数えられたりするものではなく、神経的な潜在的能力です。そして、この潜在的な能力が活性化される場面は、特定の文化における価値や機会、個人的な決定で変わってくると考えました。

ガードナーは知能の測定された結果を分析するのではなく、次に挙げる8つの基準に従い

5　Sternberg, R. (1985)

6　ガードナー（2001）

ながら、文献の探索や理論的検討に基づいて複数の知能を同定していきました。その基準とは、（1）脳損傷によって一部の能力が欠損しても残っている知能であること、（2）進化的に妥当だと考えられる知能であること、（3）各機能の中核と考えられる知能であること、（4）シンボル体系で記号化可能な知能であること、（5）固有の発達過程をもち熟達者の最終状態が明確な知能であること、（6）サヴァン症候群など特殊な能力の持ち主が存在する知能であること、（7）実験心理学的な課題で同定可能な知能であること、（8）精神測定学的に測定可能な知能であること、という8つです。

ガードナーの7つの知能——言語、論理数学、音楽、身体、空間、対人、内省

ここでは、ガードナーが見出した7つの知能を概観したいと思います。

第1に、**言語的知能**です。これは、話し言葉や書き言葉への感受性、言語を学習する能力、特定の目標を達成するために言語を用いる能力などのことです。高い言語的知能をもつ例として、言語を用いる職業に就いている者、弁護士や作家、詩人、研究者などが考えられます。

第2に、**論理数学的知能**です。これは、さまざまな問題について論理的に分析し、数学を用いて検討したり、科学的に究明したりする能力に関連する知能のことです。一般的に、言語的な知能とこの論理数学的な知能が、知能検査で測定される知能の大きな割合を占めていると考えられています。

第3に、**音楽的知能**です。楽器の演奏や歌を歌うこと、また音楽を鑑賞することに関連するスキルもこの知能に相当するとされます。ガードナーは、音楽的知能は言語的知能と対応するところがあると考えていました。

第４に、**身体運動的知能**です。これは、問題の解決や創造の際に、身体全体や手足、口など一部の身体を利用する能力のことを指しています。この知能の高い者の例としては、ダンサーや俳優、スポーツ選手などを考えることができますが、外科医や機械を扱う技術者などもこの知能の高い者たちだと考えられています。

第５に、**空間的知能**です。空間といっても、広い空間から特定の範囲の空間までさまざまなものが存在します。たとえばパイロットや航海士などの場合、広い空間を認識して操作する能力に関連する空間的知能が重要となります。その一方で限られた範囲の空間を用いる空間的知能は、アーティストや建築家、医師などにも求められる能力だと考えられます。

第６に、**対人的知能**です。これは周囲の人々の意図や動機、欲求を認識して理解し、人々とうまく関係を築いていく能力のことです。対人的知能は、対人関係が中心となるような販売員、臨床場面で働く職種、指導者などに求められる能力だと考えられます。

第７に、**内省的知能**です。これは自分自身を理解する能力であり、自分の内面にある欲求や不安や恐怖、自分の能力などを認識して、自分自身の生活をコントロールすることにうまく用いることができるという内容の知能です。

なおガードナーはこれら７つの知能に加え、種々のものを区別して整理する博物学的知能や、超越的な存在を理解する霊的知能、人生の意義や死の意味について理解する実存的知能といった知能についても、多重知能の候補として挙げています[7]。そしてガードナーはこれらのさまざまな知能が人間の認知の全体を説明するものであり、個々人の能力はこれらの知能を独自に組み合わせた形で表されると考えています。また、いずれの知能もそれ自体は、社会的に望ましいものでも望ましくないものでもないということを強調しています。

7　ガードナー（２００１）

ＣＨＣ理論

キャッテル[8]は、一般因子全体を互いに関連する２つの知能に分けて捉えることを提唱しました（図12－２）。

そのうちの１つ目は**流動性知能**（Ｇｆ[9]）であり、記憶や計算、図形の認識や推理といったように、速さと正確さが求められる課題に対する知能です。もうひとつは**結晶性知能**（Ｇｃ[10]）であり、単語の理解や一般的な知識を問うような課題に相当する知能です。流動性知能は文化や教育の影響を受けにくく、20代前後で能力がピークを迎え、高齢になると能力の減衰が顕著となるという特徴があります。それに対して結晶性知能は、文化や教育の影響を受け、能力のピークが遅く、高齢になっても能力が衰えにくいという点が特徴的です。

ホーン[11]は、キャッテルの２つの知能の枠組みを拡張し、より多くの因子の存在を仮定しました。さらにその後、キャロルは、多くの知能検査の結果をメタ分析の手法を用いて統合し、因子分析を行うことで、知能には３つの層があることを明らかにしました[12]。このように、キャッテルの理論をホーンとキャロルが拡張することで、ＣＨＣ理論[13]と呼ばれる理論が構成されました。

ＣＨＣ理論では一般知能に相当するもっとも上位の因子、広範囲な知能をカバーする因子、そしてより狭い個別の能力を表す因子という３つの層を想定します。そしてこのような構造は、多くの研究で統計的に検討されてきています[14]。

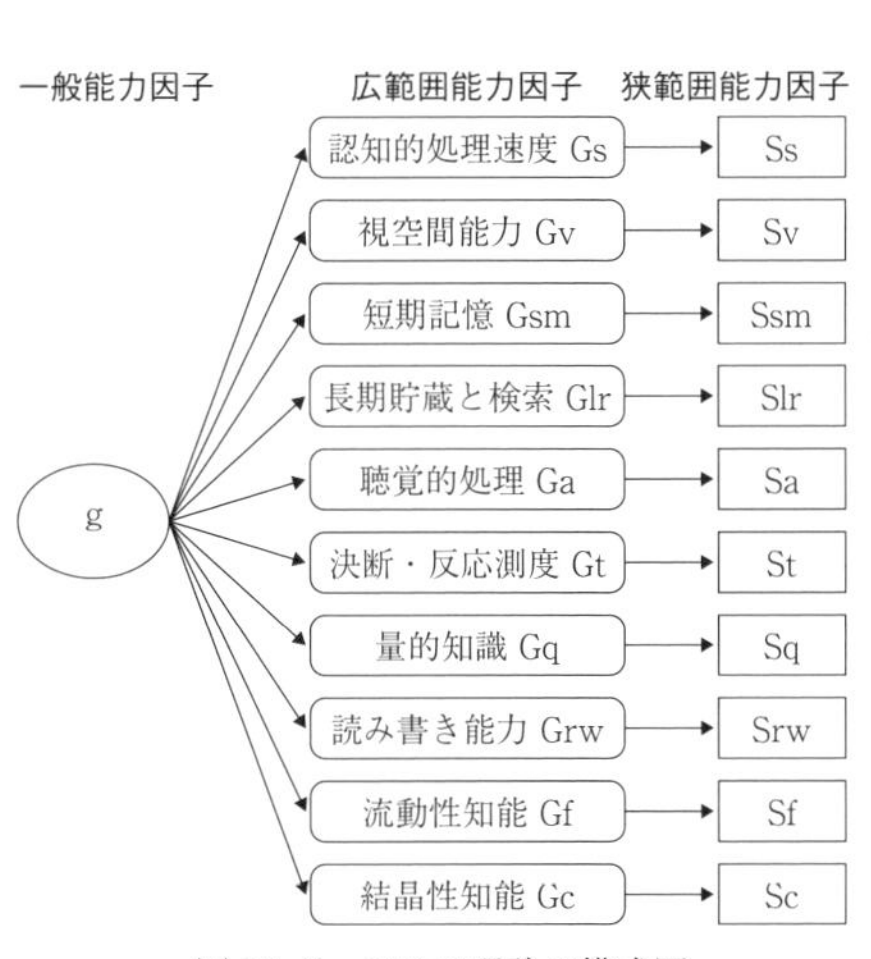

図 12-2　ＣＨＣ理論の模式図

8　Cattell, R. B. (1963)
9　Ｇｆ；fluid intelligence
10　Ｇｃ；crystallized intelligence
11　Horn, J. L.
12　Carroll (1993)
13　ＣＨＣ理論：Cattell-Horn-Carroll theory
14　たとえば Beaujean (2015)

知能をモジュールで捉える

知能を単一の構造と捉えるのではなく、複数の要素から捉えることは、心理的機能を個々の比較的独立した複数の**モジュール**として捉えることに相当します[15]。知能をこのように捉えることは、特定のモジュールに対して早期に集中的に教育を行うことで、ある能力を一気に高める早期教育の可能性の道へとつながります。また、高いレベルの能力を求めるわけではなく、各自が興味や関心を抱く領域に近いモジュールを伸ばすことは、個々人に応じた個性化教育のプログラムを構成することへと展開していきます。さらに、あるモジュールに発達的な遅れが見られたり障害を受けたりすることで、その機能だけが大きく欠損することもありますし、特定のモジュールの機能を別のモジュールで補うことも考えられます。これらのような場合には、あるモジュールに働きかけることで問題をより軽くするような形の補償教育を考案していくことができます。

知能を全体でひとつではなく個別の機能として捉えることで、個別の能力をどのようにするかという対処へとつなげることができるようになります。ただし、ガードナーの**多重知能理論**では、7つの知能が独立しており、互いに関連しないことを前提としている一方で、階層構造で捉えるCHC理論は知能が互いにある程度関連することが想定されています。モジュールどうしが互いに関連すれば、あるモジュールの高低が別のモジュールの高低にも波及することを意味します。すると、ある部分の問題が別の知能へと影響を与えたり、ある部分への教育的な介入が別の部分の知能にも影響を与えたりするといった可能性が生じてくるのです。モジュールが相互に関連しているのか、完全に独立しているのか、その構造の仮定によっても、具体的な対処方法が異なってくることには注意が必要です。

15　子安増生（2001）

●参考書

ハワード・ガードナー／松村暢隆（訳）（2001）『MI――個性を生かす多重知能の理論』新曜社［ガードナーの多重知能の理論について学び、この考え方を活かしていくために必要な知識を身につけることができる一冊です。］

有賀三夏（2018）『自分の強みを見つけよう――「8つの知能」で未来を切り開く』ヤマハミュージックメディア［多重知能理論を一般向けに平易に説明し、より具体的な場面で活かしていくことを想定して書かれています。］

13 思考スタイル

考え方の好みと方略

同じ能力の持ち主でも、何をするのが好きか、自分の能力をどう利用するかという思考のスタイルはそれぞれ異なります。**思考スタイル**とは、このような考え方の相違に着目してスターンバーグが提唱した概念です。同じ能力の持ち主でもアメリカでは能力、日本では努力が重視されますが、成功や失敗の第3要因である考え方の好き嫌いとしての思考スタイルは重視してこなかったとスターンバーグ[1]は書いています。思考スタイルは、伝統的な知能テストや精神測定学への批判として、学校の成績ではなく、現実社会の問題解決に関わる実践的知能として提案されました。

スターンバーグの研究は、知や創造性[2]を支える暗黙知の研究、知能の三部理論の提唱、成功する知性とその測定テストの開発など多岐にわたり、一度おおやけにした研究の深まり/変化もあって、彼の知性や能力観の全体像はややわかりづらくなっています。

思考スタイル――成功失敗の第3要因

知能の三部理論（Triarchic Theory of Intelligence）[3]は、従来の知能理論が、頭のなかで起こっていることと外界/社会との関係、および、両者を媒介する経験のあり方を別々に説明してきたのに対して、成功をもたらす知能（successful intelligence）、実社会で生きるのに本当に必要な能力として、知能の枠組みを再定義し、より完全な理論にすべく提唱

---

1 スターンバーグ（2000／1997）

2「15 創造性とイノベーション」の項参照。

3 知能の三部理論：知能鼎立（ていりつ）理論とも訳されています。

された理論です。三部とは、（1）頭の中で起こっていることを管理・遂行し、知識獲得する**分析的知能**（analytical intelligence）、（2）新奇さに対処する能力と情報処理を自動化する**創造的または合成知能**（creative or synthetic intelligence）、（3）日常生活の文脈に応じて現実の世界へ適応し、新しい環境を選択する**実践的知能**（practical intelligence）の3つを指します。これら構成要素の関係には普遍性がありますが、日常場面でどう具体化するかは文化・集団・個人で異なります。こうした知能は**日常的賢さ**（street smarts）とか**智慧**（wisdom）とも呼ばれ、従来の知能検査では測定できていないとして、IQテストを批判しています[4]。

スターンバーグは知能の三部理論をより包括的に捉え、かつ、認知スタイルを批判的[5]に統合して、より広範な事象に適用すべく**思考スタイル**（thinking styles）を提案しました。思考スタイルは各人が好みとする考え方であり、1つのスタイルではなくいくつかが合わさったプロフィールとして表されます。思考スタイルの基本にあるのは**心的自己統治理論**（mental self-government theory）で、政治のアナロジーをもとに、この世界にはさまざまな社会統治の仕方が見られますが、それらは思考スタイルが外側に反映されたものであるとみなしました。表13-1に示したように、思考スタイルは3つの統治機能の側面（表では機能）[6]、4つの政治形態（表では形態）に分けられ、さらに、統治の水準、観点（範囲）、学習の仕方（思考傾向）についてそれぞれ2つの側面があると仮定されてい

表13-1　思考スタイルと好む活動とやり方の特徴（松村ほか, 2010）

スタイル	特徴（好む活動・やり方）
機能（FUNCTIONS）	
立案型（Legislative）	創造、発明、デザイン。物事を自分のやり方でする。
順守型（Executive）	指示通りにする。言われたことをする。型が決まっている。
評価型（Judicial）	人や物事を判断・評価する。
形態（FORMS）	
単独型（Monarchic）	一度に一つのことをして、そこへ精力と資源を注ぎ込む。
序列型（Hierarchic）	多くのことを同時にするが、時間・労力の優先順位を決める。
並列型（Oligarchic）	多くのことを同時にするが、優先順位は決めにくい。
任意型（Anarchic）	問題に順序なしに取り組む。制度・指針や制約を嫌う。
水準（LEVELS）	
巨視型（Global）	全体図や一般的・抽象的なことを扱う。
微視型（Local）	詳細や特殊・具体例を扱う。
範囲（SCOPE）	
独行型（Internal）	独りで活動する。内界に集中する。自己独立している。
協同型（External）	他人と活動する。外界に集中する。相互依存している。
傾向（LEANING）	
革新型（Liberal）	物事を新しいやり方でする。慣習に挑戦する。
保守型（Conservative）	物事を定着したやり方でする。慣習に従う。

4　Sternberg (1985, 1996)、松村暢隆（2010）

ます。これらを合わせて5カテゴリー、13種類の思考スタイルを定義しています[7]。

思考スタイルと学習・認知スタイル――思考スタイルを活かす教授・学習方略

ウィトキンら[8]は**認知スタイル**として、視覚的・空間的な場の影響を受けやすいか否かの場依存－場独立を「ロッド・アンド・フレーム・テスト」（ＲＦＴ[9]）や「埋没図形テスト」（ＥＦＴ[10]）で測定しました。物体を頭の中で想像して回転させたり、初めての町で道を探したり、車のトランクにスーツケースを詰め込むときに必要とされる認知機能の個人差について調べるテストです。ジェローム・ケイガンは遂行の質と反応スピードが逆方向の関係を持つことに関わる**熟慮性－衝動性**を、「熟知図形マッチングテスト」（ＭＦＦＴ[11]）を用いて、反応時間とまちがいの割合から測定しました[12]。この他に、パーソナリティ中心のスタイルとして、ブリッグスとマイヤーズ[13]は、ユング[14]の向性論から、他者に対する態度や関心の向かう方向について、「マイヤーズ－ブリッグス・タイプ指標」（ＭＢＴＩ[15]）によって、4つの次元から構成される16種類の異なるタイプに類別しました。学習・教授中心のスタイルとしては、ダン[16]やコルブ[17]の学習スタイル論などがあります。これらのスタイルはある場面では有用ですが別の場面では使えません。認知スタイルは良い悪いではなく、環境によって適合するかどうかが異なり、指標は能力やパーソナリティ特性との関係がありそうです。

スターンバーグ[18]は、これら認知スタイルや学習・教授スタイルから、仕事や勉強がうまくいかないのは能力が欠けているせいではなく、学習者のスタイルと教授者ないし評価者の期待との適合性が欠けているためだと言っています。学習スタイルは多種多様にわたりま

5 認知スタイルが心理学の諸理論との関連が明確でないこと、測度の信頼性や妥当性が低いこと、知能やパーソナリティ特性との区別が曖昧なことなど。

6 表13－1と13－2を比較すると名称が違いますが、訳語の違いで原つづりは同じです。

7 松村暢隆ほか（２０１０）、堀毛一也（１９９９）

8 ウィトキン、グーデナフ（１９８５）

9 ＲＦＴ：Rod and Frame Test

10 ＥＦＴ：Embedded Figures Test

11 ＭＦＦＴ：Matching Familiar Figures Test

12 Kagan, et al. (1989)、宮川（２０００）

13 ブリッグス、マイヤーズ（２０００）

14 「4　フロイトとユング」の項参照。

15 ＭＢＴＩ：Myers-Briggs Types Indicator

すが、英国の学習スキル研究センター（ＬＳＲＣ[19]）が、キャリーの学習スタイルのオニオンモデル[20]をもとに、71あるスタイルから、主なものとして13の学習スタイル・モデルを紹介しています（表13－２）。スターンバーグの思考スタイルはキャリーのオニオンモデルの一番表層の教授方法の好みに当てられ、ＬＳＲＣでは同様に、学習へのアプローチ、方略、オリエンテーションなどの、教授法や評価法に関わる概念として位置づけられています。

　認知スタイルや学習スタイルという観点を含め、思考スタイルは、学習者が自身の学習法の効果を見直し、教師が教育方法を見直す上で有効です。ｅ－ラーニングなどの個別学習では学習環境を個々のニーズに合わせて構築するなど、学習効果を最大化する際に、個人が得意としている情報処理のやり方や認知的遂行の好みを反映することが求められ、思考や認知スタイルは、学習とパーソナリティを橋渡しする概念として有用です。

思考スタイルの測定——思考スタイル質問紙など

　思考スタイルと教授法ないし評価法の適合性について述べる中で、スターンバーグは教授や評価における教授者のうながし（prompt）との適合度が思考スタイルによっていかに違うかについて述べています。思考スタイルは「Thinking Styles Inventory」[21]によって測定されますが、領域特異的で、特定の課題や場面における人々の考え方を測定するようになっている「思考スタイル質問紙（簡易版・教師用・生徒用）」[22]があり、日本では「思考スタイル質問紙日本語版」[23]があります。落合ら[24]は回答を因子分析して、思考スタイルの立案型や序列型などが第1因子、任意型や並列型が第2因子、順守型と保守型が第3因子、協同型が第4因子に特に高い因子負荷を示し、回答者の年齢層も幅広く、勤務形態も多様で

表 13-2　LSRC の 13 の学習スタイル・モデル
(Coffield, et al., 2004、Figure 4 を簡略化)

感覚器官のモダリティに基づく学習スタイル	能力や潜在性を含む認知構造に基づく学習スタイル	パーソナリティの要素としての学習スタイル	柔軟性のある安定した好みとしての学習スタイル	学習へのアプローチ・方略・構想としての学習スタイル
Dunn and Dunn Gregorc	Riding	Apter Jackson Myers-Briggs	Allinson and Hayer Herrmann Honey and Mumford Kolb	Entwistle Sternberg Vermunt

16　Dunn & Dunn (1993)
17　Kolb (1984)

あったことから、思考スタイルは年齢とともに変化し、また年齢や職位によって思考スタイルが異なる場合があるとするスターンバーグの考えを支持しています。また、年齢に伴う個人の状況の変化が思考スタイルのあり方に少なからず影響する可能性も示唆しています。具体的には、管理職の人は立案型や独行型の思考スタイルをとり、立案型、評価型、序列型、協同型、革新型スタイルを好む人は、相手や周囲の状況が示すさまざまな要素を考慮するために社会的スキルが高いという特徴があると結論づけています。スターンバーグの『思考スタイル』にはスターンバーグ－ワーグナー思考スタイル質問紙が紹介され、自己診断のやり方が記されています。

個性を活かした学びと評価――思考スタイルと成績や仕事との関係

学習者が教授、評価において最大限の恩恵を受けるには、少なくとも教授法や評価法のいくつかが、学習者の思考スタイルに適合しているべきで、これには学習者側ではなく、教員側の教授法や評価法が関わり、スターンバーグの教授法（現代ならe－ラーニングによる個別学習が加えられるでしょうが）の表13－3[25]では、講義形式は保守的な思考スタイルと合致しています。教員は教授にさいして学習者に応じてさまざまな方法を用いる必要があり、一斉授業であれば、異なる思考スタイルの受講者が等しく有利になるように、多様な教え方を含むのが望ましいといえます。また、評価法についても表が示されていますが[26]、短答と選択肢テスト、論述テスト、プロジェクトとポートフォリオ評価[27]が取り上げられています。面接を含め、全ての評価形式には長所と短所の両方があるとした上で、授業や評価におけるさまざまな反応を引き出す質問や促しのプロンプトの適合度が思考スタイルによって

18 スターンバーグ（2000／1997）
19 LSRC：Learning and Skills Research Centre
20 Curry (1983) キャリーは、学習スタイルの諸概念をタマネギになぞらえて3つの層からなるとして整理しました。
21 スターンバーグ（2000）
22 Grigorenko & Sternberg (1997)、Sternberg (1994)
23 比留間太白（2000、2003）
24 落合純ほか（2016）
25 スターンバーグ（2000）『思考スタイル』表7・1 思考スタイルと教授法 p. 156
26 スターンバーグ（2000）『思考スタイル』表7・2 思考スタイルと評価方法 p. 163
27 「19 ポートフォリオ評価とルーブリック」の項参照。

違うことが示され（表13－3）、教師や親は、用いるプロンプトを変えることによって、全ての学習者や子どもたちが等しく有利になるようにできるとしています。

思考スタイルを検討した落合ら[28]は、対人スキルの観点から菊池[29]の対人関係を円滑にするスキルと革新型・立案型・評価型・協同型との高い相関を見出し、因子分析で4因子が得られるなど、思考スタイルの高次構造を示唆しました。他の研究でも再カテゴリー化が検討されています[30]。思考スタイルが明確でない学生への情報通信技術（ICT）[31]を活用した、分かる授業の取り組みも始まっています[32]。

表13-3　思考スタイルと教授・評価の課題
（スターンバーグ, 2000）

尊重されるスタイル		
順守型	評価型	立案型
プロンプトのタイプ		
誰が言ったか？	比較対照せよ	創り出せ
要約せよ	分析せよ	創案せよ
誰がしたか？	評価せよ	もし自分が～なら？
いつしたか？	自分の判断では？	想像せよ
何をしたか？	なぜしたか？	デザインせよ
どうやってしたか？	どうしてそうなったか？	どうなるだろうか？
くり返せ	何が想定されているか？	もし～なら？
～について述べよ	批判せよ	理想としては？

28　落合純ほか（２０１６）
29　菊池章夫（２００４）
30　たとえば、Zhang (2002)
31　ＩＣＴ：Information and Communication Technology
32　河西正之（２０１７）

●参考書
スターンバーグ／松村暢隆・比留間太白（訳）（２０００）『思考スタイル――能力を生かすもの』新曜社［成功や失敗は能力や努力だけでなく、第３の思考スタイルの要因があります。教授法や評価が思考スタイルに適合しているかに注目し、多様な学習者が等しく有利になる教授法を説いています。］
松村暢隆・石川裕之・佐野亮子・小倉正義（編）（２０１０）『認知的個性――違いが活きる学びと支援』新曜社［思考スタイルに合った教育を含め、誰にも得意と苦手があり、個性ある認知的能力やスタイルを持ちます。才能教育、個性化教育、特別支援教育について解説しています。］

14 社会的スキル

コミュニケーション力の高い人

日本経済団体連合会は1997年より毎年、各企業に対して新卒採用に関するアンケートを行い、調査結果を報告しています[1]。その中のひとつに、「選考にあたって特に重視した点」という質問があります。いくつかの選択肢から複数を選択する形式で測定されており、各企業が新卒採用を行うにあたって何を重視しているのかが示されています。結果から過去からの経緯を追うこともできるのですが、21世紀に入って以降、長期間にわたって1位となっている、多くの企業が「選考時に重視する」と回答している選択肢は「コミュニケーション能力」です。2019年入社の就職活動時には、実に82・4%の企業がこの選択肢を選択しており、2位「主体性」の64・3%を大きく引き離しているという状況になっています。

この「**コミュニケーション能力**」の内容は、明確なものではありません。それぞれの人が自分なりの「コミュニケーション能力」の意味を想定していそうです。しかしながら、現在多くの一般企業は、学生の人間関係上の特性を重視して採用活動を行っている様子がうかがえます。ここでは、このコミュニケーション能力にも近い意味だと考えられる、社会的スキルについて見ていきましょう。

---

1 一般社団法人日本経済団体連合会（2018）

社会的スキルとは——技術・能力・特性

社会的スキルとは、対人場面において個人が相手の反応を解読し、それに応じて対人目標と対人反応を決定し、感情を統制した上で対人反応を実行するまでの循環的な過程のことだとされます[2]。「社会的」とは、対人関係や人間関係、そしてそこに生じる相互作用に関連することを指します。また「スキル」とは、何かを身につけようと時間をかけて努力や訓練を行った結果、身につけたものを指す言葉です。したがって「社会的スキル」とは、「他者との関係や相互作用を巧みに行うために、練習して身につけた技能」という意味を指す言葉だということです[3]。

社会的スキルには、各研究者が独自に考案したいくつかのモデルがあります。たとえば図14－1は、ある人と別の人が対面したときに、各個人の状況の解読（気づき：A）、行動の統制（コントロール：B）、行動への表出（行動化：C）、そして現実の対人関係の相互作用が生じ、そこから結果についてフィードバックを受ける（フィードバック：F）と、そこで生じた情報を取り込む（ストック：D）というプロセスが図の中に表現されています。そして、それぞれの人物のプロセスの背後には、（動機づけ：E）で表される、動機づけやパーソナリティの要因が想定されています。

その一方で図14－2は、社会的スキルの各過程が時間的におよそどのような順序で生じるのかを示すモデルです[4]。社会的スキルの背景には、社会的事象についてのさまざまな体制化され構造化された情報群である社会的スキーマがあります。この社会的スキーマが、人々が社会的な事象について推論するときの認知的枠組みとなっていきます。相手の反応の解読は、相手がこちらに対して実行した対人場面における反応を解読する過程です。次に

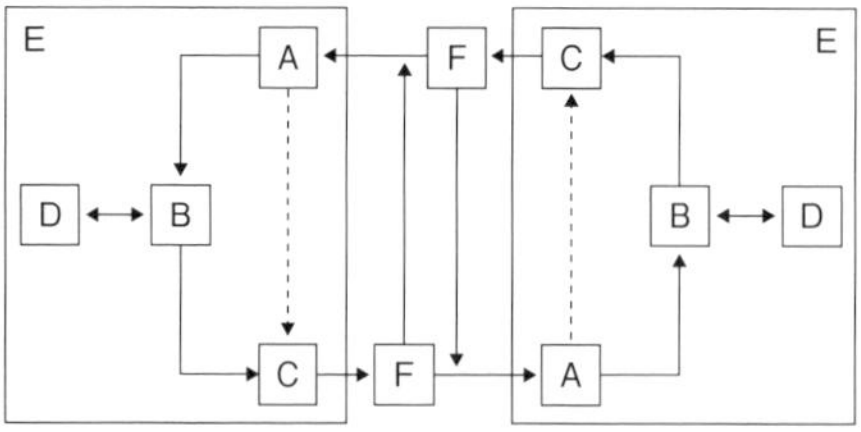

2　相川充（2000）
3　相川充（2000）
4　相川充（2000）

A：気づき　B：コントロール　C：行動化　D：ストック（行動と情報）
E：動機づけなど　F：フィードバック

図14-1　社会的スキルの改訂モデル（菊池, 2007より）

その解読に基づいて、どのように反応するかという対人目標の決定が行われ、どのような反応を用いるかという対人反応の決定へとステップが進められます。そして、これらの過程の中で生じるさまざまな情動をうまくコントロールし、実際に対人反応が実行されていきます。さらに、相手との相互作用が生じることで、再度そこからフィードバックを受けて次へと進んでいくというのが、このモデルの枠組みです。

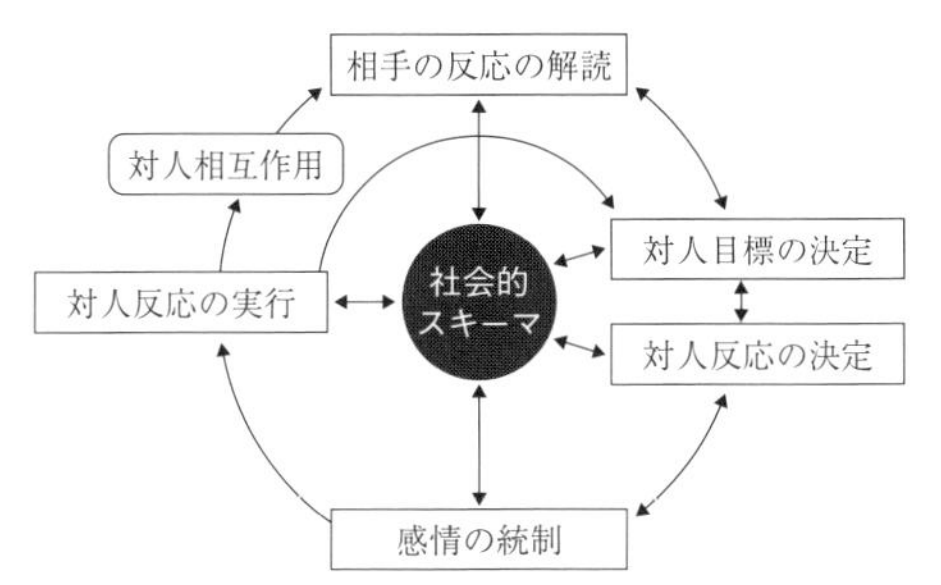

図14-2　社会的スキル生起過程モデル改訂版（相川, 2000）

スキルのトレーニング

社会的スキルは、一種の技能だと言えます。したがって、トレーニングによって身につけることができると考えられやすい概念です。このような考え方から、一定の手続きによって、適応的な社会的スキルを体系的に身につけるトレーニングのことを、**社会的スキルトレーニング**（SST[5]）と言います。

SSTの実施内容は、その目標によってもいくつかのやり方があるのですが、おおよそ次のような手順で行われることが多いと言えます。

（1）言語を用いて説明する教示（インストラクション）
（2）トレーニングによって身につけさせるスキルを手本によって示し、観察させ模倣させるモデリング
（3）何度も繰り返し練習させるリハーサル
（4）試みた反応が適切であれば褒め、不適切である場合には修正するフィードバック
（5）トレーニングの場以外でもスキルを実践する一般化

SSTを応用的に実践した例としては、小学生を対象とした給食指導への応用[6]、高校

5　SST：Social Skills Training
6　福岡景奈・赤松利恵（2018）
7　原田恵理子・渡辺弥生（2011）

生を対象に怒りなどの感情のコントロールと自尊心の向上[7]、中国の若者を対象とした社会的スキルトレーニングの試み[8]などを挙げることができます。多様な場面でＳＳＴが応用され、個人をより良い状態へと導くためにスキルの獲得を目的としたトレーニングが行われています。

社会的スキルの測り方

社会的スキルを測定するためのいくつかの尺度が、これまでに作成されています。

菊池[9]は、海外で作成された社会的スキル尺度[10]を翻訳し、少ない項目数へと短縮化しました。そして、18項目で構成される「ＫｉＳＳ－18」と呼ばれる尺度を開発しました。この尺度は、発話や会話の継続など初歩的なスキル、参加や謝罪などの高度なスキル、怒りや恐れの処理といった感情処理のスキル、和解やトラブル処理など攻撃に代わるスキル、批判や集団圧力への対処などストレス処理のスキル、行動の決定や問題の発見など計画のスキルという6つのスキルを反映した内容が含まれています。しかしながら、ＫｉＳＳ－18は社会的スキルの個別の側面よりも、全体的な社会的スキルの高さを測定するのに適しているとされます。

堀毛[11]は、基本的な社会的スキルである記号化、解読、統制という3つの要素を測定するように構成された尺度である「ＥＮＤＥ」（ＥＮＣＯＤＥ－ＤＥＣＯＤＥ）尺度の改訂版である「ＥＮＤＥ２」を構成しました。解読には、自分の気持ちを正確に相手に伝えることや相手の気持ちの変化を感じとることなどが含まれ、統制には自分の気持ちをコントロールすることや自分を抑えて相手に合わせることなどが含まれています。また記号化には、正確

8　毛新華・大坊郁夫（２０１２）
9　菊池章夫（１９８８）
10　Goldstein, et al. (1980)
11　堀毛一也（１９９４）

に自分の気持ちを伝えることやうまく気持ちを表現することなどが含まれています。この尺度は、社会的スキルのそれぞれのステップを把握することを可能にする尺度だと言えます。

藤本・大坊[12]は、コミュニケーションを円滑に行うために必要となるコミュニケーション・スキルに注目しています。コミュニケーション・スキルは、個々の状況において適切な対人関係を形成し維持するための社会的な能力のことであり、狭義の社会的スキルであると考えられています。まず、先行研究で見出された多くのスキル尺度に含まれる因子を整理することで、表現力・自己主張・解読力・他者受容・自己統制・関係調整という6つのコミュニケーション・スキルの要因が見出されました。そして、表現力と自己主張に共通するEncode、解読力と他者受容に共通するDecode、自己統制のControl、関係調整のRegulationそれぞれの頭文字をとり、「ＥＮＤＣＯＲＥモデル」と名づけられました。さらにこれら6つのスキルを測定する、「ＥＮＤＣＯＲＥｓ」という尺度も作成されています。この尺度は、コミュニケーション・スキルを詳細かつ多側面的な観点から測定できる尺度だと言えます。

スキルを求める社会

最初に述べたように、社会ではより円滑な人間関係を営むためのスキルを求めています。そして、コミュニケーション能力に代表されるように、人々の選抜や企業内の昇進において対人関係上の能力が注目され、またそのスキルを伸ばすことが求められています。

このようなスキルが求められる社会であることを背景に、多くのスキルを伸ばすトレーニングも開発されています。そして、多くの人がそのトレーニングを受講し、さらにそのようなスキルが社会の中で必要だと考えられていく傾向があります。もしもこのまま社会全体が

12　藤本学・大坊郁夫（２００７）

この方向へと進み、さらに高度なスキルが求められる社会になれば、社会的なスキルを身につけることが困難な要因を抱えた個人や、さまざまな状況によってトレーニングを受けていない個人が、社会から排除されるようにもなりかねないという危惧が生じてくるとも考えられます。

このような社会的スキルをトレーニングして身につけさせることは、一種の価値観の押しつけのような行為なのでしょうか。何かをトレーニングしたり、教育したりする背景には、必ず「社会的に望ましい」という多くの人に共有される同意があります。対人関係を営む上で問題が生じるような態度は改めるべきだ、と当然のように感じるかもしれません。しかし、そのような価値観は、あくまでも現在私たちが生活している社会で共有する文化を背景にしたものにすぎません[13]。何が良いかという社会的な望ましさは次第に変容していくものであり、絶対的なものではないということを心に留めておく必要があります。

13　相川充（２０００）

●参考書

相川充（２００９）『人づきあいの技術――ソーシャルスキルの心理学』サイエンス社［ソーシャルスキル（社会的スキル）とは何なのか、どのように測定されるのか、どのような構造を考えることができるのかなど、研究を概観するための一冊。］

ポール・タフ／駒崎弘樹・高山真由美（訳）（２０１７）『私たちは子どもに何ができるのか――非認知能力を育み、格差に挑む』英知出版［さまざまなスキルも含む、知能とは異なる非認知能力を子どもたちにどのように育んでいくのか、それが社会の中でどのような意味をもつのかを考えるための本。］

15 創造性とイノベーション

拡散的思考と経験への開放性が鍵

創造性は、既存の知から新しい価値のあるものを生み出すことをいいますが、一方**イノベーション**は、新しいアイデアを実現し成果を出す力を言います。創造力があるだけでは実現しません。経済学者シュンペーター[1]は、**イノベーション**を新結合（neuer kombinationen）と定義し、5つの類型[2]が含まれるとし、ユーザー視点での斬新さと有用性を兼ね合わせたものと捉えました。しかし、日本ではイノベーションは**技術革新**と、狭い意味で捉えられることも多いようです。イノベーションの意義は、知識創造を通じて社会的変革を導き、生活者中心のより良い未来をつくることでしょう。本項では、このようなイノベーションは、心理学の創造性研究や拡散的思考研究とどのように関係するのか、イノベーションを促すスキル、個人ではなく組織／集団の視点からの創造性の活性化、組織を越境してのオープン・イノベーションなどを取り上げます。

グローバル社会の知と創造性——創造性研究のこれまでとこれから

心理学における**創造性**研究として、初期にはワラス[3]が、創造過程の4段階、（1）準備（preparation/impasse）、（2）孵化／あたため（incubation）、（3）洞察／ひらめき（insight/illumination）、（4）確認／検証（verification）を明らかにしました。ギルフォードはスプートニクショックを背景に、**拡散的思考**を提案して**創造性テスト**を開発し、包括的な知性構造

1 Schumpeter, J. A.

2 財貨・生産方法・販路の開拓・供給源の獲得・組織の実現の5つの新しい内容を含みます。

3 Wallas (1926)

（ＳＯＩ[4]）モデル[5]で広い意味での知能を説明しました。これは立方構造モデルと称され、従来の知能にほぼ該当する**収束的思考**に対して、拡散的思考こそが創造性を支える認知的な働きであると考えました。ギルフォードの典型的な創造性テストは例示・類似性・用途・さまざまな図形ないし視覚テストから構成され、採点は流暢性[6]、独創性[7]、柔軟性[8]に基づいて行われ、これを拡散的思考の指標と解釈しました。また、ギルフォードの「Ｓ－Ａ創造性検査」を翻案し、禅や仏教との接点を追求した恩田彰の研究があります[9]。

創造性研究はその後、海外では創造性の事典[10]が複数編纂され、集団を前提としたローデス[11]のFour P's Approach[12]や、個人・領域・フィールドの相互の関わり合いと捉えた後述するチクセントミハイ[13]の創造性のシステムズ・モデルなど、地道な進展があります[14]。これに対して、日本では創造性研究が停滞気味でしたが、経営学の立場から野中[15]は4つのプロセスから構成されるダイナミックな知識創造モデル[16]を提唱し、国際的にも影響を与えています。知には**暗黙知**と**形式知**がありますが、個人の主観や人格に始まる暗黙知[17]は、そのままでは個人の内面的なものにすぎず、形式知への変換が行われて自覚されないと組織に共有されないとするモデルです。

創造性の遺伝的基盤の研究も始まっていて、創造性をパーソナリティの観点から研究してきたファイスト[18]は、創造的なパーソナリティの機能モデルを示しています（図15－1）。そこでは、遺伝的・エピジェネティク[19]な影響が脳機能に影響し、それが認知特性・社会的特性・動機づけ－感情特性・臨床的特性を経由して創造的思考ないし行動に結びつくと説明しています[20]。

4　ＳＯＩ：Structure of Intellect

5　ギルフォードの立体構造モデルは、「12　知能の多重説」の図12－1参照。

6　Fluency：多くのアイデアを挙げられるか

7　Originality：アイデアの新奇性、希少性

8　Flexibility：アイデアのバラエティ

9　杉山憲司（２０１６ｂ）

10　たとえば、J. C. Kaufman & R. J. Sternberg (Eds.) (2010) *The Cambridge Handbook of Creativity*. Cambridge University Press.

11　Rhodes (1961)

12　person, process, press, product

13　Csikszentmihalyi (1999)

14　矢野正晴ほか（２００２）

15　野中郁次郎（２００７）

16　ＳＥＣＩ（Socialization＝共同化、Externalization＝表出化、Combination＝連結化、Internalization＝内面化）

イノベーションを促す21世紀型スキル

認知革命から情報基盤革命を経て、今日のイノベーションは、仕事の取り組み方と対人社会関係の持つ意味を大きく変えつつあります[21]。複雑な問題を解決するために情報を共有し、利用できるか。新しい要求や変化する環境に適応し、革新できるか。新しい知識を作り出すために、テクノロジーの力を集めて拡張できるか。人々の能力や生産性を拡張できるか。こうしたことが成功への鍵とされています。表15－1は、これらに必要な10のスキルを4つに分類しています。

思考の方法の第1は創造性とイノベーションで、ここではテクノロジー、特にＩＣＴ[22]を利用した学習と評価が考えられていて、コラボレーションやチームワーク、それに自己制御学習のスキル向上が目的です。とりわけ創造性は**21世紀型スキル**の鍵ともいえるスキルで、重要性が高まっている研究領域です。第2の重要な研究領域はコラボレーションをデジタルツールが支援する方法に関するもので、コンピュータベースの協調学習環境を指します。第3の研究領域は高次思考スキルで、これはＩＣＴが評価をいかに革新するかについて重要な示唆をもたらします。コンピュータは時間の経過に伴い変数の変化を動的に表示でき、学習過程の分析（learning analytics）が可能です。また、10のスキルの構成要素としての知識、

表15-1　21世紀型スキルに必要な10のリスト
（グリフィンほか, 2014より作図）

4つのカテゴリー	21世紀型スキル：10のスキル
思考の方法	1．創造性とイノベーション 2．批判的思考、問題解決、意思決定 3．学び方の学習、メタ認知
働く方法	4．コミュニケーション 5．コラボレーション（チームワーク）
働くためのツール	6．情報リテラシー 7．ICTリテラシー
世界の中で生きる	8．地域とグローバルのよい市民であること（シチズンシップ） 9．人生とキャリア発達 10．個人の責任と社会的責任（異文化理解と異文化適応能力を含む）

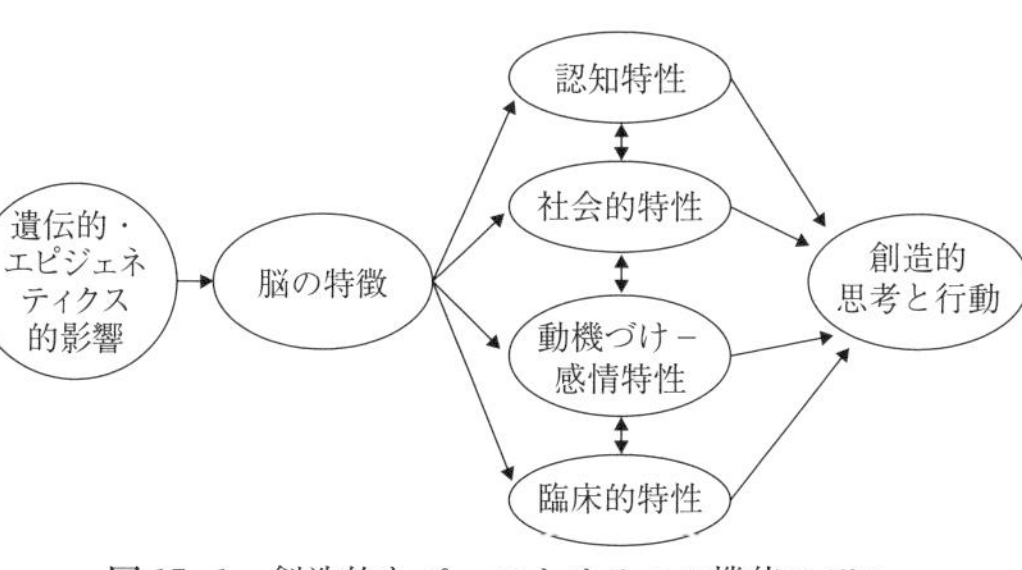

図15-1　創造的なパーソナリティの機能モデル
（Feist, 2010より改変）

のセキモデルとして知られています。

17 ポランニー（1980）

18 Feist (2010)

19 epigenetics：後成学的

20 清水大地（2019）、石黒千晶（2019）

技能、態度、価値、倫理（Knowledge, Skill, Attitude, Value, Ethics）の頭文字をとったKSAVEフレームワークが提唱され、このフレームワークでどの程度スキルを測定可能かが分析されています。21世紀型スキルの中での創造性とイノベーションはかなりの集中力と深い内省が必要になり、その評価にあたっては多様な回答（たとえば、シミュレーションが埋め込まれ、可視化技術が使われ、期待に沿う／予想外の回答を引き出すなど）を考慮した変容的評価（transformative assessment）が必要となります。

21世紀型の学びの先端事例として、ミネルバ大学のカリキュラムがあり[23][24][25]、「都市をキャンパスに」をキャッチフレーズに、自前のキャンパスを持たず、世界の7都市を移動しながら大学生活を送り、アクティブラーニング・プラットフォームを使って全ての学習をオンラインで実施しています。

組織／集団における創造性の活性化――モチベーションとリーダーシップ

産業界では、創造性よりもイノベーションであり、新奇性というよりは具体的な実践／製品が必要とされます。創造過程に関する多様なモデルが提案されていますが、チクセントミハイによる創造性のシステムズ・モデル（図15-2）では、（1）研究対象である文化のなかのある領域から情報を得て、自身の背景や概念をもとに個人が表現や研究などの活動を行い、新たな価値を生成する、（2）その価値を、社会の中にある同じ表現や研究のフィールドで発表し承認あるいは評価を受ける、そして（3）評価された価値がドメインの中に取り込まれ、表現活動、先行研究になるという流れの過程で、（4）表現の独自性が担保され、創造システムとしての構造を持つことになるとしています。このモデルは創造の個人的生成

21 Griffin, et al. (2012/2014)
22 「13　思考スタイル」の項参照。
23 松下佳代（2019）
24 京都大学OCW「大学教育の創造的破壊と未来――世界最先端の次世代大学が仕掛けるエリート教育を探る（https://ocw.kyoto-u.ac.jp/ja/international-conference/67/）」でミネルバ大学創立者の一人Ben Nelson氏他の講演ビデオ（2017）が見られます（2020年10月14日アクセス）。
25 山本秀樹（2018）
26 植田一博ほか（2010）
27 ロジャース（2007）
28 アーリーアダプタは供給側から適度に距離を置き、客観性と専門性を持ちます。
29 チェスブロウ（2004）、仲間大輔（2019）

と社会的評価の重要性を示しています。

イノベーションは個人や産業の行為として捉えられがちですが、ユーザー（生活者）たちが独自の製品やサービスを開発したり既存の製品やサービスを改良したりするなどの**ユーザーイノベーション**の可能性が示唆され、また個人より集団の力が注目されています。植田ら[26]はロジャース[27]のユーザー層の分類（図15-3）に基づいて、個人単独でのアイデア生成者（第1層）より、イノベータからアーリーアダプタ[28]へ、あるいはアーリーアダプタ同士の情報伝播の過程（第2層）で創造的なアイデアは生じやすいと報告しています。グループ内の相互作用が有益なのは、いろいろな教育のバックグラウンドや専門を持った人が情報や考えを交換することにあります。知性の多様なグループは、ユニークな、あるいは、創造的なアイデアを発達させやすく、グループ内の少数意見に耳を傾けることで、グループのメンバーを刺激し、より創造的ないし多様なアプローチができるようになります。また、チームのパフォーマンスはチーム年齢3～4年の間にピークに達します。なぜなら、チームが古くなると焦点が狭くなり、専門家になって、新しい情報獲得に関心が無くなり、成長が止まると考えられるからです。

オープン・イノベーション——組織を越境するイノベーション

オープン・イノベーションはチェスブロウによって提唱され、企業の内部と外部のアイデアを有機的に結合させて価値を創造することを指し、内部でのイノベーションを加速し、外部での活用を広げるために知識の流入と流出を自社の目的に向けて利用することと定義されています[29]。オープン・イノベーションが提唱された背景には、デジタル化が加速して

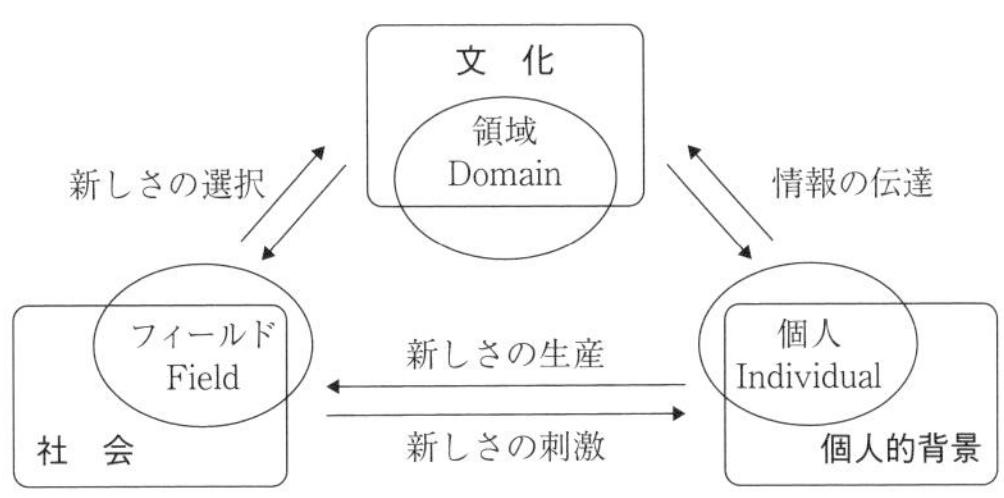

図15-2　チクセントミハイの創造性のシステムズ・モデル
(Csikszentmihalyi, 1999)

30　ＯＩ２は共創された共有価値、育成されたイノベーションエコシステム、指数関数的に爆発する技術、イノベーションの応用に重点を置いたパラダイム。

31　European Commission (2015)、藤田哲雄（２０１８）

スピードの重要性が増したこと、サイエンス型経済、すなわち、サービス産業も含めて科学的知識の重要性が増したことがあります。プレイヤーとユーザーの水平分業が進み、ビックデータとＡＩの実用化が、供給者側が企画、量産して供給するという図式から、ユーザー視点からのものやサービスの再構成・再検討への動きを生み出しました。ＥＵ欧州委員会では新たなパラダイムとして「**オープンイノベーション２・０**」（ＯＩ２）[30]を提唱しています[31]。ソイヤーら[32]は、創造性研究の課題は、20世紀半ばまでの初期の個人の特質（第１世代）から、協働やグループダイナミックス（第２世代）、創造のメカニズムの解明（第３世代）を経て、現在は複数の人たちが関わる協働的創発（collaborative emergence）であるとし、分散創造の概念を提唱しました。そこでは、（１）平等な立場の参加者による、（２）瞬間々の、（３）相互の関わりが、（４）予期せぬ結果をもたらします。これはかつて本田技研工業の久米[33]が、共創を可能にするには、集まって言いたい放題という「縁起を生み出す」状況をつくることが必要だとして、（１）共通目的を持つこと、（２）平等心を持つこと、（３）異質性のあること、（４）創出の場を共に経験することが不可欠だと言ったことに通じます。これら３人の創造に関する概念や条件、キーワードには重なる部分が多いことがわかります。

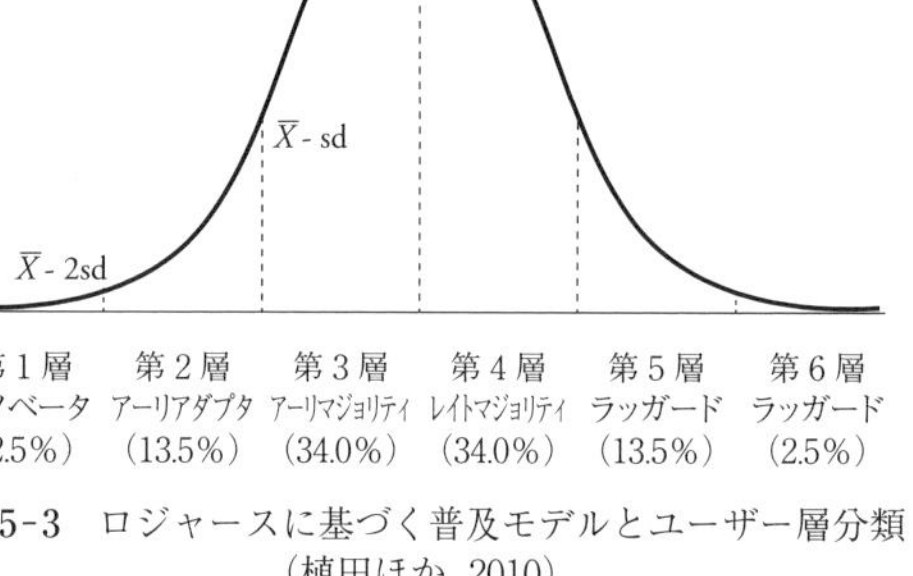

図 15-3　ロジャースに基づく普及モデルとユーザー層分類
（植田ほか, 2010）

---

32 Sawyer & DeZutter (2009)、中村美亜（２０１９）

33 久米是志（２０００）

●参考書

Ｐ・グリフィン、Ｂ・マクゴー、Ｅ・ケア（編）／三宅なほみ（監訳）（２０１４）『21世紀型スキル――学びと評価の新たなかたち』北大路書房［21世紀に求められる新しい教育目標や評価法、ＩＴスキルなどの新しい能力観（コンピテンシー）を背景に、他者との共同活動の経験が重要だと論じています。］

野中郁次郎・紺野登（２００３）『知識創造の方法論――ナレッジワーカーの作法』東洋経済新報社［いかにして組織的な知力を鍛錬するか、ナレッジワーカーを対象に理論構築の方法を説いています。コンセプト想像力、形式知を暗黙知に変容する経験について論じています。］

Ｅ・ロジャーズ／三藤利雄（訳）（２００７）『イノベーションの普及』翔泳社［新技術、新製品、新ライフスタイルの伝播／普及は一種の社会変化です。この視点は、今日の個人による情報発信時代の普及モデルの再吟味にも通じるものがあります。］

16 自己効力感

「できる」という信念

何かの課題に取り組むとき、私たちは「それがうまくできそうか」という見込みを立てて行うものです。そして、それがうまくいきそうだということを認識すれば、その行為への動機づけが生じ、うまくいかなさそうだと予想すれば、その行動を起こさないままに終わります。

私たちはこのような将来に対する見込みを日常的に立てており、それは日々の行動の中で何度も繰り返し起きることでもあります。しかし、私たちはそれを日常的に自覚することはほとんどありません。そのように考えると、あまり意識することなくそのような見込みを立てていることが不思議に思えてくるのではないでしょうか。

自己効力感とは

バンデューラ[1]は社会的認知理論を展開する中で、**自己効力感**（self-efficacy：**セルフ・エフィカシー**）と呼ばれる概念を提唱しました。この概念は、特定の行動がうまくできそうかという期待に着目するものです。ある行動を起こす前に個人が抱く、自分自身で物事を遂行できるという感覚、実現可能性に関する知識やここまで自分でできるという見込みを自己効力感と言います。なお、自己効力感が感情ではなく物事の捉え方であるという観点から、自己効力感ではなく自己効力と表現されることもあります。

1 バンデューラ（1997）

個人の期待は、大きく2つの要素に分けることができます。ひとつは結果期待であり、特定の行動がどのような結果を生み出すかという期待のことです。もうひとつは効力期待と呼ばれるものであり、これは特定の結果を生み出すために必要となる行動をどの程度うまく生起することができるかという期待のことです。

また自己効力感は、いくつかの情報処理を通じて個人が作り出していくものだとも言われています。それは、次のような内容です[2]。

（1）遂行行動の達成――実際に自分で行動してみること
（2）代理的経験――他の人々の行動を観察すること
（3）言語的説得――自分で言い聞かせることや、他の人から言われること
（4）情動的喚起――生理的な反応の変化の体験

自己効力感には、特定の課題に対する実現可能性の認識としてのものと、課題に依存せずより一般的に日常的な行動全般に影響するようなものがあります。特に後者については、**特性的自己効力感**とか、**人格特性的自己効力感**と呼ばれます[3]。この特性的自己効力感は、日々の生活の中で適応的に機能するポジティブな心理特性のひとつとして注目されています。

コントロールの信念がもたらす力

自己効力感は勉強の場面だけでなく、禁煙やダイエット、職業決定、カウンセリング、社会的スキル[4]の獲得など多くの場面に応用される、汎用性の高い概念です。

たとえば中学生を対象とした研究では、テストに対して不安を抱く傾向の強い生徒であっても、自己効力感が高い場合にはテスト前の勉強時間は長くなる傾向が認められます。また、

2　Bandura (1977)、坂野雄二・東條光彦（1986）

3　成田健一ほか（1995）、三好昭子（2003）

4　「14　社会的スキル」の項参照。

自己効力感が低い生徒の場合には、テスト不安が高くなると課題の先延ばしを行ってなかなか勉強に取りかかれない状況に陥る可能性が示されています。このように、自己効力感の高さは生徒たちの勉強への行動を高める作用を持つことが明らかにされているのです[5]。

中学生の喫煙に関する研究では、喫煙にまったく関心がない「喫煙無関心期」、今まで経験はないものの興味や関心を抱いている「喫煙関心期」、1年以内に1本だけ吸ったことがある「喫煙準備期」、1ヶ月以内に2本以上吸ったことがある「喫煙実行期」という4つのステージが想定されています。そして、この喫煙ステージが上昇していくにつれて、たばこを勧められたら断ることができるかという期待である喫煙に対する効力感が、次第に低下していくことが明らかにされています[6]。

女子大学生のダイエット行動に関する研究でも、自己効力感の影響が検討されています[7]。この研究ではダイエットを、緩やかな体重減少や維持方略をとる構造的ダイエットと、急激な体重減少や維持方略をとる非構造的ダイエットという2つの側面から検討しました。そして、緩やかな構造的ダイエットには、自己効力感の高さや専門的情報の知識が影響していることが明らかにされています。またその一方で、過激な非構造的ダイエットに対しては自己効力感が影響しておらず、過去のダイエット成功体験や痩せ願望が直接的に影響していました。痩せ願望が強くても、自己効力感が高いと専門的な健康関連情報に目を向け、緩やかなダイエット行動をとることが示唆されています。このように、自己効力感は適応的なダイエット行動に結びつくことが示されています。

また進路選択場面においては、進路選択をうまく行うことができるだろうという期待である進路選択に対する自己効力感が注目されています。就職活動を経て大きな成長を遂げる学

5　森田愛子ほか（2017）
6　大竹恵子・島井哲志（2001）
7　溝口全子ほか（2000）

生がいることは、多くの人が認めるのではないでしょうか。進路選択においては、自分自身に合致した職業を探すことや実際に具体的な就職活動に従事することを通じて、自分自身の捉え方の変化につながることが明らかにされています[8]。ここでの自己効力感は、進路選択場面でうまくいくだろうと予測することを意味します。自らの進路選択に対して効力感を抱く学生は職業の捉え方がより望ましいものになることで、効果的に就職活動を遂行していくことができ、さらに自分自身を成長させていくと考えられます。

自己効力感を育む

先ほど紹介したように、自己効力感の高さは多くの活動でポジティブな結果をもたらすことが期待されます。そこで、自己効力感を高めるような介入方法についても多くの試みがなされています。

たとえば、進路選択に関する自己効力感を高める試みとしては、ビデオを用いて職業興味に関する説明を行うグループセッションと個々人へのカウンセリングを併用してキャリアカウンセラーが行う介入が検討されています。また、個々人の原因の求め方である原因帰属のパターンを再訓練する**再帰属訓練法**や、キャリアグループに参加することで自己効力感を高める試みなども行われています。日本においても、大学生を対象とした介入によって、自己効力感が高まることが報告されています[9]。

原因帰属再訓練法では、たとえば勉強がうまくいかず試験の成績が伸びない子どもが、それを「頭が悪いから」という原因に帰属している場合に、その原因を「努力が足りないから」などのより次の行動へとつながるような原因を教示しつつ励ましていくような試みを行

8　浦上昌則（1996）

9　富永美佐子（2008）

います[10]。このような試みは、なかなか課題の遂行がうまくいかず、やる気を失っている学習者にとって有効なひとつの手段になります。

しかしながらその一方で、介入の効果が明確に見られないことを報告する研究も存在します。では、効果があった研究となかった研究を比較すると、どのようなことが言えるのでしょうか。そこには、次のような要因が存在していると考えられます[11]。

（1）情報源の提示方法——達成経験、代理経験、言語的説得、情動喚起の有無や提示方法

（2）認知的要因の修正の有無——原因帰属パターン、自己統制感への介入の有無や方法

（3）介入以外の経験——日常生活の中でのセミナー参加や読書などの影響の統制

（4）測定用具の種類——質問紙の内容、職業興味検査の種類など

（5）介入の条件——どれくらいの期間、どれくらいの回数、介入を行ったのか

これらは、進路選択への自己効力感だけでなく、多くの場面における介入で注意すべき観点であると考えられます。介入を行うときには、その介入という試みにどのような要素が含まれており、何を操作しようと試みており、何が操作できていないのかを明確にすることが重要です。

10　Dweck (1975)

11　富永美佐子（２００８）

●参考書

キャロル・S・ドゥエック／今西康子（訳）（２０１６）『マインドセット——「やればできる！」の研究』草思社［行動の原因を考えて、その原因の求め方を工夫していくことでどのような効果が現れるのか、心理学の研究知見から実際の応用までわかりやすく理解できます。］

アルバート・バンデューラ（編）／本明寛ほか（訳）（１９９７）『激動社会の中の自己効力』金子書房［変化が多く複雑な社会の中で、いかに健康的で適応的に生きていくことができるのか、自己効力感をキーワードにポジティブなこころの状態について学ぶことができます。］

17　コンピテンス

「できた」ことが生み出す力

人間がもつ、自分自身に働きかけられる力、周りの人々や環境に働きかけられる力を**コンピテンス**（有能感）と呼びます[1]。コンピテンスは、生物が環境と効果的に相互作用する能力として、アメリカの心理学者ホワイトが提案しました[2]。このような能力は長期の継続的な学習を通して少しずつ獲得され、指向性と持続性があり、この能力の動機づけとしての側面をホワイトは**エフェクタンス**（effectance）**動機づけ**と名づけました。

その後、マクレランド[3]やスペンサーら[4]によって、コンピテンス概念は実務で使える広い意味での能力観として定着し、心理学だけでなく、他領域にも普及しました。知識基盤社会（knowledge-based society）の今日、**リテラシー**から**コンピテンシー**へ、すなわち、「やり方を知っている」ではなく、知識を活用して「何ができるか」を問う教育へのパラダイム転換が求められています。

コンピテンス概念の誕生——ホリスティックかつダイナミックな能力観

飢えや渇き、性などの生理的動因に基づく動機に対して、探索、活動、操作などの内発的（intrinsic）な特徴をもつ活動は、いずれも環境との効果的な相互作用を促します。子どもは、自分の置かれている環境に対して効果的に働きかけるためには、自分が環境に対してどのような影響を与えられるのか、また、環境が自分に対してどのような効果を持つのかを発見し

1　速水敏彦（2012）
2　White (1959/2015)
3　McClelland (1973)
4　Spencer & Spencer (1993/2001)
5　岩脇千裕（2007）
6　Harter (1982)
7　Harter (1982) の尺度としては「認知されたコンピテンス測定尺度（日本語版）の作成」（桜井茂男、1983）があります。その他「情動コンピテンスプロフィール日本語短縮版の作成」（野崎優樹・子安増生、2015）など、多くのコンピテンス尺度があります。

なければなりません。これらの関係が学習されることによって、環境にどう対処したらよいかのコンピテンスが増大すると考えられます。

このような能力観の変化の背景には、**知能検査**などで測定される知的能力だけでは、職務上での業績を予測できないだけでなく、知能検査は人種や性別、出身階級による差別につながりやすいことが明らかになったことがあります。そのアンチテーゼとして、人間の多種多様な資質を包含するホリスティック（holistic：全体的）かつダイナミック（動的）な新しい能力概念としてのコンピテンシーに注目が集まり、これらを測定できるアセスメント・ツールが開発され[5]、ハーター[6]は、子ども用のコンピテンス尺度[7]を開発しています。

マクレランドは外交官の適性を明らかにする研究の中で、高い業績に結びつく個人の行動様式を定義し、コンピテンシー評価の手法を確立しました[8]。その弟子のスペンサーらはコンサルタント会社を通じて、コンピテンシー・モデルに基づいた一般的なコンピテンシーを集めたコンピテンシー・ディクショナリーを作りました。コンピテンシーの構成要素は、図17－1の氷山モデルのように捉えられます[9]。氷山モデルではコンピテンシーが、水面上の知識やスキルを顕在的能力として、特性（パーソナリティ）や自己概念は潜在的能力として、両側面を含む能力観として示されています。また、スペンサーらは、高業績者とその他を区別する「卓越した能力」と、あらゆる人々に求められる「標準能力」の2つのコンピテンシーの視点を提唱しました。ビジネス界では前者の視点、後述する教育・司法・臨床ないし看護の世界では後者の視点が多く用いられ、スペンサーらの著書にはコンピテンシーを開発する方法について詳しく書かれています[10]。

8　McClelland (1973)
9　Spencer & Spencer (1993/2001)
10　たとえば、「あなたの成功体験を話してください」「それは、いつ・どこで・誰が・どのようになど具体的に掘り下げる」「それらがコンピテンシー・モデル（理想の人材像）のどれに該当するか判定する」などの項目により、達成意欲、論理的思考や問題解決といったコンピテンシーを測定します。

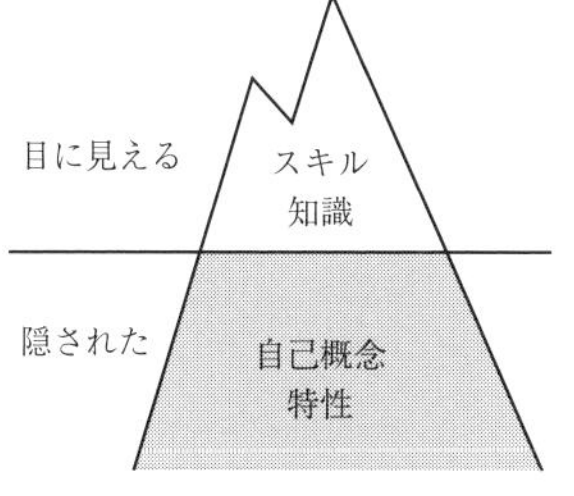

図17-1　コンピテンシー構成要素の氷山モデル
（Spencer & Spencer, 1993, p. 11 より）

コンピテンスないしコンピテンシー概念の広がり——経営学、教育学、看護学へ

ライチェンはコンピテンスの用語について、フランス語のcompétenceとドイツ語のKompetenzはコンピテンス（competence）にもコンピテンシー（competencies）にも訳せるとした上で、特定のスキルや能力および概念やモデルを表す場合はcompetenceが、グループが関わって機能する場合はcompetency（複数形でcompetencies）が使われていますが、個々の話題や領域にはそれぞれのニュアンスや響きがあり、慣例に従っていると述べています[11]。

現在、コンピテンス概念は複数の学術分野で使われています。ＣｉＮｉｉ論文などの分析によると、まず心理学で導入されて発展し、それが経営学と教育学に普及し、経営学から看護学にもたらされています[12]。この概念をめぐる討論軸としては、（1）卓越と基礎的能力のどちらの人材モデルとするか、（2）コンピテンス能力は包括的なのか要素分解可能なのか、（3）文脈依存的なのか脱文脈的なのかがあり、また、研究領域の特徴としては、（4）経営学では個人に加えて組織（経営戦略）、すなわち集団を対象とする等があります。

心理学では、ハーターがコンピテンス尺度を開発して以来、人間関係に関する社会的コンピテンス、運動技能に関する運動的コンピテンス、学習や知的能力に関する学業的コンピテンスなど、多様なコンピテンス研究が行われています。すなわち、コンピテンス概念は従来の学業上の知能だけでなく、コミュニケーションスキル、忍耐力、適切な目標設定、自己の発達といった、従来はパーソナリティ特性とされていた変数を含む新しい能力観を提案したことに意義があります。

11　Rychen (2001)

12　西あゆみ・加藤真紀（２０１７）

13　ライチェン、サルガニク（２００６／２００３）

14　reflectiveness：思慮深さ、省察

PISAのキー・コンピテンシー――道具的／対人的／統合的コンピテンス

経済協力開発機構（ＯＥＣＤ）は、ビジネス領域を中心とするさまざまな領域で定義されたコンピテンシーをもとに、教育目標としての「**キー・コンピテンシー**」を開発し、公刊しました[13]。この本は「国際標準としての学力をめざして」とサブタイトルが付けられ、個人としての人生の成功と正常に機能する社会に必要な能力として、図17－2に示すような、相互に重なり合う、３つの広域カテゴリーを概念化しました。

ここではキー・コンピテンシーが、（１）相互作用的に道具を用いる（たとえば、言語、テクノロジー）、（２）異質な集団で交流する、（３）自律的に活動する、に分類されています。このようなコンピテンシー概念が必要となる背景として、テクノロジーの変化の早さ、大量の利用可能な情報を理解する必要性、そして環境の持続性と経済的成長、および経済的繁栄と社会的公正のバランスを取ることの必要性に言及しています。また、３つのカテゴリーが重なる中心に、反省性[14]、すなわち、変化に応じて経験から学び、批判的に考える広い意味での能力を置いています。

コンピテンシーを育成する教育改革――国際的な動向と日本の現在

グローバルな知識基盤社会の到来によって、社会・経済発展に対する知識や技術の役割の重要性が増し、人々の欲望や消費の個人差・多様性が明らかになってきました。そこで、技術革新や制度改革、創造をもたらすことのできる人的資源（human resources）の重要性が認識され、変化の激しい社会に対応して生涯にわたって学び続ける必要から、**生涯教育**（lifelong education）が注目され、学習社会（learning society）といった概念も提唱されて

15　ＯＥＣＤ教育研究革新センター（２０１２）、松尾知明（２０１７）

16　ＯＥＣＤ（２０１９）

17　Griffin, et al. (2012/2014)

18　Hast (2001)

19　（１）技術的コンピテンス、（２）あいまいさと多様性を扱うこと、（３）コミュニティとのつながりを見つけて継続すること、（４）動機づけ、情動そして欲望を制御すること、（５）エージェンシーと責任の5つを指します。

相互作用的に道具を用いる
自律的に活動する
異質な集団で交流する

図17-2　キー・コンピテンシーの３つの広域カテゴリー

います[15]。

　21世紀の知識基盤社会で必要とされる資質・能力は、いわゆるリテラシーとしての読み書き能力に加えて、情報処理能力としてのリテラシー概念は知識だけでなく、スキル、さらに態度を含む人間の全体的な能力へと焦点が移行したことによって、先述したコンピテンシーの3カテゴリーが位置づけられました。その後、ＯＥＣＤは「教育2030」[16]を公表し、**21世紀型スキル**の育成が提唱されるようになってきました[17]。そこでは近未来において子どもたちに求められるコンピテンシーを検討し、コンピテンシーの育成につながるカリキュラムや教授法、学習評価などについてまとめています。不確実な世界を目的に向かって進んでいくためには、好奇心や想像性、強靱さ、自己調整といった力をつけるとともに、他者のアイデアや見方、そして価値観を尊重し、その価値を認めることが求められるとしています。そしてＯＥＣＤはこのような人の学習の枠組みとして、図17-3に示すモデルを示しています。

　これはかつてＯＥＣＤがＤｅＳｅＣｏ（コンピテンシーの定義と選択）プロジェクトで定義した図17-2のキー・コンピテンシーに立脚して、変革を起こす力のあるコンピテンシーとして特定したもので、新たな価値を創造する力、対立やジレンマを克服する力、責任ある行動をとる力が挙げられています。図の中心に**エージェンシー**（Agency）とありますが、ハスト[18]は、エージェンシーは主体的に考え、行動し、責任をもって社会変革を実現していくという意思や責任であり、効力感を持ったイニシアティブがとれる存在を意味するとして、5つの重要なコンピテンシーの1つに入れています[19]。

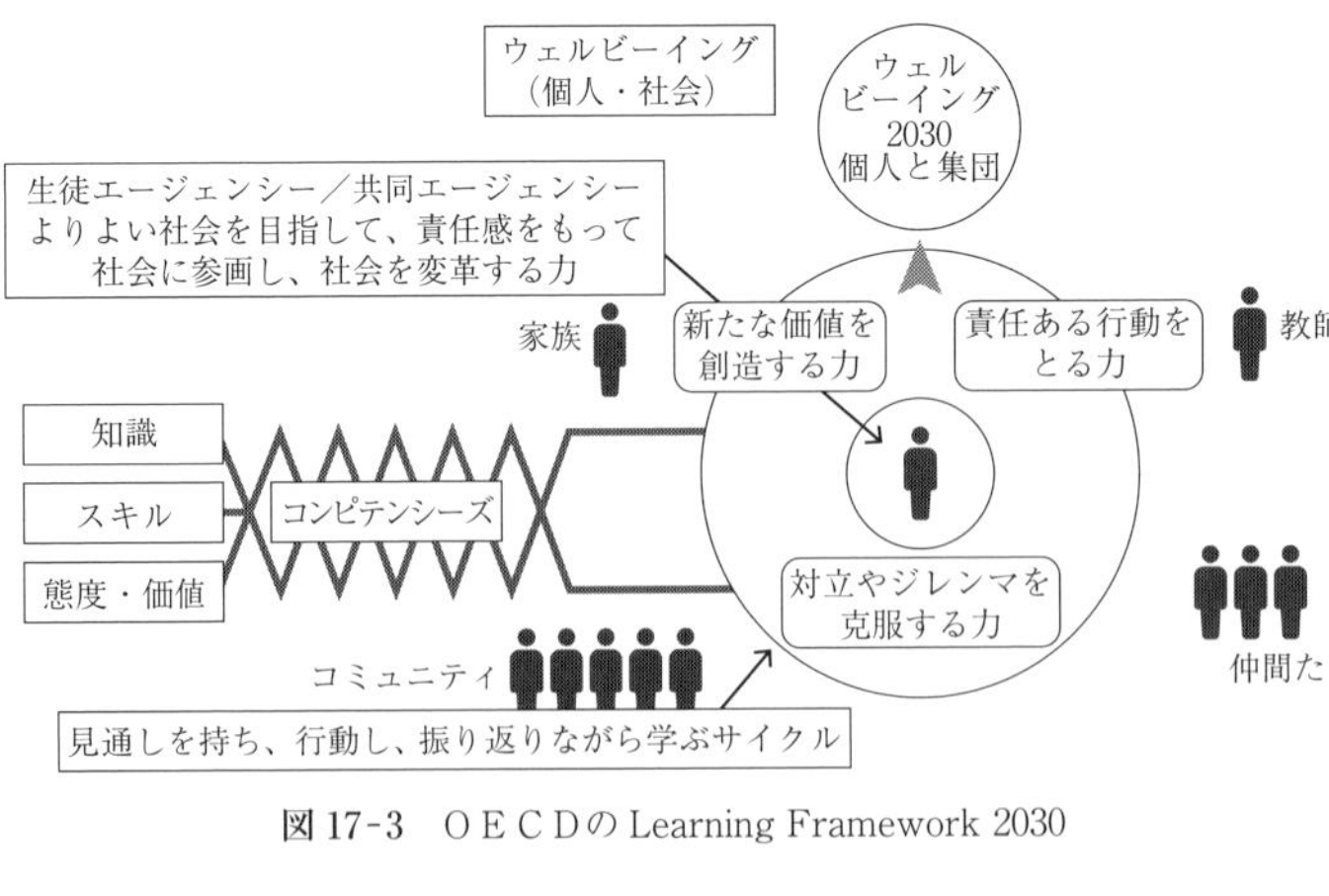

20　ＡＡＲ：Anticipation, Action, Reflection

図17-3　ＯＥＣＤのLearning Framework 2030

これらは複雑かつ相互に関係して発達していく性質を持っており、それゆえ学習可能なものです。コンピテンシー能力は、それ自体が見通し、行動、振り返り（ＡＡＲ[20]）の連続した過程を通じて学習されるべきものとしています。今後、カリキュラムへの影響が予測され、授業担当者の専門性とも関わり、変革に向けて議論され、検討が進むと考えられます。

●参考書

速水敏彦（監修）（２０１２）『コンピテンス――個人の発達とよりよい社会形成のために』ナカニシヤ出版［自分自身について考え、他者を支援する際の一助になればと、友人や集団との関わり、保育・教育、就職活動など、多様なコンピテンスへのアプローチを例示しています。］

ドミニク・Ｓ・ライチェン、ローラ・Ｈ・サルガニク（編著）／立田慶裕（監訳）（２００６）『キー・コンピテンシー――国際標準の学力をめざして』明石書店［読み書き算盤以外にどんな能力（コンピテンシー）を身につければ人生の成功や社会への挑戦に応えられるのか。キー・コンピテンシーは、ＯＥＣＤプロジェクトのまとめです。］

松下佳代（編著）（２０１０）『〈新しい能力〉は教育を変えるか――学力・リテラシー・コンピテンシー』ミネルヴァ書房［欧米の事例を日本に移し変えるのではなく、新しい能力概念を歴史・文化を踏まえて把握します。自己概念、パーソナリティ、自己省察、想像力・創造力が大事だと結んでいます。］

18　項目反応理論

試験の評価方法

学力を把握するためのテストのことを、想像してみましょう。1つのテストの中には複数の問題が用意されており、それらの問題はいくつかのグループに分けることができます。たとえば、数学のテストには計算問題、数式の問題、文章題、図形の問題、数列に行列、証明の問題など、多様な問題が含まれています。しかし、多くの多岐にわたる問題が含まれているにもかかわらず、すべての問題について数学のテストとして得点を合計し、合計得点を算出します。多様な問題にもかかわらず、全体が1つだと言うためには、何が必要なのでしょうか。

また、ある学校における昨年の国語のテストの平均値が70点で、今年の平均値が80点だったとしましょう。これは、この学校の生徒たちの学力が向上したことを表しているのでしょうか。それとも、昨年のテストに比べて今年のテストが簡単だったことによるのでしょうか。このような問題を扱うことができるひとつの方法が、**項目反応理論**（IRT[1]）です。

項目反応理論とは

テストに含まれるそれぞれの問題は、正解・不正解という2つの値をとります。ある問題に正答すると1点、間違えると0点とされ、その値が合計されることで全体の得点が算出されます。ここで重要なことは、それぞれの問題が合計された得点全体と、どの程度関連する

1　IRT：Item Response Theory

かということです。基本的に、ある1つの試験の問題は、試験全体の得点と関連するはずです。もしも全体の得点が高くなるほど正答率が下がるような問題があれば、その問題は全体の能力とは反対のものを測定していることになります。また、もしも全体の得点との関連がほぼゼロである問題があるならば、その問題は全体の能力とは無関係なものを測定していることになってしまうからです。

全体の得点と、一つひとつの問題の正解・不正解を照らし合わせると、問題によって全体との関係が変わってくることがわかります。たとえば、計算問題と証明の問題について考えてみましょう。ここで、計算問題の全体的な正答率は高く、証明問題の正答率は低いとします。つまり、計算問題は、全体の得点がそれほど高くない生徒から高い生徒へと次第に正答することができるようになり、それに対して証明問題は、全体の得点が低い生徒はあまり正答できず、高い生徒になるとよく得点できるということです。このような2つの問題があるとき、それぞれの問題の正答率を全体の得点と対応させながら見ていくと、計算問題は全体の得点が低いうちから徐々に正答率が上昇していくのに対し、証明問題は全体の得点が高いところで急激に正答率が上昇していくような様子となるでしょう。このようなとき、それぞれの問題の全体的な正答率を**項目困難度**、正答率の上昇の様子を**項目識別力**と言います。項目困難度はその問題がどの程度難しい問題であるか、項目識別力はその問題が特定の得点範囲でどの程度個人差を見分けることができるかを意味しています。

項目反応理論では、すべての問題が1つの能力を測定することが仮定されます。このことは言い換えると、すべての問題が1つの因子に収束することを意味しています。項目反応理論ではこの因子に相当する変数を**潜在特性**（θ）と呼びます。そして、横軸に潜在特性の値をとり、縦軸に項目の正答率をとると、θの値が低い値から高くなるにつれて正答率が上昇する曲線を描くことができ、このような曲線を**項目反応曲線**と言います。

それぞれの問題についてこのような情報を得ることによって、異なる問題どうしの評価ができるようになります。たとえば図18－1に示されている6つの問題について考えてみましょう[2]。問題（1）はどの能力を持つ生徒にとっても正解する確率がほとんど変わらない問題であり、問題（2）は能力が高い生徒ほど間違いやすい問題であることを意味しています。また問題（3）は、中央以上の能力を持つ生徒は正答し、中央以下の生徒は不正解となるような、理想的な問題であることを示しています。そして問題（4）は（3）に比べて能力が低い生徒が正答しやすく、より簡単な問題であることを表しています。なお実際の問題についてグラフを描くと、問題（5）や（6）のような、なだらかな形状をとることが多く見られます。

項目反応理論の応用

項目反応理論を用いることのメリットのひとつは、異なる問題を用いたとしても同じ基準で評価をするテストを作成することができるようになる点にあります。このような項目反応理論の特徴を利用することで、たとえばＴＯＥＦＬ[3]など英語能力試験のように、受験者ごとに異なる問題を提示しても統一した能力を測定することができるようになるのです。

なおＴＯＥＦＬは、外国語としての英語の能力を測定するために１９６

2　光永悠彦（２０１７）

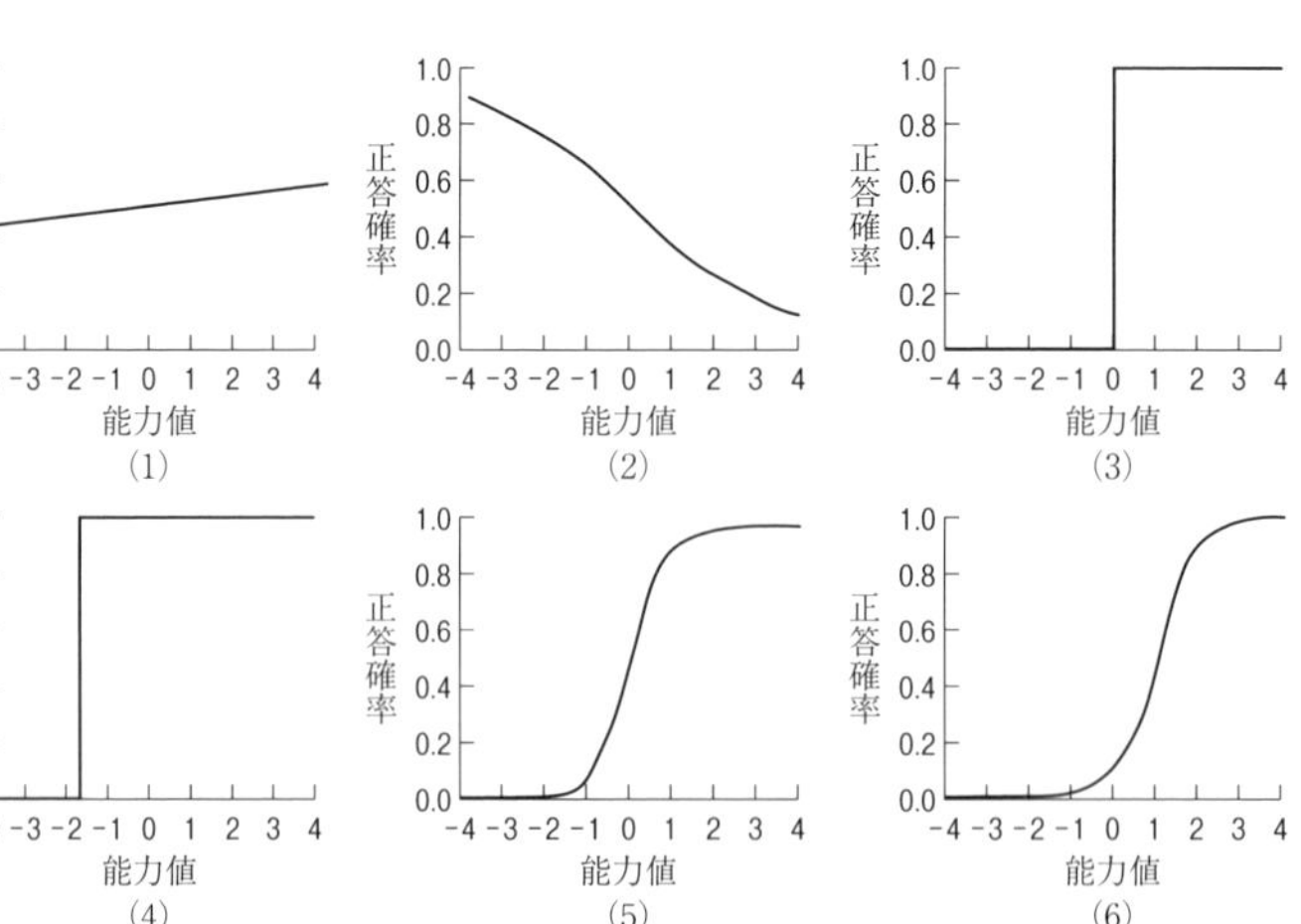

図18-1　さまざまな項目反応曲線（光永, 2017より）

3年に開発されました。1965年に米国のETS[4]と非営利教育機関であるカレッジボードがこのプログラムを受け継ぎ、1973年にGRE[5]も加わるかたちでこの試験が行われています。1978年から、TOEFLには項目反応理論が適用されているようです。ウェイとリーゼ[6]は、実際にTOEFLに項目反応理論を適用し、モデルがデータにうまく適応していることを報告しています。項目反応理論はすでに、私たちにとって身近な試験に応用されているのです。

心理尺度への応用

項目反応理論は、心理学的な構成概念を測定する際の尺度構成においても使用されています。たとえば、ビッグ5パーソナリティ[7]を測定する尺度の短縮版の作成では[8]、60個の形容詞で測定されるビッグ5尺度[9]に対して項目反応理論を適用し、オリジナルの尺度の次元構造を維持したまま項目数を減少させることを試みています。この研究では下位尺度ごとに項目反応理論を適用した分析を行い、識別力の高い項目を短縮版の候補として選定しました。結果的に、外向性と情緒不安定性は5項目、開放性と調和性は6項目、誠実性は7項目、計29項目の短縮版が構成されています。また、オリジナルの下位尺度と新たに構成された尺度との相関係数は.93と高く、他のビッグ5尺度との関連の大きさも遜色がないものとなっていました。

項目反応理論の利用

項目反応理論は、複数の課題や問いで1つの次元を表現するテストの開発において、非常

---

3 TOEFL : Test of English as a Foreign Language
4 ETS : Educational Testing Service
5 GRE : Graduate Record Examinations
6 Way & Reese (1990)
7 「1 パーソナリティのビッグ5」の項参照。
8 並川努ほか (2012)
9 和田さゆり (1996)

に応用可能性の広い手法だと言えます。この手法を用いて一つひとつの問いにおける困難度と識別力を評価することで、回答者に依存しないテストの開発が可能となります。そして、心理尺度の短縮版構成の例でも見たように、より簡便な尺度の構成にも項目反応理論を応用することができます。

たとえば縦断的な調査を行う際に問題となることのひとつは、同一の質問を繰り返し実施することです。このような場合、困難度と識別力が同等の質問項目を複数用意することで、初回と2回目の調査では異なる質問をしつつも、お互いに等価な質問として統計的に処理することが可能となります。またたとえば、入学試験や学校内での学力試験に関しても、それぞれの問題を項目反応理論で評価することによる利点があります。それは、項目反応理論を用いることで、生徒たちの学力が学年に伴って変化しているのか、あるいは異なる年に入学した生徒たちの学力が異なっているのかどうかを、より確実に評価することができるようになるという点です。

項目反応理論を用いることによって、私たちが素朴に抱く疑問のいくつかを解消することが可能となります。現在では、コンピュータ上で容易かつ手軽に項目反応理論を用いた分析を行うことができるようになりました。今後、さらに広く多くの場面で、この分析手法が応用されていくことが期待されます。

●参考書

光永悠彦（2017）『テストは何を測るのか――項目反応理論の考え方』ナカニシヤ出版［項目反応理論について、具体例を挙げながらわかりやすく説明しており、全体的な理解が深まります。］

野口裕之・渡辺直登（編）（2015）『組織・心理テスティングの科学』白桃書房［経営組織の中で働く人々の特徴を、項目反応理論を用いて測定することでどのようなことが明らかにされるのかを学ぶことができます。］

19　ポートフォリオ評価とルーブリック

評価法が学習の質を決める

教育心理学はかつて発達、学習、人格・適応、評価で構成され、評価については心理測定論を基礎に、ブルームの形成的評価や教育目標の分類学（taxisonomy）が語られてきました[1]。今日、高等教育の質保証などの観点から、測定は**アセスメント**（assessment）[2]と名を変えて、真正な（authentic）パフォーマンス評価としての**ポートフォリオ評価**や**ルーブリック**（rubric：評価基準）が求められています。

この変化の背景には「教員が何を教えたいか」から、「学生が何を学んだか」という**アウトカム評価**ないし**学習成果**（learning outcomes）重視への国際的な教育改革の流れがあり[3]、その先に学習過程を対象とした学習分析や認知診断モデルがあります。

評価は何のために――ブルームの形成的評価から真正な評価へ

戦前の学籍簿から評価はされてきましたが、戦後の「五段階相対評価」を批判する過程で、すべての子どもの学力を学年・教科の目標に到達させるべく「到達度評価」が提案されました。これは評価を指導に生かす**形成的評価**に該当します[4]。

これまで、心理学では統計学的な心理測定論とテストの標準化に必須の4条件[5]や、知能検査やパーソナリティ検査の尺度構成法が研究されてきました[6]。ここでの結果表示は、同学年ないし同年齢の規準集団における相対的位置であり、**代表値**（平均）と**散布度**（分

1　ブルームほか（1973）

2　アセスメントは評価・査定を意味し、客観的に評価することをさして質的評価が含まれます。他方、測定は測った結果を数値化することです。

3　川嶋太津夫（2009）

4　田中耕治（2015）、西岡加名恵ほか（2015）

5　4条件は、（1）妥当性が十分あること、（2）信頼性が高いこと、（3）検査の実施や採点の方法が明示されていること、（4）標準的な多人数の資料に基づいて基準尺度が構成されていること、です。

6　Hogan (2007/2010)、村上宣寛（2006）

散）に基づいた相対評価は、客観性や公平性を重視する入試や客観テストでは必要不可欠な条件です。しかし、客観性を重視するあまり、多肢選択肢問題やスピードを競うテストになりがちで、教育評価の視点からは、（1）必然的に成績の悪い子が出て、なかなか抜け出せず教育的ではない、（2）勉強とは勝ち負けとの排他的競争や学習観を生み出す、（3）成績から指導の手がかりが得られにくい、などの指摘がなされて、標準化によらない現実の状況やそれに近い状況での**真正の評価**（authentic assessment）へ、また測定からアセスメントへと、パラダイム転換とも言うべき変化が起こりました。その背景には、先述した、成果に基づく教育の考え方があります。表19－1に両パラダイムの特徴が比較して示してあります。特に重要な違いは、評価項目、評価場面、評価基準、評価データに認められるでしょう[7]。

評価法と成績／学習の質の関係――最適な教授法は1つではない

能力や適性は学習経験によってその構造が大幅に変わる可能性があり、また教授方法の効果は能力・適性との交互作用として考えられるべきだとして、クロンバックは、よい指導法が個人の学習適性によって異なる現象を**ATI**（Aptitude Treatment Interaction：**適性処遇交互作用**）と名づけました[8]。図19－1は適性と教育評価のATIの例で、図は、知能偏差値と有能感との重回帰分析[9]の結果で両者が交互作用を示しています。知能偏差値と主観的な有能感は、到達度評価条件では他の条件に比べ、知能の高い子どもほど有能感が高いことが示されました。この結果は、1つの評価方法ないしは教授法がすべての児童に最適と捉

7 松下佳代（2012）、ギップス（2001）、二宮衆一（2012）

表19-1　パラダイム転換による評価の違い（松下, 2012）
オルターナティブ・アセスメントとは標準テストを代替したり、補完したりするようにデザインされた評価法の総称。

	心理測定学的パラダイム	オルターナティヴ・アセスメントのパラダイム
学問的基盤	心理測定学	構成主義、状況論、解釈学など
評価目的	アカウンタビリティ、質保証	教育改善・指導、学生の成長
評価対象	集団	個人
評価機能	総括的評価	形成的評価
評価項目	分割可能性	複合性
評価場面	脱文脈性 統制された条件	文脈性 シミュレーション、真正の文脈
評価基準	客観性	間主観性
評価データ	量的データ	質的データ
評価主体	評価専門家、政策担当者	実践者自身
評価方法	標準テスト、学生調査など	真正の評価、ポートフォリオ評価、パフォーマンス評価など

えるのではなく、個人差／適性を考慮する必要性を示しています。同様に、テスト形式が学習方略に与える影響を検討する目的で、中学生を対象とした歴史の実験授業で、空所補充型テストと記述式テストを比較しました。その結果、授業後に繰り返し空所補充テストを課された群では、暗記を目的とした浅い処理の学習方略の使用が促進され、他方、記述式テストを課された群では、理解を目的とした深い処理の学習方略が促進され、かつ、ノートの書き込み総数と授業者が特に大切で書き込んで欲しいと思っていた内容の書き込み量が増え、テスト形式（評価）が学習者への大きなメッセージとなっていました[10]。

心理測定学的研究に位置する量的把握研究においても、個人の総合評価というより、理解に必要な領域ごとのスキル、強み・弱みなどを特定し改善に役立てることを目指す認知診断モデル（ＣＤＡ：Cognitive Diagnostic Assessment）が開発され[11]、形成的評価にＣＤＡが有用なことから、数学テスト[12]や英語テスト[13]で利用されています。

真正の評価法――ポートフォリオ評価とルーブリック

真正の評価をするには、授業カリキュラムの設計にあたって、（１）学ぶべき目標の設定、（２）理解や習熟の証拠として何を求めるかの設定、（３）学習経験と指導の計画の策定の必要があり、この順序で望ましい結果と評価（指標）を特定した後に指導計画を立てることから、カリキュラムの**逆向き設計**（backward design）と呼ばれます[14]。パフォーマンス評価とは、ある文脈のもとで、さまざまな知識や技能を用いながら行われる学習者自身の作品やパフォーマンスを直接評価する方法を指します。ポートフォリオ評価はポートフォリオ（portfolio：紙挟み）に収められた資料に基づいて、学習者の成長プロセスを

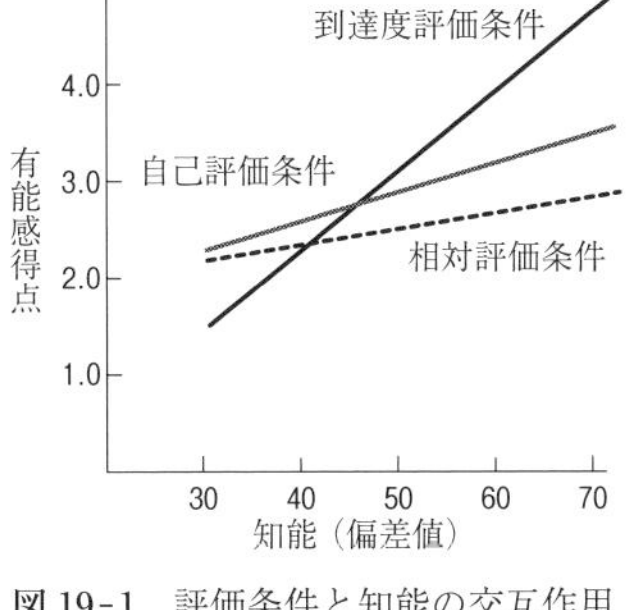

図 19-1　評価条件と知能の交互作用
（鹿毛・並木, 1990、並木, 1997 より）

8　Cronbach (1957)、並木博（１９９７）
9　パーソナリティ検査等、多くの変数を扱う多変量解析の１つ。ある結果（目的変数）を複数の原因（説明変数）から予測する統計解析法です。
10　村山航（２００３）
11　Alderson (2005)、山口一大・岡田謙介（２０１７）
12　鈴木雅之ほか（２０１５）
13　Li, et al. (2016)
14　Wiggins (1998)、遠藤貴広（２００５）

評価する方法で、実技、演奏や作品、制作物、レポート・論文や口頭発表などが評価の対象になります[15]。パフォーマンスの質を評価する評価基準はルーブリックと言われ、複数の評価基準とレベル、それを説明する記述語からなる評価の基準表です。表19-2は、文章作成ポートフォリオ用のルーブリックの一例です。ルーブリックが教育目標に関わる５つの規準と３つの達成規準（到達レベル）で作成されています[16]。このように、ルーブリックは質を量に変換する働きがあるところから、評価対象は初等・中等教育から高等教育まで、評価目的はパフォーマンス評価型の標準テストからアルヴァーノ・カレッジ[17]の一般教育カリキュラム改革などの特定目的の組織的パフォーマンス評価まで、幅広く用いられています。代表的なルーブリックには、アメリカ大学・カレッジ協会（ＡＡＣ&Ｕ[18]）の「本質的学習成果とＶＡＬＵＥルーブリック」があります。これは、ＡＡＣ&Ｕ会員校の多様性を踏まえて、教養教育を再点検し、５カテゴリー・15領域からなる汎用的なルーブリックとして作成されています[19]。評価が教育や学習に及ぼす影響の大きさを考えると、目的に応じて評価を使い分け、指導や学びの改善に結びつけることは不可欠です。

評価から学習過程分析へ――学習ログ解析と教育ビッグデータの活用

教育の情報化によって、これまで教育評価の対象とならなかった電子教材利用やレポートのやりとりの電子的なログや教育ビッグデータを対象とした**学習分析**（learning analytics）が行われるようになってきました。「ホライズン・レポート２０１９高等教育版」[20][21]では、３～５年の中期のキー・トレンドとして学習分析への関心の増大を指摘し、学習者データをタイプ分けして学習進捗状況を知らせる学習解析が不可欠になったとしています。また、重

15 パフォーマンス評価、ポートフォリオ評価、真正の評価の違いは、どこに評価の焦点があるかの概念的区別です。
16 松下佳代（２０１２）、塚原修一（２０１６）
17 Alverno College Faculty (1994)
18 ＡＡＣ&Ｕ：Association of American Colleges and Universities
19 AAC & U (2007)、松下佳代（２０１４）
20 *EDUCAUSE Horizon Report 2019 Higher Education Edition.* Retrieved from https://library.educause.edu/-/media/files/library/2019/4/2019horizonreport.pdf（２０２０年11月12日アクセス、この時点で２０１８年版は和訳あり）
21 ２０２０年3月時点で２０２０年版が出ていますが、編集体制も内容構成も変わってしまったので、前年版を使用しました。
22 World Economic Forum (2018)
23 Ferguson (2012)、緒方広明（２０１７）、近藤伸彦（２０２０）

要な発展として分析技術と人工知能を取り上げ、環境科学による気象パターン・気温・海面上昇の分析研究が環境保護やエネルギー政策に影響を及ぼしたように、今後、学生が分析技術（analytics technologies）の能力を身につけることが組織で成功する必須の要素であるとしています。世界経済フォーラム「Jobsレポート2018の未来」[22]においても、未来の革新的な組織のリーダーはダイナミックで統合化されたデータ・システムと豊かな分析能力の価値を理解する人だとしています。AIの利用については、日本でも学習分析学会や国際会議で、退学予兆検出、先延ばし傾向学生の意識調査、各種センサーを利用しての生体情報、学習ログの蓄積と分析など[23]が報告され、また、ブロックチェーンを利用しての学生の立場に立った就職サイトの開設[24]などが進められています。

表19-2　文章作成ルーブリックの例（塚原, 2016より）

規準＼到達レベル	全体として不充分	全体として、おおむね良好	全体として良好
読者／目的	文章の読者や目的への配慮が、あまり／まったく示されていない	文章の読者や目的が、おおむね示されている	文章の読者や目的に、表現の方略がよく適合している
主張（該当するものについて）	主張の記述が不充分で、かつ／または、論証が不足している	主張は明確であるが、部分的な論証にとどまっている	主張の展開が論理的で、論証され、首尾一貫している
明解さ	記述に混乱があったり、明確ではない傾向がある	記述が明解で、論旨を追うことができる	記述が明解、簡潔で、説得力がある
文章の構成	文章に明確な構成が欠けている	文章に明確な構成がある	形式と内容を組み合わせた文章の構成が、読者の賛同をうながすものとなっている
表現の誤り、たとえば、文法、構文、綴り、語法、句読法などの規則違反	文章に規則違反が多くあって読みにくい	文章は全般的に読みやすいが、規則違反がときどきある	文章に規則違反がない

24　慶應義塾大学FinTEKセンター（2020）

●参考書

西岡加名恵・石井英真・田中耕治（編著）（2015）『新しい教育評価入門――人を育てる評価のために』有斐閣［成績づけに止まらない、授業改善を目指しての評価。資質・能力や思考力等に有効なパフォーマンス評価やルーブリック、小学校から大学・職業教育を対象とした評価の基礎を示します。］

T・P・ホーガン／繁桝算男・椎名久美子・石垣琢麿（共訳）（2010）『心理テスト――理論と実践の架け橋』培風館［副題は理論と実践の架け橋で、心理テストの大部なソースブック。テストの規準、妥当性、職業興味検査等、疑問が生じたとき図書館で利用することを勧めます。］

村上宣寛（2006）『心理尺度のつくり方』北大路書房［妥当性が高く使用に耐える心理尺度の作成方法について書かれた本。尺度作成の流れを理解できます。標準化や統計解析等の個々の課題については別に学ぶ必要があります。］

20 人間行動遺伝学

知能の遺伝と環境の影響

人間行動遺伝学は、一卵性双生児と二卵性双生児の遺伝的共有度の違いを手がかりとして、統計的に遺伝と環境の影響を切り分ける研究法です。知能や能力には**個人差**があり、知能が学業成績や就職に影響すると考えられているので、知能は遺伝か環境かと問われることが多くあります[1]。知能（認知能力）は遺伝の影響が強いとすれば、教育や学習の役割は再考を迫られます。まず、教育は平等公平にという考え方は意味をなさなくなります。しかし、適応に必要な知識やスキルは学習（learning）と教育（active teaching）を受けて身につける必要があることに変わりはないでしょう。

知能とパーソナリティは形成要因が異なる――双生児法、遺伝・共有環境・非共有環境

家畜や家禽、それに盲導犬は、優れた遺伝子を持つ個体同士を繁殖させる育種学で品種改良が日常的に行われています。これに対して、人権と倫理や人の尊厳を守りながら科学の問題として、双子に協力を仰いで遺伝の影響を研究するのが、人間行動遺伝学の立場です。

双生児法[2]を用いた遺伝要因と環境要因の研究から、行動遺伝学の3原則が掲げられています[3]。（1）第1原則：あらゆる心的形質は遺伝の影響を受けている（遺伝の遍在性）、（2）第2原則：同家庭で育った影響は遺伝子の影響より小さい（共有環境の希少性）、（3）第3原則：人間の複雑な行動特性の個人差の大部分は、遺伝子や同家庭の環境の影響では説

1　たとえば、安藤寿康（2014）、プロミン（1994）

2　遺伝的に等しい一卵性双生児（MZ）と遺伝的にはふつうのきょうだいと同じ50％の類似性を持つ二卵性双生児（DZ）を比較して、平均値として一卵性の類似性が二卵性の類似性を上回っていれば、遺伝の影響があると考えます。

3　Turkheimer (2000)

明できない（非共有環境の優位性）。ここで共有環境とは、一緒に育ち環境を共有することによって類似する影響を言い、非共有環境とは同じ家庭に育ちながらもそれぞれ異なる環境を指します。一般知能は、行動遺伝学の第2原則の例外、つまり、通常その影響が見られにくい共有環境の影響が児童期まで有意に現れる形質で、家族単位で異なり、家族やきょうだいの成員であれば同じように獲得することのできる何らかの一般的で系統的な知識や技能が存在することが示唆されます（他方パーソナリティは、第2原則に従っています）。認知能力は家族に明示的に、あるいは観察学習を通じて家庭の中で伝達されるためだと考えられます。

また、知能に及ぼす遺伝の影響は発達とともに増加します。素朴に考えると遺伝的形質の影響は、生まれたばかりの時点で大きく、経験を積むことによって環境の影響が増大すると思われがちですが違います。この事実は大規模な**縦断コーホート研究**[4]によって明らかにされ、１８８３年の『Child Development』誌に発達行動遺伝学（developmental behavioral genetics）として特集が組まれています。ビョークランドとペレグリーニ[5]は、この発達システムアプローチの中心概念として**後成性**[6]があり、その過程では生物学的要因と経験的要因が双方向的な関係性として反映されると考えています。また、一般知能において発達に伴い遺伝的寄与率が増加することに対しては、自分の知的能力に見合った環境を自ら選択することで遺伝的性向が増幅され（至近要因[7]）、成人初期にヒトが繁殖年齢を迎えると配偶者選択の手がかりとして知能を用いる（究極要因：進化適応的理由）可能性などが指摘されています。

4　１９７０年代からアメリカやオーストラリアで進められた大規模な縦断コーホート（cohort）研究、たとえばルイヴィル双生児研究は知能発達のスパートや停滞といったスイッチングに遺伝要因が関与していることを示しました。

5　ビョークランド、ペレグリーニ（２００８）

6　epigenesis：発達の過程で漸次新しい構造や機能が出現します。

7　Tinbergen (1963) が動物行動の理解には4つの質問が必要といい、至近要因（（１）生理的な仕組みの理解、（２）発達過程の理解）、究極要因（（３）適応度（機能）の理解、（４）進化の理解）に分けました。

行動遺伝学の研究法――量的遺伝学から分子遺伝学、そして構造方程式モデリング

遺伝研究はエンドウ豆の丸としわとして小学校で習った優性の法則などのメンデルの遺伝学に始まりますが、これは離散型形質[8]を対象としています。現在は連続形質を対象とした**量的遺伝学**へと拡張され、第1に、単一の遺伝子の優劣ではなく、多数の遺伝子一つひとつの効果は小さくとも、全て等しい効果を持つ同義遺伝子を考えます。第2に、**表現型**（P）[9]の発現にあたっては、遺伝の効果（G）だけでなく環境の効果（E）も加わると考えます（P＝G＋E）。第3に、多数の遺伝子の組み合わせを集団のレベルで遺伝子群（polygene）として考えます。さらに、1953年のワトソンとクリックによるDNAの二重らせんの分子構造の発見[10]が、新しい分子遺伝学の幕開けを告げることになります。ヒトを形成するのに必要な遺伝情報（genome）は約30億の塩基からなり、そのうち個人差があるのは0・1％で、99・9％は他者と共通です。個体差0・1％は無視できそうですが、多くの遺伝子に個人差、すなわち**遺伝子多型**があると考えられます。遺伝子が分子レベルで解明されたということは、特定の遺伝子の塩基配列とそれが作り出すアミノ酸配列の構造と機能が特定され、発現プロセスも明らかになることを意味します。これらを前提に、遺伝構造の探求には**構造方程式モデリング**（SEM：Structural Equation Modeling）または共分散構造分析と呼ばれる方法が使用されています。これは変数間の因果関係をパス図で表し、統計モデルの構造を視覚的に表現します。構築したモデルにデータを当てはめて計算しますが、複数のモデルに当てはめて、どのモデルの当てはまりが良いかの適合度が算出できます。図20-1は一般知能を例とした、構造方程式モデリングによる双生児の遺伝・環境解析の結果の一例です。一卵性双生児の相関0.86、二卵性双生児の相関0.60をモデルに当てはめて解く

8　離散型形質は不連続で質的に異なる遺伝の性質。

9　表現型は遺伝型が形となって顕在化した表れ。

10　Watson & Crick (1953)

と、遺伝＝0.52、共有環境＝0.34、非共有環境＝0.14となり、50％以上が遺伝で説明できますが、共有環境も30％以上寄与していることが読み取れます。

図20－2は、知能に及ぼす共有環境と血縁の近さとの関係を示しています。遺伝的要因は相加的効果だけでなく、非相加的効果も関与している可能性があり、また環境の効果は血縁関係が遠くなるほど共有環境の影響が小さくなる結果になっています。

遺伝と環境の相互作用は**受動的相関**（passive correlation）、**誘導的**または**応答的相関**（evocative/reactive correlation）、**能動的相関**（active correlation）の3種類に分類されます。受動的相関とは、親あるいは広く血縁者が作り上げた環境と子どもの行動を規定する遺伝子が相関することで、たとえば、運動能力が高い親は子どもとスポーツをしたり、スポーツ番組を見るなど、運動能力を高める環境に子どもを置きやすい傾向があり、同時に高い運動能力の遺伝子を子に伝えています。誘導的相関とは、子どもの遺伝子がもたらす行動傾向が、その子と接触する周囲の人々からその行動傾向を高める環境を引き出しやすくなることで、たとえば、遺伝的に運動能力の優れている子にはスポーツを見たり、参加する機会が多く与えられ、また活躍のチャンスも得られやすくなります。能動的相関とは、子どもの遺伝子がもたらす行動傾向によって、自ら環境を選択して活動することにより、その行動傾向がさらに強まることを言います。

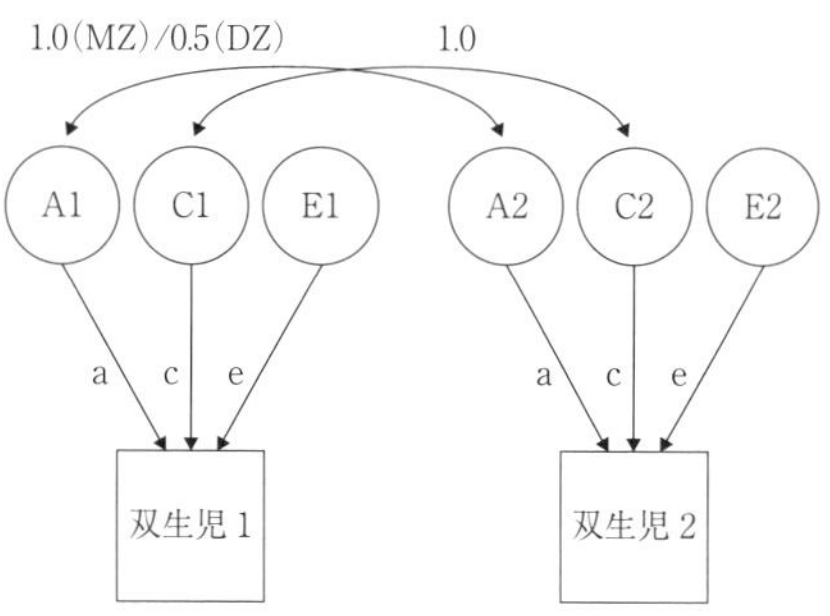

図20-1　構造方程式モデリングによる双生児の遺伝・環境解析モデルの例（安藤, 2011より）

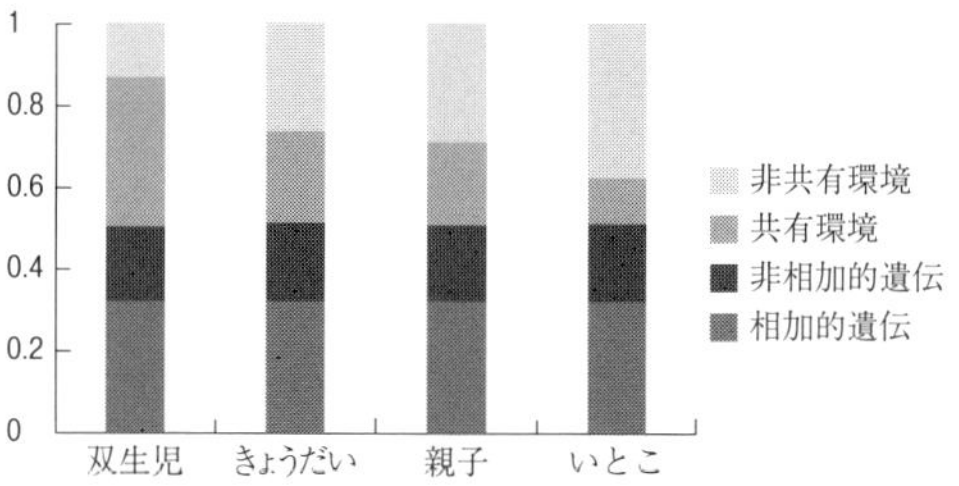

図20-2　知能に及ぼす共有環境と血縁の近さ（安藤, 2014より）

たとえば、遺伝的に運動能力の高い子どもは、自ら進んで厳しいトレーニング環境を選び、良い仲間やライバルを作って自分の能力を高めようとします。

一般知能と学力、そして社会的評価 ―― 創発的遺伝、尺度特性、遺伝率が低い事例

知能検査で測る知能より日常生活に近い言語や学力、さらには社会での活躍や評価と、遺伝はどんな関係があるのでしょうか。言語はたくさんの種類があり、その人の生きている文化の個別具体的な環境や社会が反映されています。語彙などは2歳時で遺伝26％に対して共有環境が65％と、家庭環境の影響が顕著に見出されていますが、成人になると遺伝の影響が48％まで増大し、共有環境が33％になります[11]。情報処理速度や認知能力の中核を担うワーキングメモリと実行機能（executive function）と呼ばれる認知機能には、行動の抑制、情報の上書き、そして情報の切り替えの3コンポーネントがあり、それらが乳児期からどのような長期的な効果を遺伝的・環境的に持つかを検討した研究によると、2歳時に測定した抑制機能が14年後の16歳時の実行機能、なかでも抑制と比較的大きな遺伝相関（0.49）を示し、しかも実行機能の潜在因子の遺伝規定性が極めて高いことがわかりました[12]。記憶障害といえるアルツハイマー病についても同様な遺伝環境分析から、**リスクファクター**となる遺伝子多型が指摘され、また遺伝以外の食習慣、運動すること、日に当たること等の要因も発症率に関わると言われはじめています。

各国の学校制度や文化のなかで、教育によってそれぞれ異なる知識や技能として後天的に獲得される**学力**は、遺伝由来というよりは、文化そのものといってよい能力ですが、これまでの研究結果では一般知能と学業成績は発達過程全般を通じて共通の遺伝的基盤に立って

11　Stromswold (2001)

12　Friedman, et al. (2011)

いて、教科で異なるような領域特殊的な遺伝要因は見つかっていません。他方、ＩＱと学業スキルが有能感や義務感といったパーソナリティないし非認知要因と共通の遺伝要因を持つことが示されています[13]。

行動遺伝学と教育――自然科学からの教育へのアイデア

知能は遺伝の影響が50％以上と大きく、かつ、知能はg因子の1次元的な影響下にあるとの行動遺伝学の研究成果を受けて、アズベリーとプローミン[14]は教育について、能動的遺伝子－環境相互関係（個人が自分の遺伝傾向にしたがって環境を選択する）や経験の均質化ではなく機会の多様性こそが機会均等になるなどの遺伝学と学習と行動についてのアイデア、どうやったら成功するかを子どもに教えることや2段階の体育プログラム（標準にあわせるか好きな種目を選べる）など、既に実施されていることを含め11項目の教育政策のアイデアを示しています。安藤[15]は、教育はヒトが生物として生き延びるためには、異なる遺伝的素質をもった人たちどうしが知識を通じてつながりあうことが不可欠であったと、教育の利他性を強調しています。加えて、知能のジェネラリスト遺伝子に対応する、円満な夫婦関係を持つ愛情深い親による適切な養育や知的刺激に富む親子関係、整頓された家庭環境などのジェネラリスト環境の存在を示唆し、また、認知能力に及ぼす環境の影響は共に生活し環境を共有しているときには「ある」が環境を共有しなくなると無くなるので、教育は「今、ここ」で必要なことのためになされるべきかもしれないと論じています。

これらを勘案して、筆者としては、以下の7点を提案したいと思います。（1）知能は教育の重要な素材（material）であるが、知識やスキルは学習／教育によって、成果（outcome）

13 Luciano, et al. (2001)

14 アズベリー、プローミン（2016）

15 安藤寿康（2014、2018）

となる。（2）知能に影響するものとして、遺伝・共有／非共有環境が挙げられているが、動機づけや自己統制／エフォートフル・コントロールなどを加えての検討や、ティンバーゲンの4つの質問の枠組みでの整理が重要であろう。（3）人間行動遺伝学は「遺伝の影響が大きい」を結論とするのではなく、個々人の得意や好きが分かるような提案や施策を結論として欲しい。（4）能力の違いを前提とすると、平等や公平な教育から離れることになり、この変革をどう説明し、教育政策に乗せていくかが課題となる。（5）これまで能力に対して努力が強調されてきたが、努力の効果が限定的なら、目標変更を視野に入れる教育が必要になる。（6）知能／能力観として、ビッグ5の開放性／知性と知能の関係の整理が不可欠で、かつ、これには社会／将来が何を求めているかがポイントで、心理学ワールドが連携して取り組むべきテーマであろう。（7）能力や認知研究の成果を生かすには、エビデンスやデータに基づいた科学的思考が不可欠である。

子どもたちの平均的な学業達成を改善し、知能の全領域に刺激を与える学習環境をどうデザインするかが問われています。このような様々な課題を整理する上で、学習観や教育制度は良いとこ取りが出来ないことは忘れてはいけないでしょう。

●参考書

安藤寿康（2000）『心はどのように遺伝するか――双生児が語る新しい遺伝観』講談社ブルーバックス［双生児法や遺伝学を学び豊かな遺伝観を築きます。鳶が鷹を生むポリジーンの遺伝、一人ひとりの違いを生みだす非共有環境、教授法の効果等、遺伝観の変革に向けた問題提起の書。］

安藤寿康（2011）「認知の個人差と遺伝」箱田裕司（編）『認知の個人差（現代の認知心理学7）』北大路書房，第5章，pp. 103-129.［個人差の観点から認知（知能）を扱っています。分子遺伝学や構造方程式モデリングなどの方法論、一般知能や認知プロセスへの行動遺伝学の3原則の適応について記しています。］

K・アズベリー，R・プローミン／土屋廣幸（訳）（2016）『遺伝子を生かす教育――行動遺伝学がもたらす教育の革新』新曜社［教育におけるみんな同じ方式は間違いです。行動遺伝学がもたらす教育の革新について、選択肢を増やす、2段階体育プログラムなどの教育政策のアイデアを提案しています。］

パート・3

パーソナリティと能力の展開

21 セルフ・コントロール

社会で役立つ自己制御

私たちは「自分で自分を意識する」ということを行うことができます。このとき、自己は認識の主体でありながら、認識の対象となる客体になるとも言えます。これは、自分で自分のことを意識するという、誰もが日常的に行う現象なのですが、このとき、認識される自分を**自己**（客我）、認識する側の自分を**自我**（主我）と言うこともあります。

自分で自分自身を認識するという行為は、自分で自分の姿を確認するというだけのことではありません。その場の状況がうまくいっているかを評価し、うまくいくように調整するプロセスもそこに含まれます。このようなプロセスは、私たちが社会の中で適応的に行動していくために不可欠なものだと考えられます。

自分をコントロールすることの意義

ミシェル[1]は、マシュマロ・テストと呼ばれる課題を子どもたちに実施することで、自分自身を制御する傾向の測定を試みました。ミシェルはそこで、子どもたちの満足を先延ばしする傾向に注目しました。たとえばスタンフォード大学に附属する保育園に通う3歳6ヶ月から5歳8ヶ月の子どもたちに対していくつかの条件を設定します。そして、遊びながら目の前に置かれたお菓子（プレッツェルと動物型のクッキー）を食べるのをがまんするように伝えました[2]。ミシェルはこの実験で、より長い時間、満足を遅延させるにはどのよう

1 ミシェル（2015）

2 Mischel & Ebbesen (1970)

な要因が効果的であるかを検討したのです。満足の遅延とは、目の前の報酬をがまんして将来のより大きな報酬を得ようとすることです。結果的に、報酬に注意を向けない子どもほど長い間、満足を遅延することができる傾向にあることが明らかにされました。また別の実験では、悲しいことよりも楽しいことを考えるほど、満足を遅延させることができることなども示されています[3]。またさらに、当時英国領であったトリニダード[4]でも実験を行うなど、ミシェルたちは繰り返し同じような現象が生じることを確かめていきました[5]。

その後ミシェルたちは、この満足遅延の実験に参加した子どもたちが成長してから追跡調査を行う機会を得ることになりました。そして、その子どもたちがどのような成長を遂げていったかを確認してみると、幼児期により長期間の満足遅延を示した子どもたちほど、青年期に学業成績が良く、大学進学適性試験（ＳＡＴ）の成績も良くなっており、両親から集中力も高く計画的で、知的能力も高いと評価される傾向にあったのです[6]。このような長期的な影響が認められたことから、即座の報酬にとらわれず、自分自身を制御してより先に得られるより大きな報酬を得ようとする傾向である満足遅延の重要性が、大きな注目を集めることになりました。なお、ミシェルらの実験では、プレッツェルやクッキー、キャンディーなどさまざまなお菓子の報酬が用いられたのですが、一般向けの記事でマシュマロが取り上げられたことから、マシュマロ実験と呼ばれるようになったという経緯があります。

セルフ・モニタリングとは何か

スナイダー[7]は、状況や周囲の人の行動に基づいて、自分自身の行動が社会的に適切であるかどうかを観察しながら統制する傾向のことを、**セルフ・モニタリング**と呼びました。

3　Mischel, et al. (1972)
4　現トリニダード・トバゴ
5　Mischel (1958, 1961)
6　Mischel, Shoda & Rodriguez (1989)
7　Snyder (1974)

人の社会的行動は、状況や他者の反応などの外的要因や自分自身の内部の要因で決定づけられており、この決定には個人差があることが想定されています。そしてセルフ・モニタリング傾向が強い人物とは、周囲の状況や他者の行動などの状況要因に影響されやすい人であるとされます[8]。

セルフ・モニタリングを測定する尺度としては、スナイダーの尺度の日本語版で25項目から構成される「セルフ・モニタリング（SM）尺度」[9]や、より単純化した尺度である「改訂セルフ・モニタリング尺度」[10]があります。セルフ・モニタリング傾向を表す質問項目には、「よく、人の目を見てその本当の気持ちを正確に読みとることができる」「自分の置かれているどんな状況にも適した行動をとることができる」「あまり詳しく知らないトピックスでも、即興のスピーチができる」といった内容が含まれます。この質問項目からもわかるように、セルフ・モニタリングを測定する尺度は、自分自身が状況に合わせて適切に行動することができるという自己認識を測定していると考えられます。そしてこれまでに、セルフ・モニタリング傾向は、孤独感の低さ[11]、向社会的行動傾向の多さ[12]、相互独立的な自己理解[13]、対人不安の低さ[14]といった指標と関連を示すことが明らかにされています。なお、スナイダー自身はセルフ・モニタリングを類型的に捉えることができる特性だと考えています[15]。しかし、実際に尺度としてのセルフ・モニタリングは、低い人から高い人まで連続性を仮定する特性論として測定されています。

リトル[16]は、セルフ・モニタリングが適応的かどうかという議論に関して、環境への適応という観点を考慮することが重要であると述べています。セルフ・モニタリングが高い人物は、さまざまな自己表現が求められる機会の多い都市部では環境に適している一方で、そ

8　石原俊一・水野邦夫（１９９２）
9　岩淵千明ほか（１９８２）
10　石原俊一・水野邦夫（１９９２）
11　諸井克英（１９８５）
12　横塚怜子（１９８９）
13　木内亜紀（１９９６）
14　森本幸子・丹野義彦（２００４）
15　スナイダー（１９９８）
16　リトル（２０１６）

のような機会が少ない農村部ではあまり適していない可能性があるということです。自己表現が求められないような環境では、セルフ・モニタリングが高い個人はかえって落ち着きのなさが目立つことが予想されるため、セルフ・モニタリングが低い個人のほうが適応的であると考えられています[17]。このように、適応を考慮する際にはセルフ・モニタリングと環境との相互作用を考えることが大切だと言えます。

自我消耗と回復

バウマイスター[18]は、自己を制御するために必要な資源が枯渇している状態を**自我消耗**（ego-depletion）[19]と名づけました。そして一連の研究を行う中で、この現象を中心とする自己制御耐久力モデルと呼ばれる心理学的モデルを確立しました。このモデルでは第1に、あらゆる種類の自己制御がすべて同一の資源によって遂行可能であること、第2に自己制御に使用される資源は有限であること、第3に自己制御の資源は経験の反復によって増やすことができるという原則に従うとされています。つまり、自己制御を行うことはエネルギーを消耗させるのですが、それはエネルギー補給を行うことで回復可能であり、経験を積むことによって消耗の度合いが抑制されるということです。そして、自我消耗の状態にある人はそうでない人に比べると、感情や欲求の制御が困難になるなどの問題が生じるとされます。たとえば、マシュマロ・テストのように自己制御によって欲求をがまんする経験をすると、自己制御を行うための資源が枯渇してしまうことから、勉強など別の困難な課題に振り分ける資源が枯渇してしまい、その別の課題をうまくこなすことができなくなってしまうということが生じるのです。

---

17 リトル（２０１６）

18 バウマイスター、ティアニー（２０１３）

19 自己消耗（self-depletion）とも言います。

バウマイスターによると特に、次の４つの領域について自己制御の問題が生じると言います[20]。第１に思考のコントロールであり、課題に集中して解決を見出そうとすることです。第２に感情のコントロールであり、これはその場に適切な感情が表出されるように調整したり、不快な感情を避けたりすることを指します。第３に衝動のコントロールであり、アルコールやタバコ、カロリーの高い食物などの誘惑に逆らうことを意味します。そして第４にパフォーマンスのコントロールであり、これは取り組んでいる作業の正確さと時間の管理を適正なものにしていく機能のことです。

自我消耗の状態に陥った場合には、実際に食糧からのエネルギーを得ることが有効であるとされています。特に、多くの食品に含まれているグルコース（糖分）を得ることで、自己制御のパフォーマンスが回復されると言われています。このことはときに、自己制御を困難にする問題に直面することとなります。たとえば普段の生活の中でダイエットをすることは、自我を消耗させ、資源を枯渇させます。そこでグルコースを得ることは資源の枯渇から回復するために重要な要素なのですが、その行為はダイエットの成功から遠ざかることになってしまうのです。

研究の再現性

近年、心理学の研究について結果の再現性が問題とされる機会が増えています[21]。そしてたとえば、マシュマロ実験についても再現性の検討が行われている状況にあります[22]。この研究では、就学前の子どもたちで測定された**満足遅延傾向**が、その子たちが15歳になった際の学業的達成や行動上の問題に影響するかどうかを検討しています。そして、確かに満

20 バウマイスター、ティアニー（２０１３）
21 チェインバーズ（２０１９）
22 Watts, et al. (2018)

足遅延傾向は15歳時の結果に影響を与えると言えるのですが、その影響はそれほど大きなものとは言えず、さらにその影響は他の変数を統計的に統制するかどうかによって左右される傾向が認められました。満足遅延傾向そのものは、他の認知的な課題などとも関連が認められるように、その重要性を疑う必要はなさそうです。しかし、長期にわたる影響が安定して見られるかどうかという点に関しては、その結果は子どもたちが置かれた状況によるという結論が適切なようです。特に、子どもたちの社会経済的な状況は、満足遅延傾向の長期的な影響が生じるかどうかに影響を与える可能性があると考えられます。

また、自我消耗に関しても、83の研究を統合したメタ分析で十分に効果が確認されたという報告もあるもの[23]、公表された研究が選択的であるという出版バイアスがメタ分析の結果に影響している可能性も指摘されています[24]。多くの人々は、「疲れたら糖分をとる」ということを日常的に行う傾向があります。仕事の合間に甘い物を食べることは、多くの人々にとって自分自身をリフレッシュさせるひとつの方法です。自我消耗とグルコースによる回復という現象に関しては、もしかしたらそのような回復が起きると信じている人々が課題に取り組んだことによる効果である可能性も考えられます。「甘い物を食べたらリフレッシュさせる」という信念が、人々を回復したように思わせる可能性があるのです。

---

23 Hagger, et al. (2010)
24 Carter & McCullough (2014)

●参考書
ウォルター・ミシェル／柴田裕之（訳）（２０１７）『マシュマロ・テスト――成功する子・しない子』早川書房［ミシェル自身による、マシュマロテストに関連する研究の紹介と社会における意義が書かれた一冊です。］
ロイ・バウマイスター、ジョン・ティアニー／渡会圭子（訳）（２０１３）『WILLPOWER 意志力の科学』インターシフト［自己制御と自我消耗の研究がわかりやすくまとめられており、研究の内容を理解するとともに、私たちが日頃心がけるべきことを学ぶことができます。］

22 健康と生活習慣病

生活習慣を改められない背景

日常的な生活習慣がその発症や進行に関与するような疾患群のことを、**生活習慣病**と言います[1]。ここでの生活習慣には、食、運動、休養、喫煙、飲酒、睡眠など、多様な日常的な習慣が含まれます。また代表的な生活習慣病の疾患としては、肥満、歯周病、高脂血症、糖尿病、高血圧症、虚血性心疾患（心筋梗塞や狭心症）、脳血管性障害、悪性腫瘍などを挙げることができます。

門田[2]は、大学生を対象に生活習慣病の予防態度について調査を行っており、生活習慣病の定義については約76％がよく知っており、約17％の学生が生活習慣病への不安が「かなりある」、約49％の学生が「少しはある」と回答したことを報告しています。またそこでは、次のような項目が生活習慣病の予防的態度として挙げられています。それは、「バランスの取れた栄養をとる」「毎日変化のある食生活をする」「食べ過ぎを避け、脂肪を控えめにする」「お酒はほどほどにする」「たばこは吸わないようにする」「塩辛いものは少なめにする」「熱いものはさましてから食べる」ことです。これらのような行動が、大学生たちの間で生活習慣病を予防すると考えられていることがわかります。

ストレスと生活習慣病

ストレスが生活習慣病の発症や経過、再発などに影響を与える経路にはいくつかのものが

1　岡村尚昌・津田彰（2013）
2　門田新一郎（2002）

想定されます[3]。第1に、ストレスの蓄積によって望ましい健康行動が実行困難な状態に陥ることです。ストレスを知覚することで、睡眠が不足したり疲労が蓄積したり、過食や過飲、喫煙量の増加、偏った食習慣や運動不足など、生活習慣の悪化へとつながる可能性があります。このような生活習慣が肥満や動脈硬化などを引き起こすことで、生活習慣病のリスクを増大させます。第2に、生理的な反応です。ストレスによる生理的変化は、生体の多様なシステムが変動しながら安定を保とうとする反応であるアロスタシス反応と呼ばれる反応を引き起こしますが、この反応が過剰になることで破綻をきたし、身体症状が生じるというプロセスです。そして第3に、ネガティブな情動の反応に伴うものです。ストレスは不安や抑うつなど、ネガティブな情動を喚起します。このような情動が慢性化すると、同時に身体面にも問題が現れやすくなってきます。するとその身体的な変化がさらに**ストレッサー**となり、心身の問題が悪化することで生活習慣病へとつながる可能性があるのです。

生活習慣とパーソナリティ

これまでに、日常生活における多様な生活習慣とパーソナリティとの関連が検討されてきています。その中でもここでは、ビッグ5パーソナリティ[4]について検討されてきたいくつかの研究を紹介します。

たとえばステファンら[5]は、歩行スピードとビッグ5パーソナリティとの関連を検討しています。25歳から100歳までの1万5000人以上を対象にした複数の大規模調査の分析から、歩くスピードが速いほど、低い神経症傾向、高い外向性、勤勉性、開放性の傾向があることが明らかにされています。

3　岡村尚昌・津田彰（2013）

4　「1　パーソナリティのビッグ5」の項参照。

5　Stephan, Y. et al. (2017)

また、スーティンら[6]は、身体的な運動量の少なさとビッグ5パーソナリティとの関連を、アメリカ、イギリス、ドイツ、オランダ、オーストラリア、日本で行われた16の大規模調査を統合することで検討しています。調査対象者数は合計12万5０００人以上の成人でした。分析結果から、身体的活動量の少なさは高い神経症傾向、低い外向性、低い協調性、低い勤勉性、低い開放性を示す傾向があることが明らかにされています。

日本においては上野ら[7]が、20歳から69歳の成人4０００名以上のデータを分析し、日常的な運動行動とビッグ5パーソナリティとの関連を検討しています。日常の運動習慣を尋ねた質問項目への回答では、「運動していない」が53・16％であり、次いで「週1～2回程度」が15・58％、「月1回程度」が8・88％であり、ほぼ毎日運動していると回答した人は6・93％にすぎませんでした。また運動している人の中では、30分から60分未満の運動が14・89％であり、次いで20分から30分未満の運動が9・88％でした。そして、ビッグ5パーソナリティと運動活動傾向との関連を検討すると、運動をする傾向がある人ほど神経症傾向が低く、外向性、開放性、協調性、勤勉性が高い傾向が認められました。この結果は、海外で見出された身体的な運動量とビッグ5パーソナリティとの関連に一致するものです。したがって日本でも海外でも、身体的な活動の多さにはある程度共通したパーソナリティが関与している可能性が考えられます。

心理社会的ストレス因子

ストレスという用語は今では一般的なものとなっており、多くの人々が日常の会話の中で用いる単語となっています。ストレスとは外部で生じる何らかの刺激によって、心身に

6　Sutin, et al. (2016)

7　上野雄己・小塩真司（2019）

影響がもたらされている状態のことを指します。そして、その外部からの刺激のことを**ストレッサー**と呼び、ストレッサーによって引き起こされる心身の反応のことを**ストレス反応**と呼びます。

日常的に影響を及ぼすストレッサーには多種多様なものが含まれており、その程度もさまざまです。たとえば今日の夕食を何にするかというような、日々の生活の中で生じる些細な出来事がストレッサーとなることもありますし、生命に関わるような重大な出来事がストレッサーとなることもあります。

加えて、同じストレッサーを経験したとしても、個人によってその反応の仕方はさまざまです。些細な出来事が重大な心身の問題につながる人もいれば、重大な出来事を経験しても大きな問題を示さない人もいます。ラザルスとフォルクマン[8]は、このような個人差の背景にあるプロセスについて、認知的評価と**コーピング**（対処方略）の観点から捉えるトランスアクショナル・モデルと呼ばれるプロセスモデルを用いて説明しています（図22-1）。コーピングとは、ストレッサーに対してうまく対応し、コントロールするために行われる認知的な努力のことを指します。

このモデルでは、まずストレッサーが生起する先行要因が想定されています。ここでは、個人が特定の価値観や信念をもって行動し、環境要因との相互作用を行う中で出来事を知覚していきます。そして次に媒介プロセスへと進み、生じたストレッサーの評価が行われます。この中では、一次的評価、二次的評価、再評価、コーピングという認知的な処理によって、出来事の評価がなされます。一次的評価では、ストレッサーがどの程度の脅威をもたらすか、その可能性が評価されます。二次的評価では、その出来事に対して自分自身がコントロール

8　Lazarus & Folkman (1984)

先行要因	→ 媒介プロセス	→ 短期的影響	→ 長期的影響
個人要因 価値観：コミットメント 信念：統制可能性 環境要因 状況による圧力・強制 社会的サポート欠如 漠然とした危険 差し迫った危険	一次的評価 二次的評価 再評価 対処（コーピング） 問題焦点型対処 情動焦点型対処 社会的サポートの探究、獲得、活用	生理化学的変化 感情・情動の変化 肯定的方向 否定的方向 多様な体験内容	身体的健康 身体的疾患 モラール （自信・意欲） 社会的機能

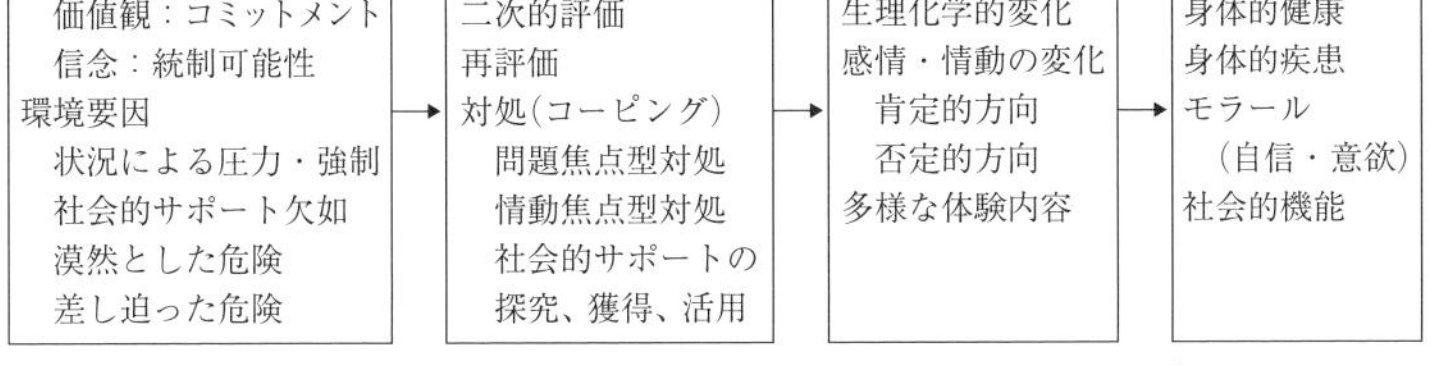

図22-1　ストレスと対処、適応のモデル
（Lazarus & Folkman, 1984 に基づき作成）

できるかどうかが評価され、コーピングの可能性が吟味されます。そして、何らかの形で対処が可能だと認識されると、ストレスに対処する過程であるコーピングが行われるようになります。そこでは、問題に対して直接的に対応しようとする問題焦点型のコーピング、自分が抱いているネガティブな感情に対して対処しようとする情動焦点型のコーピング、また周囲に支援を求めようとする行動へとつながっていきます。さらに、これらの認知的な評価は常に新しい環境や情報と照らし合わされ、再評価が行われるのです。

ここまでの認知的なプロセスによって、身体面や情動面に短期的な変化が生じる影響がもたらされます。それは、一時的な心身の不調や感情の揺れ動きなどです。そして、その短期的な影響が慢性化していくことで、心身の慢性的な疾患やモラール（自信・意欲など）の低下、さらに日常生活に支障が生じる可能性が出てきます。この一連のプロセスには多くの心理的な要因が関与していることが明らかにされており、多くの研究でストレスに対する個人差の説明が試みられています。

ストレスへの対処

ラザルスらのモデルでは、ストレスへの対処方略であるストレス・コーピングにも複数の方法があることが示されています。二次的評価においてストレッサーのコントロール可能性が評価され、その評価に応じて対処の仕方が決まっていくのですが、そこでは状況の要因と個人の要因が複雑に絡み合います。

問題焦点型コーピングはストレッサーに直接はたらきかけ、ストレッサーを解決しようと試みるコーピングのスタイルです。そして、情動焦点型コーピングはストレス過程において生じた情動を和らげようとすることに焦点をあてるコーピングのスタイルです。たとえば、試験期間が近づいており、その試験がストレッサーになっていると知覚されたと考えてみましょう。問題焦点型コーピングでは、そのストレッサーの影響を和らげるために勉強を行うことで対処しようとし、情動焦点型コーピングでは、生じている不快感を和らげるためにゲームなどをして気を紛らわせる方策がとられます。

しかし、どの方向性のコーピングを選択し、さらに具体的にどの行動を行っていくのかについては、個人や文脈で異なっています。したがって、明確な分類が困難であることも指摘されています[9]。たとえば、ある人にとってストレッサーとなる学力試験が近づいているときに、問題焦点型コーピングに基づいて良い成績をとることを目的として一生懸命に勉強を行う場合もあれば、情動焦点型コーピングに基づいて不安を和らげることを目的として勉強を行う場合もあります。同じ行動が観察されたとしても、その背後にあるコーピングのスタイルが異なっている場合があるのです。このように、意図と行為の内容が必ずしも合致するとは限らない点には、注意が必要です。

ストレスを和らげる緩衝効果をもつもうひとつの要素が、**社会的サポート**です。社会的サポートとは、周囲の人々から受ける支援のことを意味します。社会的サポートは、個人がコーピングを行う際に利用するコーピング資源としてはたらくことが仮定されています。サポートを受けると、コーピングへの従事しやすさやコーピングを行う動機づけを高めるように作用するということです。サポートの与え手であるサポート源には、親や友人、教師や恋人など、多様な人物が考えられます。また、サポートの内容に関しては、具体的な作業、金銭、ものによる支援などの道具的サポート、対処に有益な情報の提供となる情報的サポート、

9　高本真寛・相川充（2012）

悩みを聞くなどして不安や落ち込みを和らげる情緒的サポートなどを挙げることができます。青年を対象にサポート源とサポートの内容について検討した研究によると、親友など同性の友人は情緒的サポートと道具的なサポートの双方が多く、それに対して家族のメンバーは道具的なサポートが多い傾向にあるという結果が報告されています[10]。家族メンバーは情緒的なサポートを行うのではないかという印象がありますが、それは子どもが児童期であるか青年期であるかによって変わってくる可能性があります。また、友人に比べ家族が子どもに与えるサポートは、情緒的な問題の支援というよりは、具体的なものや金銭による支援が大きな比率を占めるということが言えるのかもしれません。

10　嶋信宏（1994）

●参考書
福間詳（2017）『ストレスのはなし——メカニズムと対処法』中央公論新社［ストレッサーの多い現代社会において、ストレスをどのように捉え、対処するかは大きな問題です。本書はストレスの研究の歴史から具体的な対処まで、わかりやすくまとめられています。］
リチャード・S・ラザルス、スーザン・フォルクマン／本明寛・春木豊・織田正美（監訳）（1991）『ストレスの心理学——認知的評価と対処の研究』実務教育出版［ラザルスらのストレス理論について解説する専門書ですが、その理論の全貌と現実への応用を考えていく上での必読書です。］

23 多文化共生とパーソナリティ

パーソナリティは戦略的リソース

パーソナリティの開放性が高い人は内的感受性が強く、多様性を好み、好奇心が強い。5因子モデルでは開放性を知性として捉え、特に拡散的思考と関係し、権威に疑問を投げかけ、新しい論理や社会・政治的思考に好意的である。協調性（調和性）は、温厚で人と協力することを望み、対人社会性に関わる能力として価値や文化の多様性を認め、自己の判断を相対化して多様な社会的スキル[1]を身につけることができる。こう書くと、開放性や協調性はいかにも異文化適応にふさわしいように聞こえますが、新しい環境に適応しようとする時、私たちは自分のパーソナリティを変えようとはしません。

自分のパーソナリティ・行動の仕方を戦略的に活かして活動の場所を選択するか、生きやすいようにその場を変えようとします。すなわち、変えるのはパーソナリティではなく行動です。

グローバル化社会と文化——文化心理学の視点

心理学の文化研究は、文化とパーソナリティに関する一連の研究に始まり、社会から文化の次元を抽出して国際比較し、特徴分析へと進んできました。一例を挙げれば、マーカスと北山[2]は相互独立的自己観と相互協調的自己観という自己観の文化差の研究をし、ニスベット[3]は分析的思考と包括的思考という思考や認知様式の文化差を明らかにしてきま

1 「14 社会的スキル」の項参照。
2 Markus & Kitayama (1991)
3 Nisbett (2003/2004)
4 外山みどり（２０１９）

した[4]。しかし、社会は見知った仲間と暮らすことが当たり前だった長く続いた時代から、世界が1つの大きな社会になり、言語や価値観、文化、習慣が異なる「異質の他者」と政治・経済・文化・社会のあらゆる次元で相互交流が不可避な**グローバル社会**へと突入しました[5]。その背景としては、東西冷戦体制の崩壊が資本主義とネオリベラリズムをもたらし、これに情報技術の革新が加わって、ヒト・モノ・カネ・情報が国境や大陸を越えて地球規模で飛び交う、ハンチントンの言う『文明の衝突』[6]があり、放置できないほどの個人間、国家間の格差を生み出しています。

文化とヒトの関係について増田ら[7]は、風景画などの文化的産物（cultural products）を例に、欧米文化圏では絵画的技法である線遠近法が発明された時期と個人主義思想が生まれた時期が一致しており、そこには分析的認知傾向の特徴が反映されていますが、他方、東アジアの風景画は長い巻物に風景や物語を連綿と描く技法と、現実の可視性にとらわれずに多数の要素を1つの画面に描き込むフラットな画面や、上部から鳥瞰的に描く技法には包括的認知傾向の特徴が現れていると指摘しています。すなわち文化的産物にはその文化特有の認知傾向が反映されています。今後、文化特有の認知傾向が何歳頃から見出されるかの発達研究や認知パターンの神経科学的基盤を問う研究へと発展することは、アカデミックな意義のみならず、異文化共生の問題を考える上でも重要な前進になると考えられています[8]。

社会的共生を妨げる心性——偏見・差別から蔑みと排斥へ

男女共同参画社会基本法が施行され、**バリアフリー化**、**ノーマライゼーション**、そして**ユニバーサル・デザイン**という考え方も知られるようになりました。ここからは現代社会が

5　石戸光（２００７）

6　Huntington (1996/1998)

7　増田貴彦（２０１４）、増田貴彦・山岸俊男（２０１０）

8　増田貴彦（２０１７）

平等主義をむねとして、弱い立場にある者、障害を抱える者、自分たちと異なる社会文化的背景を持つ民族、異教・異端者、外国籍者などに対して、彼らの特性を理解した上で、自分たちと同等の立場で接し、支え合いながら共に暮らすという価値観をすでに身につけているように思えます。しかし、障害者や男女差別の例を挙げるまでもなく、**偏見**や**差別**が解消されたとは言えない現実があります。

偏見、差別に関わる心理学の知見には、以下のような理論が唱えられています。(1)人間の思考や行動を支える**情報処理の二過程論**――人間の情報処理には、意識的な統制に基づいて進行する過程と、意識的統制の及ばない自動的処理過程があるとする理論。意識的統制が及ぶ状況では偏見や差別は抑えられていますが、統制が及ばない状況ではステレオタイプに基づく差別的言動が自動的に出てしまい、さらに、それを抑制しようとすると、かえって差別的な言動や思考が生じやすくなるリバウンド効果が生じます。(2)秩序と安定こそが心理的安寧をもたらすと考える**システム正当化論**――人間は本来的に現状維持を好み、変化に抵抗する心性を備えています。それゆえ、不合理で不条理な差別や偏見を目の当たりにしても、巧みに否認して現状を正当化する心的機制が働くとする理論。(3)**内集団ひいきと外集団蔑視**――個人にとっての集団所属は自己と社会を結ぶ重要なより所ゆえに、自分の所属する集団(内集団)の目標や利益を脅かす他の集団(外集団)を敵視し排斥する必然性があるとする**集団葛藤理論**、ないし、内集団の優位性を確認する必要から不可避的に集団間差別が生起するとの**社会的アイデンティティ論**。

これらの理論には、人間が自分と異質な存在を受け入れ、共生することがいかに困難であるか、そして素朴な博愛主義では乗り越えがたい現状が浮き彫りにされています。これらの差別への対処法としては、双方の価値観や世界観を相対化し、それぞれの精神基盤や存立基盤が共に保証されるような仕組み、制度設計が不可欠です[9]。

社会適応と異文化適応――適応のメカニズムと要因

学校や働く個人をとりまく環境変化の速さ、激しさが国内外を問わず、増しています。大卒者の3割以上が就職後3年以内に離職する状況にあって、学校から職場への移行や職場適応など新たな環境への適応について、組織社会化研究、海外留学生の異文化適応、進化心理学の3視点から適応のメカニズムが探られています[10]。竹内[11]は、いち早く組織に適応していくためには、図23－1に示すように、自分から仕事のやり方や成果に関する質問をして、上司や同僚とよい人間関係を築き、物事の良い面を見ようとする**ポジティブ・フレーミング**を身につけることを推奨しています。受け入れ側（組織）の努力としては、組織社会化戦術の成果から、仕事を教えるのは上司、会社の規範や暗黙のルールを教えるのは先輩の役割と言います。島田ら[12]は、元留学生社員に対して、経験から学ぶことができる個人ほど異文化への適応力も高いと指摘します。うまくいかないときに何が問題かをメタ的に認知し、必要な情報を探索し、次にどう行動するかを判断しながら行動する必要があります。他方、上司に必要なのは問う力で、知能指数は文化的適応とほとんど相関がありません。平石は進化心理学の視点から、他者を信頼すれば新しい社会的信頼を築くことができますが、しかし、内向的で非協調的な人も一定数存在して、自然淘汰された形跡は見当たりません。つまり、人は成長する過程で自分のパーソナリティをよく学び、自分に合ったやり方（戦略）を見つけ、社会のなかで上手に自分の居場所を見つけていくと述べています。環境によって、

9　池上知子（2012、2015）
10　RMS Message (2015)
11　竹内倫和（2009）
12　島田徳子・中原淳（2014）

どのような社会を作ることが集団にとって適応的かが決まり、人は自ら環境を変えて、そこに適応していくスキルを持っているのです。こう考えると、大卒者が3年で30%離職することは、人類の大いなる力と見ることもできます[13]。

国際バカロレア（**IB**：International Baccalaureate）は、ヨーロッパの国際機関で働く子弟の高等教育との接続を考えて作られた教育プログラムです。カリキュラムは知識の理論、課題エッセイ6教科、CAS[14]と呼ばれる体験活動の3つをコアとしたプログラムで、近代型の国民国家の学校知とは一線を画す教育内容となっています。IBのカリキュラムは自国の大学へ進学したい場合はその国の文化への再適応が求められます。したがって、教育目標の中核に自国文化の継承と誇りの育成を掲げる国では、IBの導入を意識的に避けたり、私立と公立学校の格差が大きい国では、IB導入はさらに格差を広げることになるとして、導入に消極的な態度を取っています[15]。

異文化適応力尺度として、ホフステード[16]の「国民文化6次元モデル」は、各国の文化的価値観の違いを自国との違いで把握すべく、権力格差、集団主義対個人主義、女性性対男性性、不確実性の回避度、短期志向対長期志向、人生の楽しみ方で文化的価値観の違いが説明できるとしています。「異文化感受性発達尺度」（IDI：The Intercultural Development Inventory）は、ベネット[17]の「異文化感受性発達モデル」（DMIS：The Developmental Model of Intercultural Sensitivity）をもとに各発達段階を尺度化した心理テストとして開発されました。DMISは構成主義や認知的複雑性理論に依拠していて、文化的差異の経験がどのように認知されるかについて、自己文化中心的から文化相対的へと個人の世界観の構造が発達し、複雑化するにつれ、異文化に対する主観的経験も変化していく過程を6段階[18]

13 平石界（2013）

14 CASはCreativity、Action、Serviceの頭文字を取ったもので、美術や音楽などの芸術実践とスポーツやボランティア活動を通じて、創造性と身体的・社会的スキルの育成を目的としています。

	入社前		入社後
個人 → 組織	環境キャリア探索行動（積極的な業界・会社研究）	➡	プロアクティブ行動 • 仕事の意味づけ • 人間関係構築 • ポジティブフレーミング
組織 → 個人	RJP・ROP（リアルな職務・組織情報の提供）	➡	組織社会化戦術 • 導入研修 • キャリアパスの提示 • 職場における役割モデル

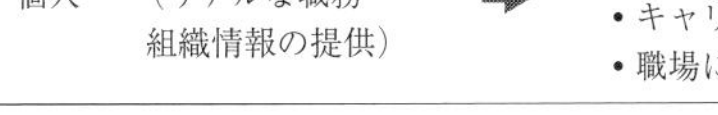

図23-1 入社者の組織適応を促進する要因例
（RMS Message, 2015 より）

で示すようになっています[19]。以上、極めて多様な視点と研究方法が使われていて、定型的な研究法や汎用的な要因リストは見当たりません。しかし、これはある意味、個人要因や状況要因が関わることを考えれば当然だと考えられます。

多文化共生に向けて――パーソナリティは戦略的リソース

先述した増田ら[20]は、環境の変化が人々の生き方とどのように関わっているのか、どのような生き方が可能で、人々を幸せにするのかといった問題を扱う「生き方の科学」を提供することが文化心理学に求められていると言っています。進化心理学が適応的環境を固定的に捉えすぎ、心の普遍性を強調しすぎてきた点を修正して、環境から喚起されることで生じる文化（evoked culture）と、伝達される文化（transmitted culture）を対比的に検討することで、環境が文化の内容を喚起していると考える十分な理由があり、その背後には社会的な学習能力の進化こそが人間を文化的存在たらしめたと指摘しています。知識の蓄積は典型的には道具の発展という形をとって進んできましたが、人々の考え方や行動を導くさまざまな概念や規則、あるいは世界を解釈するための枠組みも、こうした知識の蓄積と伝達のプロセスを経て生み出されてきました。そして、蓄積され伝承された文化の内容は、生態学的環境や時間を越えて転移が可能です。生き方の科学としての文化心理学の今後の発展は、人間は自らが行動することで自分たちの暮らす環境を作り出す存在であるという事実と、そうした人間の活動は人々が身につけている文化的スキルに導かれているという2つの事実を1つの理論体系にいかに統合できるかにかかっていると結んでいます。

社会文化適応はどの立場／状況で、何を目的として、どんな準備／リソースを持って臨む

15　渡邉雅子（2014）、紅林伸幸（2012）

16　Hofstede, et al. (2010/2013)、白木三秀（2016）

17　Bennett (1986)

18　6段階とは自文化中心的（違いの否定、違いからの防衛、違いの最小化）と文化相対的（違いの受容、違いへの適応、違いとの統合）を指します。

19　Hammer, et al. (2003)、山本志都（2014）

20　増田貴彦・山岸俊男（2010）

21　田中共子（2009）

か、換言すれば、自己との関わり／自己理解から始めるしかないとするなら、人間は文化・社会的存在であると同時に、生物学的存在であることを忘れてはならないでしょう。

因みに、多文化社会に心理学はどう貢献できるかとの論文の中で田中[21]は、**異文化接触**に対して心理学が貢献するには、（1）審議会や諮問会議のメンバーに入り、社会のシンクタンク機能を果たす、（2）マスコミを通じて異文化接触への関心を喚起し、社会の理解を促す働きかけを進める、（3）心理教育やマネジメントなど、異文化接触に活用できる心理技術を開発・提供する、（4）職業としての心理学を確立し、現実の社会問題解決に貢献できる立場を社会的に確保する、が目標となると書いています。

●参考書

リチャード・E・ニスベット／村本由紀子（訳）（2004）『木を見る西洋人森を見る東洋人――思考の違いはいかにして生まれるか』ダイヤモンド社［思考の普遍性の誤りを指摘された事に始まり、古代ギリシャと中国思想の違い、相互独立／相互協調など圧倒的なデータを示します。しかし文化へのアプローチは多様でしょう。］

増田貴彦・山岸俊男（共著）（2010）『文化心理学――心がつくる文化、文化がつくる心［上］［下］』培風館［文化と人を相互規定的に捉えて、低次の知覚のレベルまで暗黙の世界観の違いが及んでいること、心と文化の相互構築にかんする理論的アプローチが紹介されています。］

G・ホフステード、G・J・ホフステード、M・ミンコフ／岩井八郎・岩井紀子（訳）（2013）『多文化世界――違いを学び未来への道を探る（原書第3版）』有斐閣［文化の違いが、いかに行動の衝突を生むか。価値観調査の報告と因子分析による4次元での検討。異文化コミュニケーションや共生へのアドバイスが語られています。］

24　発達障害

補償教育か才能教育か

いわゆる**発達障害**が、近年注目を浴びています。ストレス耐性が低く思春期以降に二次障害や情緒障害との合併症を示しやすく、乳幼児期からの気になる子どもたちがいます。症状（symptom）なのか行動の欠陥（deficit）なのか、個人の発達のアンバランスあるいは個性なのかが議論されているとともに、就学前から義務教育段階、そして大学への受け入れ体制から就業など、支援の体制整備とチームワークが求められています。早期発見／早期支援、本人と家族、そして保育園や幼稚園への支援と連携をどう構築するか、補償教育なのか才能教育なのかなど、発達障害の現状と課題について検討していきます。

発達障害の診断――APAの診断基準DSM－5とWHOのICD－11

発達障害を疑い、何らかの診断や支援に結びつくきっかけは、1歳6ヶ月児と3歳（3歳6ヶ月）児健診です。健診では、ことばや精神発達などの調査や検査、個別の心理（発達）相談、心理・発達面のリスク児への対応、他機関との連携などがなされます[1]。表24－1に予診で行われる健康診査票の項目を示しました。1歳6ヶ月児健診ではことばの発達（「表出言語」「理解言語」「指さし」）に関しては90％前後の市で調べていましたが、人との関わり（「母親への愛着行動」「呼名への反応」「周囲の人や他児への関心」）に関する内容はことばの発達に関する内容より質問率は低下します。3歳（3歳6ヶ月）児健診では、発達障

1　笹森洋樹ほか（2010）

害の一種である、後述する**ＡＤＨＤ**（Attention-Deficit Hyperactivity Disorder）や**自閉症スペクトラム障害**の特徴である「多動」「注意集中」「目つき」「音への反応」や、「特定のものへのこだわり」の項目は47％～83％とばらつきがあり、スクリーニングの機会とするには項目の検討が必要です。幼稚園・保育所で個別的な配慮を必要とする幼児の発見・支援に関する調査では、発達障害のある幼児の在籍状況や状態像、気づいた時期や人、保育に伴う配慮や工夫について実態調査しています。自閉症スペクトラム障害やＡＤＨＤなど、障害の疑いのある幼児が示す状態像について、表24‐2に、保育所の結果を示しました。こうした配慮児の状態像の現れ方は年齢によっても異なりますが、多い順に記すと、「人と関わることが苦手」「動きが多く落ち着かない」「集団行動ができない」「こだわりが強い」「指示に従わない」が多く、これらの状態像に比べて、「ある面で年齢相応以上の知識がある」「高い所に上がることが好き」など、好きなことや得意なことの項目は少ないという結果でした。この傾向は幼稚園調査でもほぼ同様でした。

表24-1　予診で行われる健康診査票の項目
市数とは人口規模により５段階に分け、無作為抽出した調査対象の市の数。

１歳６ヶ月児健診 健康診査票の項目	市数 (n=140)	３歳（３歳６ヶ月）児健診 健康診査票の項目	市数 (n=141)
表出言語	97%	多動	70%
理解言語	89	注意集中	68
指さし	92	目つき	79
母親への愛着行動	65	音への反応	83
呼名への反応	78	特定のものへのこだわり	47
周囲の人や他児への関心	83	質問しよく話す	55
その他	24	その他	30

表24-2　配慮児の状態像（保育所調査）

		0歳児	1歳児	2歳児	3歳児	4歳児	5歳児
①指示に従わない	人数	16	34	72	72	55	59
	保育所数	9	27	41	41	34	36
②集団行動ができない	人数	15	35	76	76	59	75
	保育所数	10	26	43	43	37	41
③人と関わることが苦手	人数	20	36	82	82	77	87
	保育所数	12	27	45	45	43	42
④動きが多く落ち着かない	人数	19	44	75	75	76	85
	保育所数	12	33	44	44	43	43
⑤高い所に上がることが好き	人数	3	16	17	17	15	14
	保育所数	3	12	14	14	11	11
⑥こだわりが強い	人数	16	35	65	65	55	67
	保育所数	12	30	46	46	31	34
⑦ある面で年齢相応以上の知識がある	人数	3	7	13	13	20	39
	保育所数	3	5	12	12	17	29
⑧突然、他児を殴ったり押したりする	人数	9	29	43	43	41	44
	保育所数	8	20	34	34	27	31
⑨その他	人数	9	30	45	45	39	35
	保育所数	7	22	25	25	25	23

発達障害が疑われる幼児の診断や症状については、小児精神科医がアメリカ精神医学会（APA）[2]の改訂診断基準「DSM－5」[3][4]に基づき、2004年に改訂された世界保健機構の「国際疾病分類第11版」（ICD－11）[5]を参考にして診断します。今回のDSM－5の改訂では、発達障害は神経発達障害（Neurodevelopmental Disorders）という名称が使用され、知的障害、コミュニケーション障害、自閉症スペクトラム障害、注意欠如・多動性障害（ADHD）、特殊的学習障害、運動障害の6つの障害に分類されています。そこでは、DSM－Ⅳの精神遅滞は**知的障害**（Intellectual Disabilities）となり、広汎性発達障害は図24－1に示したように、左側の亜型分類を廃止し、**自閉症スペクトラム障害**（Autism Spectrum Disorder：ASD）という単一の診断基準にまとめられました[6]。また、ASDを定義する症状は、図24－2のように、社会的コミュニケーションの障害と常同的・限定的な行動（RRB：repetitive/restrictive behavior）という2つの症状にまとめられました。さらに、DSM－5の知的障害には知的発達障害、全般的発達遅滞、特定不能の知的障害（ICD－11では知的発達障害）の3つの下位分類が挙げられています[7]。このように書いてきましたが、日本では診断は医師の仕事であり、心理学者や公認心理師（臨床心理士を含む）は医師法により診断できません。

自閉スペクトラム症、限局性学習障害、注意欠陥多動性症——対応と支援

発達障害（児）者や保育にあたる保育士・幼稚園教諭に対する対応や保育児への支援の例として、渡辺[8]は発達障害の定義、発達障害者支援法、診断に触れた後、知能レベルを知るための各種知能検査と知的特徴を捉える検査（K－ABC）[9]と自閉症児を対象とした検

2　APA：American Psychiatric Association

3　DSM－5：Diagnostic and Statistical Manual of Mental Disorders. Fifth Edition

4　American Psychiatric Association（著）日本精神神経学会（監修）高橋三郎・大野裕（監訳）（2014）『DSM－5 精神疾患の診断・統計マニュアル』医学書院

5　ICD－11：International Statistical Classification of Diseases and Related Health Problems, 11th Revision

6　Rett障害・Rett症候群は小児神経学者 A. Rett 氏により記載された、女児に発症する中枢神経の発達障害。日本レット症候群協会などの支援組織があります。

7　鷲見聡（2018）、宮川充司（2014）、桑原斉（2014）、黒田美保（2014）

8　渡辺千歳（2018）

9　K－ABCは Kaufman Assessment Battery for Children の略称。認知処理過程（同時処理と継次処理）、習

査（PEP）[10]について説明しています。そして、自閉スペクトラム症のうち、知能レベルの高い**アスペルガー症候群**の特徴として、対人感受性が乏しく、一方通行のコミュニケーション、固執性が強く変化に対応できず、思い込みが激しいとし、得意不得意はあっても年齢相応の学力に、得意分野があればスペシャリストにするのが発達目標だが、それでも生活上のサポートは必要であると指摘しています。そしてパニックへの対応／回避の方法として、絵カードを利用して本人の要求を他者に伝え／他者の指示を本人に伝える試みや、絵カードを並べたスケジュール表の作成、衝立・間仕切りを利用してのクールダウン、病院・お店・託児の際は自閉児とのコミュニケーションの取り方、こだわりや癖、避けて欲しい遊び、それにパニックへの対応などを記したサポートカード／サポートブックの利用が有効であるとしています。

学習障害（LD）については次のように指摘しています――局限性学習症[11]の障害としての読解・書字・算数の困難児の学力は暦年齢より明らかに低く、学業・職業遂行・日常生活に悪影響を及ぼす。困難が1つだけの場合も複数持つ場合もあり、知能レベルに問題はないが障害が学力に影響を及ぼす。幼児期のLDサスペクト児[12]は学校教育が始まらないとLDは判明しない。幼稚園保育園での鏡文字

広汎性発達障害（PDD）
自閉性障害
アスペルガー障害
特定不能の広汎性発達障害（PDDNOS）
小児期崩壊性障害
ASD（自閉症スペクトラム障害）
Rett 障害 → Rett 症候群

図 24-1　発達障害の分類変更（桑原, 2014 に加筆）

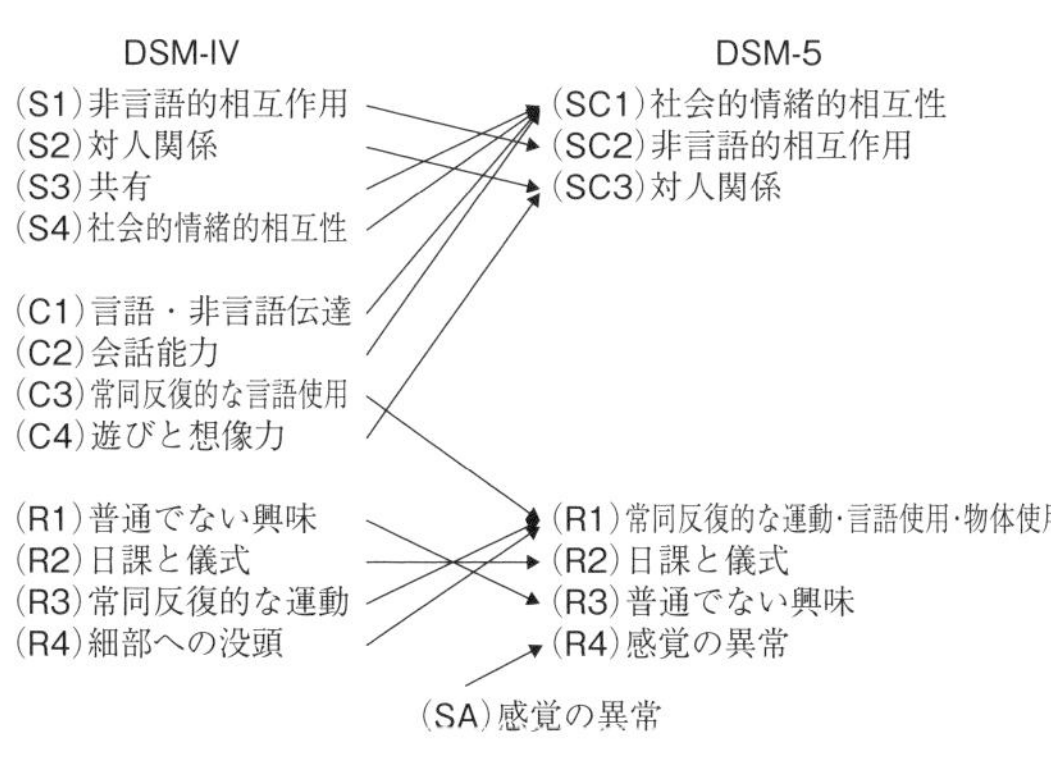

図 24-2　ＤＳＭ-Ⅳの３因子モデルとＤＳＭ-５の２因子モデルの関係（桑原, 2014）

得度（学習能力、計画能力）の４つの能力が把握できます。現在Ｋ－ＡＢＣ－Ⅱ。

10　ＰＥＰはPsychoeducational Profileの略称。Eric Schoplerらが、ノースカロライナ大学医学部付属ＴＥＡＣＣＨプログラム実施に際して自閉症

や1字ずつの拾い読みは幼児にはよく見られる現象で、ＬＤが疑われる子どもには、極端な不器用、描画が下手で絵を描こうとしない、動作や振り付けを模倣できない、言語表出の発達の遅れなどが認められる。

注意欠如多動症（ＡＤＨＤ）については、基本的には知的障害はないが、境界知能付近では理解に困難が生じること、集団行動には不適応を起こすので、学業成績は低い場合が多いこと、しかし、過集中でバイタリティがあるので、社会的に成功する場合も少なくないことを指摘しています。ＡＤＨＤの子どもには注意困難（集中できない・持続しない・集中しすぎる）は必ずあり、多動性衝動的（落ち着かない・突発的に何かする）行動ばかりする子もいます。年齢不相応な多動性が問題なのであり、健康な幼児はもともとよく動くもので安易に障害を疑ってはいけないとしています。

渡辺はまとめとして、「ＮＰＯ法人えじそんくらぶ」[13]を紹介し、（１）早期発見し、周囲の人が接し方を間違わないようにする、（２）いずれ本人も自分の苦手などの特徴を認識し、受け入れる必要がある、（３）障害を克服するのではなく、困難が軽減できるように環境を変えることが重要、（４）得意なこと・できそうなことを伸ばし、便利な機器は活用して、ＱＯＬを豊かにすることが大切、と結んでいます。

特別な教育的ニーズ――特殊教育から特別支援教育へ

特別な教育的ニーズ（ＳＥＮ：Special Educational Needs）とは、障害のカテゴリーによるのではなく本人の「学習の困難さ」に必要な「特別な教育の手だて」のことであると、英国の教育制度において定義されています。その背景には、マリー・ウォーノックを委員長に

支援にエビデンスを与えるために開発したアセスメントテスト。現在はＰＥＰ－３。

11 局限性学習症は読む、書く、計算するといった特定のことがうまくできない発達障害。

12 ＬＤ（Learning Disability）が疑われる（suspect）児童を言います。

13 「理解と支援で障害を個性に」を標語に、子育てに悩む友人たちとともに設立したＮＰＯ法人。会報やリーフレットも発刊しています（http://e-club.jp、２０２０年11月17日アクセス）。

設置された障害児者教育調査委員会[14]による、「ウォーノック報告」（１９７８年）があります。医学的、病理学的観点から診断された障害ではなく、学習の困難さと教育的措置による観点から捉えた新たな教育学的観点を提示し、教育の質を高める観点から教育はできる限り通常の学校で行われるべきだと提唱しました。この報告を機に、障害に代わって特別な教育的ニーズ（ＳＥＮ）と呼ばれる概念が使用されるようになりました[15]。

そして１９９４年に、すべての人を対象に、個人を尊重し、学習を支援し、個別のニーズに対応する活動が必要であると表明した「サラマンカ宣言」が出されました。そこでは、障害の有無にかかわらず、学校などの教育システムは子どもの多様な特性や能力、関心に応じて教育計画を立案、実施する必要があるとして、**インクルーシブ教育**（inclusive education）ないし保育への転換が提言されました[16]。この流れを受けて、ＵＮＥＳＣＯやＯＥＣＤなどの国際機関が中心となって、世界各国でインクルーシブな教育を目指す取り組みが行われています。

日本においても、特殊教育から障害のある子どもの一人ひとりの教育的ニーズに応じる**特別支援教育**が学校教育法改正に基づき平成19（２００７）年度から本格的に始まりました。この制度改正で、知的な遅れのない発達障害も含めて、今までの特殊教育では支援の対象となっていなかったＡＳＤ、ＬＤ、ＡＤＨＤ等の神経発達症を特別支援教育の対象とし、特別な支援を必要とする幼児児童生徒が在籍する全ての教育機関において特別支援教育が実施されることとなりました。これらの子どもの多くは、通常の学級に在籍し、何らかの課題を抱えている子どもたちです[17]。

一方、**知的ギフテッド**は、知的発達水準の高さから理解されにくいですが、認知的なアン

14　障害児者教育調査委員会：Committee of Enquiry into the Education of Handicapped Children and Young People

15　Warnock (1978)

16　World Conference on Special Needs Education (1994)

17　横尾俊（２００８）

バランスをもつことによる学習上の困り感、パーソナリティ・行動特徴による生活適応の困り感を持つことが確認されています。知的ギフテッドの子どもは、高い潜在能力の欲求を満たす教育内容と神経発達症に準じた問題への支援という2つの特別な教育的ニーズを持つと考えられ、この認知的バランスの不整合状態は、優れた潜在能力の伸長と神経発達症特性の補償という2重に特別（2Ｅ[18]）な教育的ニーズを生むと言えます[19][20]。

また日本では、2014年に国連の障害者の権利に関する条約（通称、障害者権利条約）を批准しました。この中の**合理的配慮**（reasonable accommodation）とは、障害のある人が他の人同様の人権と基本的自由を享受できるように、物事の本質を変えてしまったり、多大な負担を強いたりしない限りにおいて、配慮や調整を行うこととして、障害者権利条約第2条に定義されています。これを受けて、平林[21]は学習領域におけるＩＣＴを用いた合理的配慮を提案するとともに、試験や教育において評価される教育目標としての本質的（essential）能力と、教育手段としての機能代替を整理する理論的実践的研究が必要と述べています。また、これまでの特殊教育から特別支援教育への制度・支援体制の変化を見ていくと、ＷＨＯのＩＣＦ－ＣＹ[22]での障害観の転換があります。これまでの障害モデルは、疾病（diseases）→機能・形態障害（impairments）→能力障害（disabilities）→社会的不利（handicaps）というベクトルが一方向に作用する構造になっていました。新しいＩＣＦ分類では図24－4に示したように、人の生活機能を心身機能・身体構造、活動、参加の

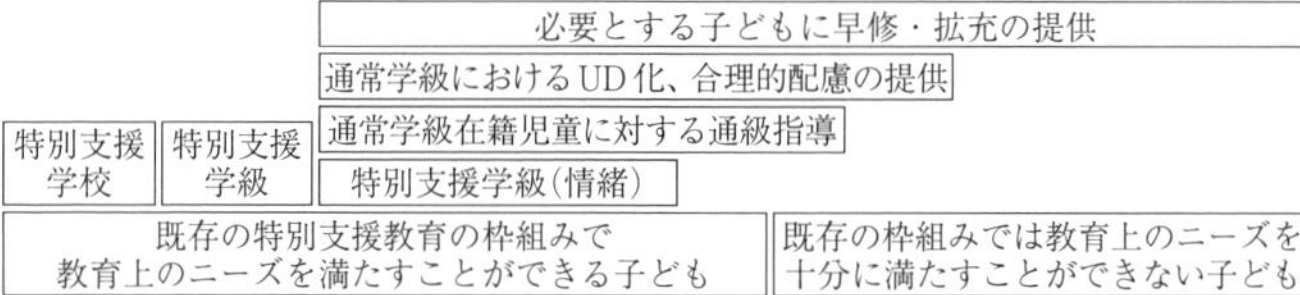

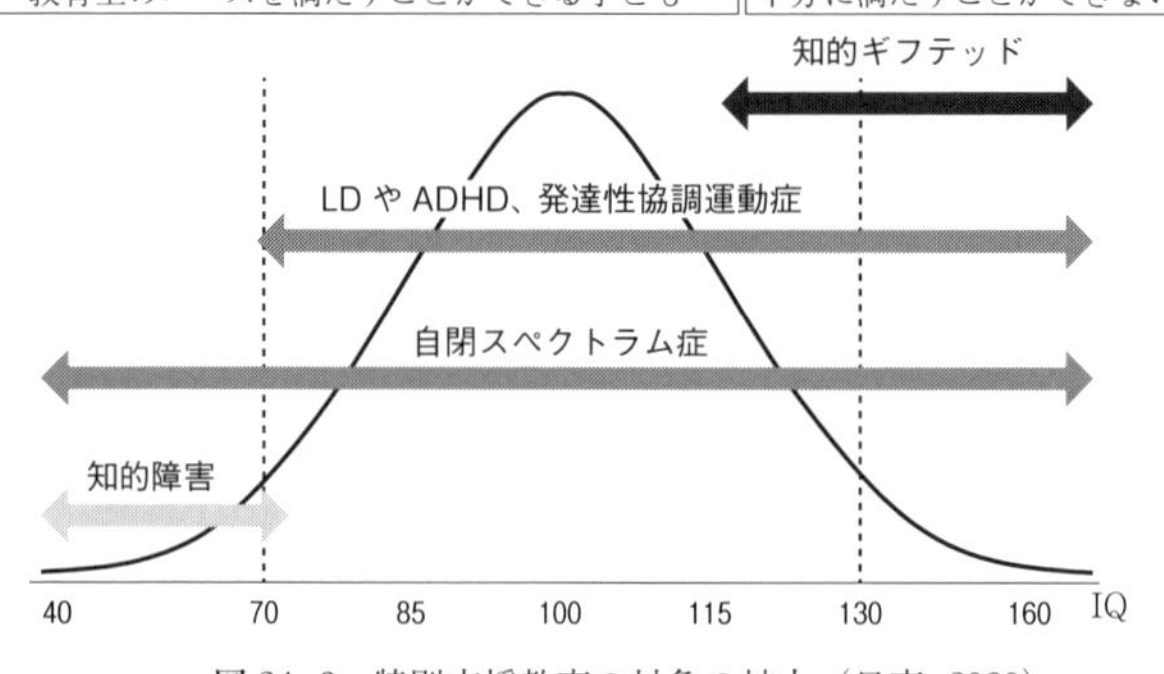

図24-3　特別支援教育の対象の拡大（日高, 2020）

18　2Ｅ：twice-exceptional

19　特別支援教育の対象は、図24－3のような対象の拡大が期待されます。

3次元で捉え、それらに支障がある状況を障害として、健康状態、環境因子、個人因子との相互作用のもとで成り立つとの考え方に立っています。今日、ICF－CYは共通言語として、発達障害児者、日本語をルーツとしない子どもへの日本語教育、大学生となった発達障害者への教育や支援に活かされつつあります。

発達障害児者の進学と就労――日本には才能教育がない？

発達障害への気づきや対処の必要性は就学前期から始まることは他項[23]で述べましたが、対処・支援は就学前期から小中高校、大学進学から就職、職業生活へと生涯にわたります。私たちの生活や学びが、家族や学校、近隣コミュニティ、そして会社や関係する組織によって支えられ／支えているのと同じです。

障害者の教育をめぐる動向としては各種法改正を経て、2016年から障害者差別解消法がスタートしました。これに先立つ2005年から、日本学生支援機構が「障害のある学生の修学支援に関する実態調査」を継続して実施しています[24]。ここでのポイントは、訓練や治療で機能向上を目指す障害の医学モデルではなく、学校や社会の側が変更・調整を行う障害の社会モデルへの考え方の変更にあります。「共生社会の形成に向けたインクルーシブ教育システム構築のための特別支援教育の推進（報告）」[25]では、教育を受ける権利を保障するために、学校の設置者および学校が必要かつ適当な変更・調整を行うこととあり、義務教育と高等教育の間に合理的配慮の定義に相違は認められません。しかし、障害学生は自分に必要だと考える支援を自ら申し出ることが原則とされ、福祉でいう**セルフ・アドボカシー**（self-advocacy：自己権利擁護／主張）、心理学では**セルフ・デターミネーション**（self-

20 日高茂暢（2020）、松村暢隆（2016）、松村暢隆ほか（2010）、棟方哲弥ほか（2010）

21 平林ルミ（2017）

22 International Classification of Functioning, Disability and Health - Children & Youth Version：国際生活機能分類－小児青少年版。WHO - ICF - CY (2007)

23 「28　保育・子育て」の項参照。

24 日本学生支援機構は2005年から毎年「障害のある学生の修学支援に関する実態調査」を行っています。

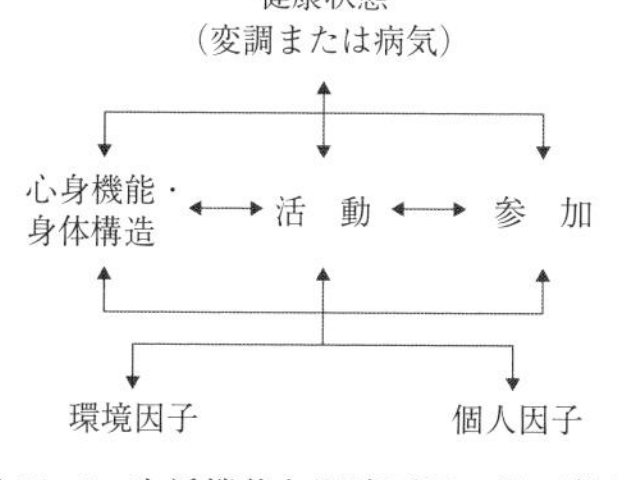

図 24-4　生活機能と関連要因の相互作用
（WHO ICF-CY, 2007）

determination：自己決定）が重要とされています。これは高等教育は行為／権利主体が学生本人にあることによります。

義務教育および高等学校での発達障害児者への対処・支援の実際については、二次障害への言及、支援とアセスメントに関するガイドライン、発達障害のある子どもへの指導と工夫などが、教育職員免許法改正（２０１９（平成31／令和元）年度）を背景に各地方自治体で議論され、実施されています。高等教育でどのような支援が必要で、かつ、なされているかは、丹治・野呂[26]が授業、対人関係・生活スキルなど、13カテゴリーの具体的な29の支援内容について説明し、小笠原[27]は、日本学生支援機構の調査や米国教育省の統計[28]を引用しながら、日本の発達障害学生の支援に求められる課題として、（1）セルフアドボカシー・スキルの獲得（自分の長所や価値を認識でき、自らの権利の担い手になっていく）、（2）配慮の適切さに関して（配慮が必要かどうかの科学的根拠資料を開発し、学生と大学の間で合意形成がなされる）、ＡＴの開発・普及（ニーズの評価・利用者に合わせたアシスティブテクノロジー（ＡＴ：Assistive Technology））やアクセシブルな教科書・教材（ＡＩＭ：Accessible Instructional Materials）など、ユニバーサルデザイン環境（Ａ３モデル[29]に基づいて段階的に整備が進み、全ての学生にとって学びやすい環境が整備される）を挙げています。さらに就労に関して梅永[30]は発達障害者、特にＡＳＤ者は仕事そのものの能力であるハードスキルは十分に所有していても、職業生活遂行能力と呼ばれているソフトスキルに困難を抱えている者が多いと指摘して、米国ノースカロライナ州立大学のＴＥＡＣＣＨプログラム[31]でも８割以上がソフトプログラムだったことを引用し、失業や就労におけるうつや不安、躁うつなどの二次障害に言及しています。また、就労に関連するソフトスキルの一

25　文部科学省（２０１２）

26　丹治敬之・野呂文行（２０１４）

27　小笠原哲史（２０１６）

28　米国ではNational Center for Education Statistics（ＮＣＥＳ）が高等教育機関における障害学生の調査を行っています。

29　Ａ３モデル：Advocacy（主張する／弁護する）、Accommodation（便宜／設備）、Accessibility（近づきやすさ／使いやすさ）

30　梅永雄二（２０１７）

31　TEACCH Autism Program North Carolina University

32　国立特殊教育総合研究所・日本学生支援機構（２００７）

覧を掲載し、ハードスキルとソフトスキルの基盤としてのライフスキルとして、身だしなみ、睡眠、起床、余暇活動、対人関係などの支援が受けられる体制整備により、発達障害者の社会参加が促進されると結んでいます。なお、日本学生支援機構は、発達障害学生の困り具合や得意・不得意に関するチェックリスト[32]や「障害学生に関する紛争の防止・解決等事例集事例紹介（発達障害）」[33]を掲載しています。

33　日本学生支援機構「障害学生に関する紛争の防止・解決等事例集 事例紹介（発達障害）」（https://www.jasso.go.jp/gakusei/tokubetsu_shien/chosa_kenkyu/kaiketsu/case_dev/index.html 2020/11/21アクセス）

●参考書

松村暢隆・石川裕之・佐野亮子・小倉正義（編）（２０１０）『認知的個性――違いが活きる学びと支援』新曜社［思考スタイルに合った教育を含め、誰にも得意と苦手があり、個性ある認知的能力やスタイルを持ちます。才能教育、個性化教育、特別支援教育について解説しています。］

藤永保（２０１６）『藤永保の「子育ち・子育て」考――子育ち困難時代への警鐘』チャイルド本社［子宝文化に根ざした地域社会が崩壊し子育ち困難の時代となりました。就学前の保育と教育のちぐはぐさに発達障害の根はあると説き、日本人の悲観的傾向にも言及しています。］

25 病理とパーソナリティ

病気を発症しやすいパーソナリティ

これまでに、特定の病気を発症しやすいパーソナリティ特性に関する研究が数多く行われてきました。本項では、病気に関連するパーソナリティ特性を概観しながら、パーソナリティへの介入の可能性について考えてみたいと思います。

タイプAとタイプB――突然死に結びつくパーソナリティ

時間的な切迫感、攻撃性と敵意、競争性や達成に対する過剰な動機づけや短気などを特徴とする特定のパーソナリティを、**タイプA行動パターン**（Type A behavioral pattern）と呼んだり、単に**タイプA**と呼んだりします[1]。タイプAはこれらの特徴をもつことからストレス状態に陥りやすく、冠状動脈性心疾患の危険因子であると考えられてきました。この行動パターンは、医学者であったフリードマンとローゼンマン[2]による冠状動脈性心疾患の患者たちの観察から導き出されたものです。タイプAという用語自体は、この行動的な特徴の内容とは無関係なものであり、便宜的につけられた名称です[3]。そして、タイプAを数直線上の片方の極とすると、その逆方向に位置する行動パターンのことを**タイプB**と呼びます。

タイプAは、明確に特定の病理を予測するパーソナリティ特性として注目を集めてきました。しかしながらその後、複数の研究でタイプAと疾患との関連が問題視されるようにな

1　大芦治（２００２）

2　Friedman, M. & Rosenman, R. H. (1974)

3　山崎勝之（２０１９）

り、メタ分析によっても実際にはその関連がそれほど大きくないことも指摘されています[4]。ただし、タイプAという大まかな行動パターンではなく、より細かな特定の感情や行動の要素に注目すると、その中には冠状動脈性心疾患との関連が見られるものが存在することも指摘されています。

タイプCとタイプD——がんパーソナリティと抑うつパーソナリティ

他の疾患、たとえばガン患者には何か共通するパーソナリティの特徴は見られるのでしょうか。テモショックらが提唱した**タイプC**パーソナリティは、ガンに罹患した患者との面接からパーソナリティの特徴を導き出したものです[5]。ガン患者たちはタイプAとは異なるパーソナリティの特徴を示す一方で、タイプBよりも不安や怒り、絶望感などが強く見られることが見出されました。このような検討から、第1に怒りを表出せず、怒りの感情に気づかないことが多いこと、第2に不安、恐れ、悲しみなどの否定的な感情の程度や表出が少ないこと、第3に忍耐強く控えめであること、第4に気を遣いすぎたり自己犠牲的になりすぎたりする傾向があること、といった特徴がタイプCに見られることが明らかにされました[6]。

では、実際にこのようなパーソナリティ特性は、ガンの罹患に関連するのでしょうか。これまでの研究の中では、特定のパーソナリティがガンの発症に対するリスク要因となり得るという指摘と、その関連は大きなものではないという指摘の双方があり、パーソナリティがガン発症の直接的な原因であると断言することは難しい状況にあると言えます[7]。

また、先に示したように、タイプA行動パターンと冠状動脈性心疾患との関連が検討されたものの、十分な予測がなされたとは考えづらい状況が続いていました。その中で、一部の

4 Myrtek (1995)
5 テモショック、ドレイア（1997）
6 大木桃代（2019）
7 たとえば McKenna, et al. (1999)

特徴が冠状動脈性心疾患に関連する可能性が見出されたことから、その特徴を整理してまとめたものが**タイプD**パーソナリティと呼ばれる特性です。タイプDは、否定的感情と社会的抑制という2つの要因で構成されるパーソナリティ特性です。否定的感情は、抑うつや不安、怒り、敵意などの感情を抱きやすく、自分自身に対する否定的な感情を抱く傾向を示します。また社会的抑制は、社会的場面で感情表現を抑制する傾向を表します。この両要素が高い傾向をdistressedと表現することから、タイプDパーソナリティと命名されました[8]。

タイプDについても、実際の疾患との関連がメタ分析によって検討されています[9]。それらの結果によると、タイプDは各種の身体的・精神的な不健康に関連する可能性が示されており、ストレス反応の調節について特徴的な傾向を示す可能性が指摘されています。

ビッグ5と病理——生死に関連するパーソナリティ

ビッグ5パーソナリティ[10]の各特性は、何か病理に関連するのでしょうか。ビッグ5の中では神経症傾向が、抑うつや不安、各種のパーソナリティ障害といった精神疾患に結びつきやすいことが示されています[11]。

ジョケラたちは、複数の大規模な調査からビッグ5と冠状動脈性心疾患および脳卒中による死亡との関連を検討しています。そして、神経症傾向の高さと勤勉性の低さが冠状動脈性心疾患での死亡に関連し、外向性の高さと勤勉性の低さが脳卒中での死亡に関連することを示しています[12]。このように、身体的な病理に対しては、特に勤勉性の役割が注目されています。

さらにフリードマンら[13]は、長期的な縦断調査から、勤勉性の高さが寿命に関連すること

8　石原俊一ほか（2015）
9　Grande, et al. (2012)、Versteeg, et al. (2011)

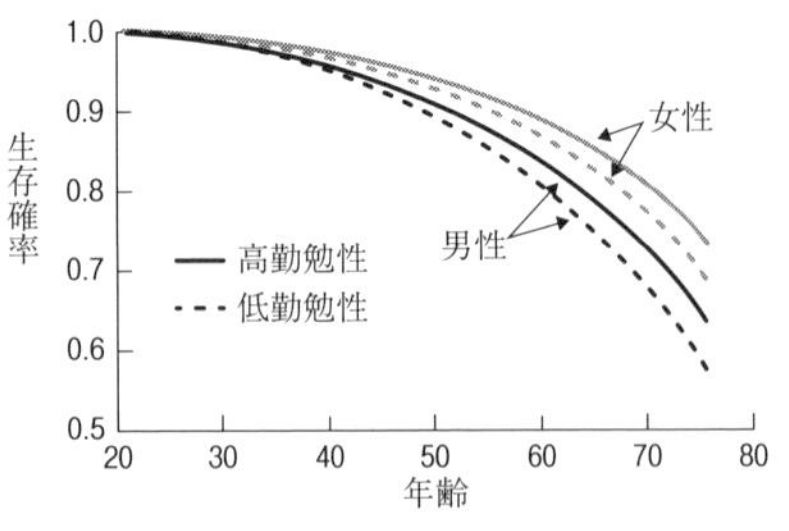

図25-1　勤勉性の高低と生存確率
（Friedman, et al., 1993に基づき作成）

を示しています。図25－1は、勤勉性の高低によって生存する確率をグラフに描いたものです。男女いずれにおいても、勤勉性が高い者の方が低い者よりも生存確率が高いことが示されています。勤勉性が身体的な健康に関連する背景には、勤勉性の高さが飲酒や喫煙、薬物使用、不健康な食生活、危険な性交渉、危険な運転、自殺などの低さに関連するなど、健康的な生活習慣に関連することが要因として考えられています[14]。

パーソナリティへの介入

パーソナリティは介入によって変容するのでしょうか。ロバーツら[15]は、ビッグ5パーソナリティの各特性について、臨床場面やその他の場面における介入によってどの程度の変容が生じるのかをメタ分析で検討しています。パーソナリティは全体として、介入によって約24週間で中程度の変容（効果量0.37）が認められました。また、特に神経症傾向が介入による効果を受けやすいことが明らかにされています。先にも述べたように、神経症傾向は抑うつや不安など各種の精神的な問題に結びつく可能性があり、介入による変容の可能性はこれらの問題に対する対応へとつながる可能性があります。

ただし、具体的な問題に対処することを考慮すると、パーソナリティに対して介入をすることが本当に有効な方法であるのかどうかという疑問が残されます。ある人物が具体的に何かの問題に直面しているのであれば、可能な限りその問題に対して直接、解決へと結びつく方策を考えることが重要と言えるのではないでしょうか。その点で、パーソナリティへの介入はやや間接的な問題解決への道筋であるように思われます。

---

10 「1　パーソナリティのビッグ5」の項参照。
11 Lahey (2009)
12 Jokela, et al. (2013)
13 Friedman, et al. (1993)
14 Bogg & Roberts (2004)
15 Roberts, B. W., et al. (2017)

●参考書

メイヤ・フリードマン／本明寛・野口京子・佐々木雄二（訳）（２００１）『タイプA行動の診断と治療』金子書房［タイプA行動パターンの研究内容をまとめ、その医学的診断や臨床場面への応用、介入の手法など、専門的な知識から実際への適用までを学ぶことができます。］

リディア・テモショック、ヘンリー・ドレイア／大野裕（監修）（１９９７）『がん性格――タイプC症候群』創元社［ガンを予測するというタイプCパーソナリティについて、その研究の内容と現場への応用、そして個々人が普段の生活の中で気をつけるべきことがまとめられています。］

26 性別とジェンダー

リタイア後の性別役割とは？

日本社会の**ジェンダー役割不平等**ないし**男女格差**は、国際比較データを示すまでもなく、極めて不平等で、職場だけでなく、家庭においても子育てや介護などでのケア労働や家事分担は、いまでも格差が維持されています。また、人生１００年と言われる今日、リタイア後の性別役割はどうするのかも問題で、男女格差は、人権や自立／自律にさかのぼって、考える必要があります。

ジェンダーと性的マイノリティ――性別自認と性同一性の不一致

性別（sex）は遺伝子のなかの性染色体、内分泌（性腺ホルモン）、内性器、外性器、脳、第二次性徴、性行動によって生じる複合的な現象です。これらの各水準における生物学的性差には、両極の間に連続性があり、さらに各水準の間の対応関係には蓋然性が認められ、したがって一致している場合もあれば不一致の場合もあります[1]。

一方ジェンダーは性差の社会的文化的認知を言い、通常新生児の外性器の外見による男女の識別に始まり（ＤＮＡ鑑定ではない）、言語習得とともに性別自認が形成されてゆき、社会的文化的に学習された性別役割への社会化を通じて成立します。ボーヴォワールが「女は女に生まれるのではない、女になるのだ」と言うとき、女らしく振る舞い続けることを通じて女になる、すなわち、女としての社会的認知とジェンダー同一性を獲得するのだというこ

1　手嶋豊（２０１９）

とを指摘しています[2]。

ジェンダー体制は、排他的なジェンダー二元制と、両性の間に成り立つべきだとされる異性愛規範から成り立っていて、人間の性現象が生物学的に決定されるとの見方は、現実の性の多様性によって反証されています[3]。

性別とジェンダーの不一致の例には、同性愛（Lesbian：女性同性愛者、Gay：男性同性愛者）、両性愛（Bisexual）、トランスジェンダー（Transgender：性別越境者）があり、この他にもトランスベスタイト（異性装）、トランスセクシュアル、インターセックスなどが知られていて、頭文字をとって**ＬＧＢＴｓ**と言われ、セクシュアル・マイノリティ（性的少数者）の総称とされています。

トランスジェンダーは一般に身体の性と心の性の不一致を指し、自分の身体的性別に違和感を覚えることを性別不快症候群と呼び、そのうち身体的性別と一致しない性別自認者をトランスジェンダー、そのなかで自分の性別認知を変更したいと思う者をトランスセクシュアル（性転換者）、さらに性別変更に伴って身体変形を望む状態をトランスセクシュアリズム（性転換症）と呼びます。これらをまとめて**性同一性障害**と称しますが、はたして、本当に障害なのでしょうか。彼ら彼女らにとっては、社会の排他的なジェンダー二元制に適合しないのであって、そのズレや不一致が混乱や苦痛の原因なのです。人間のジェンダー現象には多様性、連続性、非決定性があり、彼ら彼女らの側に原因があるというより、ジェンダー二元制が抑圧的に働いている事実があります。

これらの人々はこれまで、逸脱、異常などの病理として捉えられてきましたが、近年、これらを脱病理化する動きの中で、同性愛は１９７３年にアメリカで精神病のリストから外さ

2 Bem (1993/1999)
3 Diamond (1965)、有阪治（２０１８）、上野千鶴子（２００６）

れました。正常からの逸脱や病理であれば治療や矯正の対象となりますが、脱病理化されればその必要は無くなります。

こうした動きの背景には、フェミニズムの影響のもとに女性学が成立し、また保守派のバックラッシュ[4]が引き起こされたりする過程で、男性中心にできあがっている芸術の定義を変更する必要の訴え、ジェンダーに敏感な法理論の探求などの学問の組み替えを求める運動、政治や経済などのマクロな現象研究の方が私生活や感情のようなミクロな領域の研究より研究に値するという学問に内在するジェンダー秩序ないしバイアスの追求がありました。これらの運動は、学問は何を目的に、誰のために、何を明らかにしたいのかとの問いを経て、人間のための科学、エンドユーザー（最終利用者）を志向する科学への主張につながっています[5]。

性別差とジェンダー差研究の最前線――進化心理学と文化心理学の接点

男女の区別は、生物学的な要素（遺伝子型）に基づいていて、生殖機能を雌雄二個体で分担し、異なる役割を担う両性が共同することで子孫を残す有性生殖の仕組みに由来します。この生物学上の区分に加えて、社会を構成し再生産している基礎単位が家族であり、その機能を果たすために父権社会や性別役割分業社会に一定の合理性を認める社会が構築され、多分に性差別的な構造を内在化させる結果になったと考えられています[6]。

これに対して、男女の違いを生物学的要因に求める**進化心理学**は、性差を配偶行動における男女間の非対称性の観点から説明しようとします。男性が高い地位を求め、支配性を強めるのは、女性に対して資源提供能力を誇示するためとか、女性は男性から見て魅力的

4 反動、揺り戻しを意味し、反フェミニズム運動が発端とされます。

5 上野千鶴子ほか（2006）、大沢真理（1993）

6 池上知子（2017）

であるために出産能力の高さを示す健康的な外見美を追究するなどです。進化的アプローチからは、性淘汰理論、親の子への投資理論、そして人の配偶方略などが挙げられます。他方、文化的制度や規範、観察学習によって後天的に獲得されるとする**社会文化論**は、特定の時代の特定の社会には男女のあり方についての体系だった価値観、文化的規範や信念があり、人は新生児の時よりそれに従って育てられ、命名、着衣、おもちゃ、立ち居振る舞いから言葉遣い、職業選択や生き方まで社会化される過程で、いわゆる**ジェンダー・ステレオタイプ**が大きな力を及ぼし、このジェンダー生成にはメディアの役割も加わります。つまり、性差は文化によって作られるというのが社会文化論の主張です。

行動遺伝学からのアプローチは、集団間差異よりも個人間差異に注目します。パーソナリティ全般を測定するＭＰＱ（後述）を使用して二卵性異性ペアのデータを用いた性別限定分析により性差を求め、同じく、性別役割パーソナリティ（ＢＳＲＩ[7]）について性別限定分析を行った結果、男性のほうが環境の影響を受けやすく、身を置いた環境次第で性役割パーソナリティが左右されやすいことが示されました。環境によって変動するからには、ジェンダー差を生む環境の同定が欠かせませんし、分析法が男女二分法を前提としてはいますが、さまざまな身体的性別指標（性染色体、性腺、ホルモン、内性器、外性器）の非典型性は２００人に１人（出現率0.5078%）で、無視できる数ではないと指摘しています[8]。

進化心理学に対しては、ある形質や心理的性質が自然の法則に従ったものであっても、それが直ちに望ましく最適と考えるのは**自然主義的誤謬**（naturalistic fallacy）ではないかと指摘し、**負の依存度淘汰**（negative frequency dependent selection）のような、少数派である限り適応上のメリットがあるなら自然淘汰によって集団内の多様性が進化しうることが示

7 ＢＳＲＩ：Bem Sex Role Inventory

8 佐々木掌子（２０１７）

され、生存確率と繁殖確率を高める身体構造や行動が自然淘汰によって獲得されるという前提に立っています。しかし、行動の変化には限界があり、女性が妊娠し出産するプロセスを経るという身体的制約は厳然として存在します。心理面や行動面においても、何らかの制約があるでしょうが、これは理論の問題ではなく、実証の問題でしょう[9]。

性差に適応的価値があるとすれば、配偶行動や異性愛行動に見られる性差がどのような状況で発現しやすく、問題を引き起こすのはどのような場合であるかを明らかにして、行動を制御する手立てを探っていくことこそ意味があります。ジェンダー・ステレオタイプは女性の側に不利益をもたらすだけでなく、男性の側にある種の呪縛となっていて、長時間労働や単身赴任など、仕事中心の生活を強いられることにもなっています。

ジェンダー・パーソナリティ尺度——男性性・女性性の研究

男性性や女性性、それに**ジェンダー尺度**はこれまでに多く作成されています。比較的によく利用される尺度には、ベムの「Bem Sex Role Inventory」（ＢＳＲＩ）[10]やレベンソンらの「Multidimensional Personality Questionnaire」（ＭＰＱ）[11]など多種ありますが、いずれも伝統的な女らしさや男らしさを測ることを目的として開発されていて、男は仕事、女は家庭式の性役割を肯定し、性的マイノリティの人たちの人権を否定する検査になっています。無論、例外もあって、たとえば桑原[12]は人格の二面性を測定するTwo-Sided Personality Scale（ＴＳＰＳ）を開発しています。形容詞に対して自分が当てはまる程度を7件法で回答させますが、その際、概念的に対極は意識させるものの、各々の形容詞は単極尺度として独立に測定でき、相矛盾する特性である男性性と女性性を同時に持つことが可能です。また、

9　平石界（２０１７）

10　Bem (1974)
日本語版は、安達圭一郎ほか（１９８５）、下仲順子ほか（１９９１）

11　Levenson, et al. (1995)
日本語版は、大隅尚広ほか（２００７）

12　桑原知子（１９８６）

佐々木ら[13]の「ジェンダー・アイデンティティ尺度」はエリクソンのアイデンティティ概念[14]に基づいて尺度構成され、ジェンダー・アイデンティティと性的魅力を感じる対象への性指向性は異なると考えて尺度から除外しています。その結果、性的マイノリティの者でも意義のある回答が得られ、確証的因子分析を経て高次の4因子が抽出され、文化社会における性役割が変容したとしても使用可能だとしています。

渡邉[15]はプレック[16]に基づいて、国内外の男性役割の下位尺度のある文献を分析し、伝統的な男性役割5側面に対して、新しい男性役割を測定する尺度として、「脱男性役割態度スケール」[17]、現代日本社会における男らしさ測定尺度[18]などから現代的な男性役割の下位尺度として「家庭への参加」「強さからの解放」「共同性の高さ」「女性への気遣い」の4側面をまとめました。図26-1は伝統的な男性役割と新しい男性役割の共通する側面を対応づけています。上段の伝統的役割が下段の新しい役割に変わったのではなく、伝統的役割に新しい役割が付け加わったと考えるべきでしょう。尺度を利用する際には、尺度の目的、構成概念と下位尺度、開発・標準化過程での対象者属性などに注意し、測定目的や比較規準値としてズレはないかなどを確認することが不可欠です。

性別役割と男女格差はいつまで続く——長い老後の自立に向けて

鈴木[19]は職場におけるジェンダー格差を家庭役割との関係で分析し、就業率、離職率など統計上の数値を根拠とする統計的差別、正規雇用と非正規雇用という雇用の二極化、長時間労働、管理職比率、賃金のジェンダー格差、育児休業・介護休業取得率の7つを取り上げ、その心理・社会・経済的な不平等維持メカニズムを分析しています。その結果、性別役割分

4領域	家庭の領域	心身の強さの領域	望ましい人間のあり方の領域	女性への振る舞い方の領域
伝統的な男性役割	社会的地位の高さ	精神的・肉体的な強さ 女性的言動の回避	作動性の高さ	女性への優位性
新しい男性役割	家庭への参加	強さからの解放	共同性の高さ	女性への気遣い

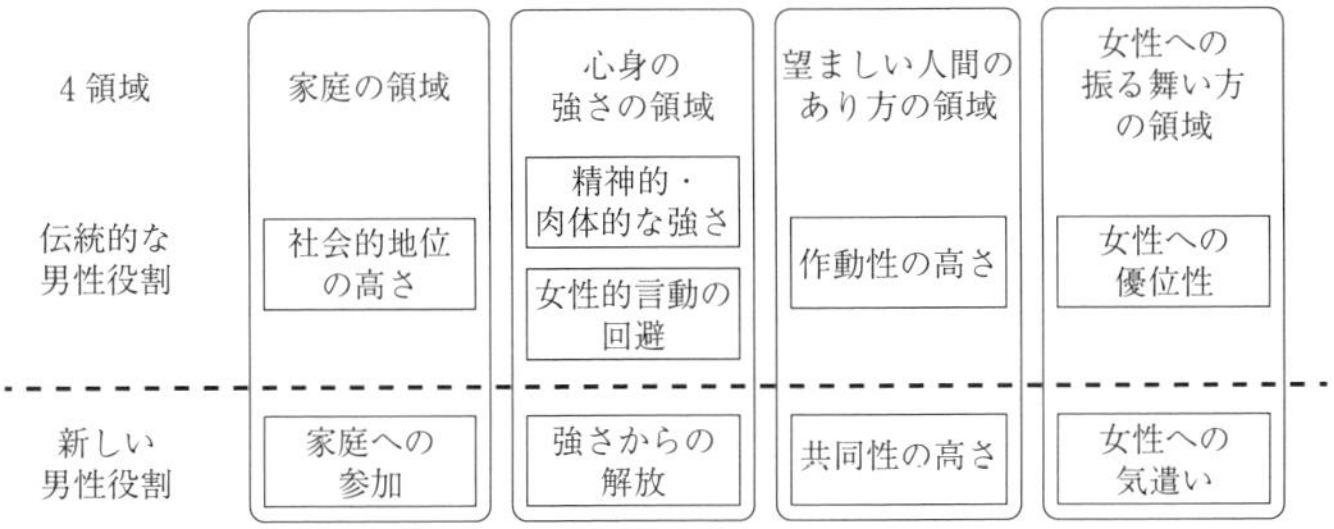

図26-1　男性役割のモデル図（渡邉, 2017より）

13　佐々木掌子・尾崎幸謙（2007）

14　「7　アイデンティティ」の項参照。

業のネガティブな側面として、（1）女性は無償のケア労働・男性は有償の雇用というジェンダー構造、（2）長時間労働・雇用制度・雇用慣行の固定化、（3）ジェンダー役割ステレオタイプないしジェンダー役割期待、（4）管理職のジェンダー役割態度による根本的解消の阻害、（5）家庭は縄張りで良き妻で母であるべきという妻の伝統主義的ジェンダー役割態度の5つを指摘しています。

また、女性科学者による貢献が過小評価されるバイアスとしての**マチルダ効果**[20]が心理学分野でも報告されていて、いわゆる理系分野（ＳＴＥＭ[21]）への女性の参入率の低さに比べれば、心理学分野は男女平等が進んでいると言われますが、それでも原著者(authorship）について調べると、女性の筆頭著者率はＪＰＳＰ[22]で34%、ＰＳＰＢ[23]で44%と低く、論文賞や発表賞の受賞割合はおおむね25%が現状です。また、潜在的連合テスト（ＩＡＴ[24]）を研究しているバナジら[25]は、ＩＡＴを用いて、疑似有名効果が女性より男性の名前で起こりやすいことを指摘しており、能力や資質に関わる性差をめぐる信念と性差別的構造が表裏一体をなしていることがうかがえます[26]。

真実やデータに基づいてオープンな議論から結論を導くアカデミックな場を含め、職場や家庭においても男女格差が認められています。対策として青野[27]は、一例として、女子が理系を選択できるような情報提供やキャリア教育を行う必要があることや、教育におけるジェンダーフリーを前提として、男女それぞれの生理的・身体的な差異へ配慮すること、苦手領域へ積極的介入できるジェンダー・センシティブの必要性があることを指摘し、ロールモデルの提示と科学者や研究者に対するメディアでの取り上げ方に含まれるジェンダー・バイアスの存在への対策が、少なくとも必要だと指摘しています。また、長い老後を生き、社

15　渡邉寛（２０１７）
16　Pleck (1976)
17　鈴木淳子（１９９４）
18　大石さおり・北方晴子（２０１３）
19　鈴木淳子（２０１７）
20　マチルダ効果：Matilda effect
19世紀にこの現象を報告したフェミニスト、マチルダ・ゲージ氏にちなんでつけられました。
21　ＳＴＥＭ：Science, Technology, Engineering, Mathematics
22　ＪＰＳＰは学術雑誌 *Journal of Personality and Social Psychology* の略称。
23　ＰＳＰＢは学術雑誌 *Personality and Social Psychology Bulletin* の略称。
24　ＩＡＴ：Implicit Association Test
25　Banaji & Greenwald (1995)
26　池上知子（２０１７）
27　青野篤子（２０１７）

会の産業構造も働き方も変化する現代では、繁殖を中心的な適応課題とみなす従来の性別役割分業の様相が変わることも十分考えられます。

●参考書

青野篤子・森永康子・土肥伊都子（2004）『ジェンダーの心理学――「男女の思いこみ」を科学する［改訂版］』ミネルヴァ書房［副題は男女の思いこみを科学するで、思いこみ／ステレオタイプをつくる心と社会のしくみ、男らしさ・女らしさへの歩み、ステレオタイプの呪縛からの自由等が論じられています。］

サンドラ・L・ベム／福富護（訳）（1999）『ジェンダーのレンズ――性の不平等と人間性発達』川島書店［ジェンダーのレンズとは文化的スキーマのことで、ジェンダー両極化、男性中心、生物学至上主義を指しています。心理学だけでなく、制度的、イデオロギー抑圧にも言及しています。］

27 適性と人事アセスメント

個人と組織を生かす

働くことは、現代社会に生きる人間にとって不可欠な活動のひとつです。労働は金銭的な対価を得る手段であるだけでなく、自分自身の人生を考える上でも大きな意味をもつ活動です。自分が得意なこと、興味があることに合致する職業に従事することは、生活全体の質を高め、全般的な**ウェルビーイング**の向上にもつながると予想されます。しかしながら、皆が必ずしもそのような職に就くわけではありません。また、就職をとりまく状況は経済状況や時代に伴う社会構造の変化、教育政策などによっても大きく変わってくると考えられます。働くことをとりまく問題を考える際には、自分自身でコントロールできることとできないことの両方が関わってくることを抑えておくことが重要です。

適性検査の考え方

パーソンズは１９０９年の著書の中で、**特性―因子論的マッチングアプローチ**と呼ばれる考え方を提唱しました[1]。そこでは、個人のパーソナリティ特徴と職業の特徴との間の適合が重要であり、うまく適合することで専門的キャリアにおける成功や高い職務満足感が得られると考えられています。

スーパー[2]は職業の発達を重視し、社会的感情や知的な発達と同じように、職業の発達も個人の一般的な発達の特徴を備えており、生涯を通じて発達するものと考えました。これ

1　Parsons, F. (1909)

2　スーパー（１９６０）

は、単にどのような職に就くかという問題だけにとどまらず、職に就くことに関連した適応に関する多面的な見方の枠組みを提供するものです。スーパーの職業の4つの発達段階は、探索期（10～20歳）、確立期（20～35歳）、維持期（35～55歳）、下降期（55歳以降）に分けられます。それぞれの時期で職業に関連する自己概念が発達し、職業的な活動との適合が問題とされます。ただし、その影響は決定的なものではなく弱いものであるため、人はさまざまな職業領域に適合することができると考えられています[3]。

ホランド[4]は、人間の特徴が6つのパーソナリティ・タイプとその類似度によって説明可能であると考えました。そして、人が生活し働く環境の特徴も同じ6種類の環境モデルとその類似度によって説明され、人と環境との組み合わせの結果として職業選択や職業的安定性、職務上の業績などが生じると主張しました。ホランドはＲＩＡＳＥＣと呼ばれる、次の6つの職業の領域を想定し、その適合の程度を問題としています。図27-1は、6つの領域を円環に配置したモデルです。この図の中で、それぞれの記号はこれ以降に説明する内容に対応しており、各領域が隣接している場合には関係が近く、離れているものどうしは相互の理論的な関係が薄いことを表しています。

ホランドの6つのパーソナリティ・タイプとその特徴は、次の通りです。

（1）Ｒ（Realistic）：現実的タイプ――物、道具、機械、動物などを対象とした、明確で秩序だっており、体系化された操作を伴う活動を好む。

（2）Ｉ（Investigative）：研究的タイプ――さまざまな現象について、実証的、抽象的、体系的、創造的に研究する活動を好む。

（3）Ａ（Artistic）：芸術的タイプ――物理的、言語的、人間的なものを扱う際に、あい

3 Neuenschwander & Kracke (2011/2014)

4 Holland (1997)

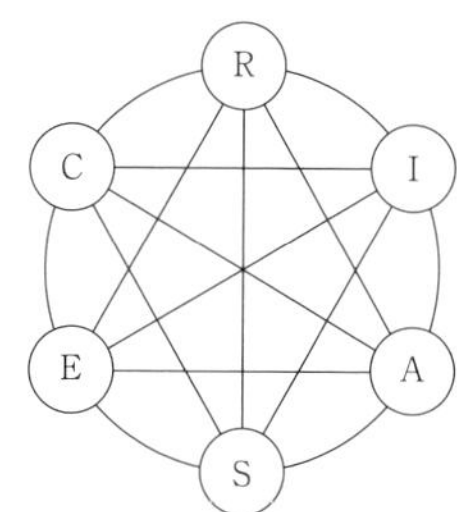

図27-1 6つの職業の特徴を表す円環モデル

まいで自由で体系化されていない活動を好む。

（4）S（Social）：社会的タイプ——他者に影響を与えるような、情報伝達、訓練や教育、治療や啓蒙のような活動を好む。

（5）E（Enterprising）：企業的タイプ——組織目標の達成や経済的利益を目的とした他者との交渉を伴う活動を好む。

（6）C（Conventional）：慣習的タイプ——資料を系統的、秩序的、体系的に扱うことを必要とする活動（簿記やビジネス機器の操作）を好む。

これら自分がどのタイプであるかと、環境がどのタイプであるかによって、適合が決定されます。また、この6つの枠組みは、この理論を離れたところにも応用されています。

職業興味とパーソナリティ、職業パフォーマンス

ＲＩＡＳＥＣの6つの職業興味とビッグ5パーソナリティ[5]との関連を検討したメタ分析によると[6]、次のような関連が得られています。外向性は社会的（S）タイプおよび企業的（E）タイプと正の関連、協調性は社会的（S）タイプと正の関連を示します。勤勉性は慣習的（C）タイプと正の関連を示し、神経症傾向は研究的（I）タイプと負の関連を示します。そして開放性は、研究的（I）、芸術的（A）、社会的（S）と正の関連、慣習的（C）と負の関連を示します。このように、ビッグ5パーソナリティとＲＩＡＳＥＣモデルは、関連は大きくはないものの一定の関連を示すことが示されています。

また、ＲＩＡＳＥＣモデルがどの程度職業パフォーマンスを予測するかを検討した研究が行われています[7]。全体的な職業パフォーマンスについては、－0.03から0.02程度の相関

5 「1　パーソナリティのビッグ5」の項参照。

6 Barrick, et al. (2003)

7 Van Iddekinge, et al. (2011)

係数の大きさであり、ＲＩＡＳＥＣのそれぞれ単独の特性では、ほとんど職業パフォーマンスを予測していませんでした。その一方で、研究的（Ｉ）、芸術的（Ａ）、社会的（Ｓ）に関しては、それぞれの職業特性により合致する職業の場合には、職業パフォーマンスをやや予測することができる（相関係数0.15から0.19）ことも示されています。このことは、個人の特性と環境との合致が見られる場合に、ある程度パフォーマンスの向上が見込めることを示唆しています。

なお、ビッグ５パーソナリティと職業パフォーマンスとの関連を検討したメタ分析[8]によると、どのような職種やパフォーマンス指標であっても、安定して関連を示すパーソナリティ特性は勤勉性でした。勤勉性は自己統制や目標の達成、動機づけ、ルールの順守にも関連する特性であり、そのような特徴が全般的な職業パフォーマンスに関連することは、これらの特性が社会的な成功に結びつくと言われ注目されている動きにもつながるものです。

職業適性の測定

ここでは、**職業適性**を測定する検査について見ていきましょう。

厚生労働省の「一般職業適性検査」（ＧＡＴＢ[9]）は、適性を能力として測定する検査です。そこで測定される内容は、知的能力、言語能力、数理能力、書記的知覚、空間判断力、形態知覚、運動共応、指先の器用さ、手腕の器用さなどの適性能力です。この検査は、戦後の復興期にアメリカから導入され、企業の採用選考、配置転換、職業選択の指導に役立てられてきたという歴史をもちます[10]。

ＲＩＡＳＥＣモデルに従って個人がどのタイプに属するかを測定する検査のひとつに、

8　Barrick & Mount (1991)

9　ＧＡＴＢ : General Aptitude Test Battery

10　二村英幸（２０１３）

「ＶＰＩ職業興味検査」があります[11]。この検査では、提示された職業の一つひとつについて、興味や関心を抱くかどうかを回答する形式となっています。そして、各職業への興味・関心から、ＲＩＡＳＥＣの６つの職業への興味と、５つの経験尺度の得点が算出されます。なお、５つの経験尺度とは、自己統制傾向（衝動のコントロールの程度）、男性－女性傾向（男性・女性が好む職業への関心）、地位志向（社会的地位への関心）、希有反応（ユニークな職業への関心）、黙従反応（関心のある職業の多さ）です。６つのうちどの尺度の得点が高いかによって、その個人のパーソナリティ・タイプが特定されるようになっています。

「ストロング職業興味検査」は、もともと１９２７年にストロング[12]によって開発された検査であり、その後改訂が重ねられてきたものです[13]。２００４年の改訂版は２９１項目からなり、この検査は多様な内容を測定する総合的な職業興味検査へと発展しています。ストロング職業興味検査の得点のタイプは、一般職業的テーマ（６尺度）、基本的興味尺度（30尺度）、職業尺度（１２２尺度）、個人的スタイル尺度（５尺度）、管理指標（３指標）からなります。このうち一般職業的テーマは、ホランドの６つの職業興味に対応する内容になっています。

日本においてよく使用されるその他の職業適性検査としては、「Ｒ－ＣＡＰ」や「ＳＰＩ」を挙げることができます。Ｒ－ＣＡＰはRECRUIT Career Assessment Programの省略形であり、リクルートマネジメントソリューションズが開発した職務適性検査です[14]。自分自身の興味、志向性、価値観について多面的かつ詳細に分析する内容となっています。ＳＰＩはリクルート社が開発、実施しているＳＰＩ総合検査と呼ばれる検査であり、適性テストと能力テストから構成されます。適性テストはパーソナリティ検査、能力テストは言語分野

11　渡辺三枝子ほか（１９８２）
12　Strong, E. K., Jr.
13　Hogan (2007)
14　株式会社リアセックがサービスを提供しています。

と非言語分野の知的な能力を測定する内容からなります。R－CAPとSPIは両検査とも、日本における就職場面で広く使用されています。

適性とは

職業に適しているとは、どのようなことを指すのでしょうか。本項の前半に示したように、個人がもつパーソナリティや興味と環境とが適合するという考え方が、もっとも一般的なものではないかと思います。たとえば離職理由についての調査結果[15]によると、最初の就職先を離職した理由としてもっとも多いものは「仕事が自分に合わなかったため」であり、43・4％が選択しています。このことからも、自分の特性と職業との一致が重要だと考える人が多いことがうかがえます。

ただしそこでは、何を結果として考えるべきかという観点が必要になります。たとえば仕事をする目的についての調査[16]があります。ここでは、複数の選択肢から2項目を選択する形式で調査が行われているのですが、1位は「収入を得るため」(84.6%)で極めて多くの人が選択し、次いで2位は「仕事を通して達成感や生きがいを得るため」(15.8%)、3位が「自分の能力を発揮するため」(15.7%)、4位は「働くのがあたりまえだから」(14.8%)、5位が「人の役に立つため」(13.6%)となっています。大多数の人が回答した目的は収入を得るためであり、この調査結果に従えば、私たちにとって収入は非常に大きな結果のひとつになりえるものだと考えられます。

では、金銭を得ることだけが働くことの目的なのでしょうか。そもそも人生は、何か特定の目的に向かって直線的に進むようなものではありません。人生の中でキャリアを発達させ

15　内閣府（2018）
16　内閣府（2018）

ていくことには、多くの偶発的な出来事が存在しています。その偶発性には、まったくランダムな出来事という意味での偶発性の要因と、当人が予見できなかった要因という意味での偶発性の要因があります。また、どの程度本人が状況をコントロールできるのか、また偶発的な出来事からどの程度影響を受けるのかといった要因も、キャリアの発達を考える上では重要です。そのような中でも、人生を自らがあたかもコントロールしたかのように考えることによって、ランダムな出来事に一連の連なりと意味を見出し、自分なりの人生だと解釈することがキャリアだという考え方があります[17]。不確実な人生の中で、自分なりの人生の意義を見出していくことが、単に収入や職業適性だけではない、より本質的に重要なことではないでしょうか。

17　下村英雄・菰田孝行（２００７）

●参考書

メグ・ジェイ／小西敦子（訳）（２０１６）『人生は20代で決まる――仕事・恋愛・将来設計』早川書房［この本では、人生の岐路は20代でやってくるということが主張されています。その年代をうまく乗り切るために、選択肢の中で何をどのように選んでいくのが良いのかを学ぶことができます。］

大野久ほか（２０１７）『君の悩みに答えよう――青年心理学者と考える10代・20代のための生きるヒント』福村出版［思春期・青年期の若者たちから出される質問に対して、青年心理学者たちが回答していきます。心理学の学問的な背景から、どのような回答がなされるでしょうか。］

28 保育・子育て

育児不安・養育不全・児童虐待が課題

思いやりとか利他性が人間性、人間的価値の中核とするなら、それを育てる環境や養育とはどんなものでしょうか。また、子どもは白紙ではなく、気質といわれる個性を持って生まれてきます。親（養育者）は自分の個性を生かしながら、個性的な子どもを、その子の置かれた状況／リソースを活かして養育することが求められます。日本は子宝思想の国だったはずですが、今日、幼児虐待、養育放棄、いじめが無くならないのはどういうわけでしょうか。親による幼児虐待や養育放棄事件を考えると、親に任せておくのではなく、保育に向けた多層的な社会の仕組み（制度）が不可欠な時代になりました。

保育・子育ての課題——保育：子育てアドバイザー協会の活動

保育：子育てアドバイザー協会[1]は、発達心理学者である故藤永保氏が創設したＮＰＯ法人です。現在、講習会と受講者への資格付与を目的として運営されています。藤永は１９７２年秋、当時6歳と5歳の姉弟が戸外の小屋に1年半にわたり閉じ込められていた虐待遺棄児に関わる長期縦断研究[2]を機に、養育不安・養育不全・児童虐待を未然に防ぐ活動としてこの協会を立ち上げました[3]。そして子育ち困難の悲鳴が問題行動となって現れる、いわゆる**気になる子**（いくつかの微症状が併存し、それらが互いに関連し合ってより深い問題が潜むことを示唆しています）に関わり、保育園のアドバイザーを長く続けてきました[4]。

---

1 筆者杉山は理事長として運営に関わり、現在は顧問という立場です。

2 藤永保ほか（１９８７）

3 「子どもの輝く瞳でいっぱいの社会へ」保育：子育てアドバイザー協会のWeb Page (https://hoikukosodate-adviser.com) より。

4 藤永保（２００９）

養育放棄、被虐待児と気になる子の例を挙げましたが、昭和の高度経済成長期、2DKの団地生活があこがれの生活とされ、大家族から核家族化する過程で、子どもについての体験や知識といった社会的資源が貧困化し枯渇しました。問題児や障害児のまわりに拡がる気になる子現象は、ほぼ就学前の事柄で、保育に課題が山積しています。フィンランドの成功に倣えという相変わらずの先進国追随信仰が叫ばれていますが、そういう教育観を改め、原点に返って自分の目で自分の教育を見直すべきではないかと述べ、藤永は国立の保育大学院大学を創設し、その周辺に就学前の発達＝教育についての研究・実践施設を集めることが考えられないだろうかと言っています。

表28－1に、保育：子育てアドバイザー協会の講習会開講科目枠組みと科目・担当者例を示しました。乳幼児保育および小学校教育に直接携わる保育者、教育者、ならびに広く一般保護者を対象に開催し、受講者の広い意味での能力

表28-1　講習会開講科目枠組みと2020年度の科目・担当者例

研修科目枠組み		2020年度開講科目
科目Ⅰ	気になる子どもたち	子どもから「何があったか」を聞く技術－司法面接の方法を参考に－（立命館大学教授 仲真紀子） 子どもは変わる・大人も変わる－乳幼児虐待からの再生；青年期は第二の誕生期－（ＩＰＵ・環太平洋大学教授／お茶の水女子大学名誉教授 内田伸子） 子どもの頃の養育環境はその後の人生にどう影響するのか？－長期縦断研究から－（お茶の水女子大学教授 菅原ますみ）
科目Ⅱ	発達・教育からの子ども理解	子どもの性格を理解し、保育に生かす－人間性と気質、性格、能力－（東洋大学名誉教授 杉山憲司） 遺伝と環境からの子ども理解－進化教育学：平等公平な教育を乗り越えて－（慶應義塾大学教授 安藤寿康）
科目Ⅲ	子どもの安全と健康（旧：健康と保健そして医療）	データに基づく子どもの事故予防の実践－目を離さないから目を離せる環境のデザインへ－（東京工業大学教授 西田佳史） 乳幼児と養育者の心身の保健衛生（大阪母子医療センター客員研究員 北島博之） 食の共有（早稲田大学教授 外山紀子）
科目Ⅳ	発達障がいと心理臨床	発達障害を理解する（お茶の水女子大学名誉教授 榊原洋一） 発達障がいのある子どもを育てる親の心理（東洋大学教授 松田英子）
科目Ⅴ	家族・保育者による子育ち支援	「保育」という用語の歴史から考える－幼稚園・保育所と「家族」観および「子育て」観－（元こども教育宝仙大学教授・学長 池田祥子）
科目Ⅵ	日本の子育てと文化	子育ては親子の主体性のせめぎ合いである－母子の健全な遠心性を考える－（早稲田大学教授 根ヶ山光一） 異文化の保育・幼児教育からとらえ直す－日本の子どもの姿－（立正大学教授 岡本依子）
科目Ⅶ	実践活動紹介（旧：他領域連携科目）	歌・絵本で育む子どもの豊かな心－実践プログラムをつくろう！－（白百合女子大学生涯発達研究教育センター／東京外国語大学名誉教授 田島信元） 環境教育ワークショップ－身近な自然観察と遊び－（國學院大學栃木短期大学特任教授 勝浦範子）

向上に寄与し、育児不安を抱える保護者への支援と養育不全や児童虐待の問題解決に関わることで地域社会に貢献したいと活動しています。

就学前の子どもの個性と発達／養育――保育園、幼稚園、認定こども園

幼稚園教育要領、保育所保育指針、幼保連携型認定こども園教育・保育要領が２０１７年に改訂告示（２０１８年４月１日施行）され、３歳以上について共通の記載とし、保育内容の５領域（健康、人間関係、環境、言葉、表現）にわたって同一内容で指導されることになりました。

問題は、これで日本の就学前教育の諸課題が改善改革の方向に向かうかですが、池田[5]は「保育制度の課題――現場から考える教育と福祉」と題するＮＰＯ講習会で現在の課題として、（１）就学前の乳幼児保育を一体とした、「保育（エデュ・ケア）」の復権[6]、（２）多様な家族・働き方を前提とした、それを支える保育政策、（３）待機児童問題については０、１歳児保育の拡充・整備、（４）子育て支援を、すべての子ども、家庭への保育の一環に統合すること、を挙げています。以上を勘案すると、待機児童解消は喫緊の課題です。さらに、たんに待機児童が解消すれば事が済むという問題ではなく、国・自治体の責任としても、（１）３歳未満の保育・教育[7]、（２）今後、園児が減っても廃園するのではなく、高出生率と高就業率が両立する社会を目指す、（３）保育の質を高め、保育者の専門性の可視化および研修制度や必要なら資格更新制度の導入、（４）父親の育児参加と位置づけの明確化、および働き方を含めた条件整備、などが重要でしょう。

5　池田祥子（２０１６）

6　「保育（エデュ・ケア）」とはＮＰＯ法人とは別に藤永、池田らで運営していた政策・政治への働きかけを指向した研究会で、「幼保一元化への道 就学前保育の遺産と未来」２０１５年2月 エデュ・ケア21（最終総括号）を出して研究会を閉じています。

7　海外では3歳未満の教育の重要性が注目され、保育を受ける権利を保障する動きになっています。

8　Kahneman, D. と Smith, V. の行動経済学と実験経済学開拓への貢献に対して。

認知能力より非認知能力か――経済学者からの幼児教育への政策提案

２００２年のノーベル経済学賞が、認知心理学の知見を用いて経済学に新たな視点を提供した功績によりカーネマンとスミスに贈られました[8]。それから20年近く経過し、経済成長戦略としての幼児教育・保育政策に注目したジェームズ・ヘックマンが『幼児教育の経済学』を著し[9]、社会政策として、人生に成功するかどうかは非認知的な要素が欠かせず、これらは幼少期に発達し家庭環境に左右される生活の質がもっとも基本的で、それは世代を超えて伝達される傾向があります。したがって、幼少期の介入に力を注ぐ公共政策によって、問題を改善することが可能だと述べています。ここで用いられているエビデンスは「ペリー就学前プロジェクト」[10]と「アベセダリアンプロジェクト」[11]の２つの研究からで、幼少期の介入は経済的効率性を促進し、生涯にわたる不平等を低減すると結論づけています。ここで強調されているのは人生で成功するには学力以外の健康、根気強さ、注意深さ、意欲、自信などが必要だとの主張であり、対策としては、親の所得や就労状況、経済的・社会的地位と教育投資行動などの経済的側面を強調しています。また、教育的成果とは、テストの点数や学歴ではなく、いわゆる非認知的能力や体力、より長期的には生産性、すなわち賃金を対象としています[12]。

ここで心理学から見て注意すべき、気になることが２つあります。１つは、効果を上げた要因として幼児教育プログラムが挙げられていますが、家庭訪問によって養育者が得たサポートや近隣住民とのつながりなど、母親の人生を改善させることについてヘックマンが論じていないことです[13]。これらのプロジェクトは高投資で集中的介入をしたわけで、経済学ないし政策的視座からの正当な評価が必要になるでしょう。また、自制心やグリット（や

9　ヘックマン（２０１５）
10　１９６２年から１９６７年にミシガン州イプシランティでアフリカ系の58所帯の子どもを対象に実施されました。
11　１９７２年から１９７７年生まれのリスク指数の高い家庭の恵まれない子ども１１１人を対象に実施されました。
12　小原美紀・大竹文雄（２００９）
13　『幼児教育の経済学』のパートⅡ、ロビン・ウェストによるコメント（p.52）
14　遠藤利彦（２０１８）
15　大竹文雄ほか（２０１６）、亀田達也（２０２０）
16　竹澤正哲（２０１８）
17　菅原ますみ（２０１９）
18　ＮＩＣＨＤ（２００９／２００６）ＮＩＣＨＤの翻訳書（２００９）にはポジティブな養育のチェックリストが巻末付録についています。
19　池本美香（２０１１）

り抜く力）のようなものを幼少期に身につけた可能性に触れられてはいますが、直接アセスメントは行われていません。したがって、ヘックマンの言う非認知が何を指すのかについては、知性に対する、社会性・他者や集団との関係性に関わる要因、あるいは社会的認知の中での自己に関わる要因と考えるのが妥当でしょう[14]。

２つ目は、学問間の連携は非常に好ましいのですが、行動経済学で援用されている認知バイアスなどの心理学知見の再現性の低さの問題です[15]。亀田は、バイアスが生起する認知・神経機序（パラメーター）を解明してバイアスの境界条件を明確にすることや、バイアスがその持ち主にもたらす生存価ないし誘因を明らかにして機能的説明をする必要があると指摘しています。心理学は自然言語だけで思考を展開しがちで、その際に生じがちな定義のすり替えや論理の飛躍、必要な前提の見落としが生じないためには、モデル的な思考が必要であり、それは数理的な表現を伴うとの指摘もなされています[16]。学問間の連携が不可避な現代、心理学理論のレベルアップと恣意性の払拭が望まれます。

保育の質を高めるとは？――国際比較研究から

菅原[17]は、子どもの発達と養育環境について、近年の代表的発達研究、特に『保育の質と子どもの発達』研究[18]を引用しながら、子どもの生活における慢性的な逆境要因（家庭の貧困・低所得や両親の精神障害、両親間の不和、不適切な養育、劣悪な学校・地域環境など）と虐待後に生じる重篤なこころの問題に触れて、ＮＩＣＨＤの長期縦断研究他の研究結果として、（１）母親のセンシティビティー（子どもの心を読み取る力）が低い場合に長時間保育を受けると愛着が不安定になる傾向があり、親に対する支援の重要性が指摘でき

●参考書

藤永保（２００９）『「気になる子」にどう向き合うか――子育ての曲がり角』フレーベル館［しつけとは明日の価値と昨日の価値との葛藤と妥協の場。明日の世界の価値をいち早くつぎ込み、将来の適応性を高める営みとして、子どもの輝く瞳でいっぱいの社会へ。］

ジェームズ・Ｊ・ヘックマン／古草秀子（訳）（２０１５）『幼児教育の経済学』東洋経済新報社［経済性の視点からも、やる気・忍耐力・協調性等の非認知力を高める就学前教育が、子どもの貧困を救い、その子の人生を変えることに繋がります。これは行動経済学の主張です。］

ＮＩＣＨＤ／日本子ども学会（編）菅原ますみ・松本聡子（訳）（２００９）『保育の質と子どもの発達――アメリカ国立小児保健・人間発達研究所の長期追跡研究から』赤ちゃんとママ社［アメリカ国立小児保健・人間発達研究所、保育の質と子どもの発達の長期追跡研究。母親ないしそれ以外の養育者からのポジティブな養育とそれを活かせる保育条件の大切さ。］

る、（2）15歳までの家庭外保育の良質さはよい影響がある（ネガティブな長時間保育の影響は小学生段階で消失する）、（3）短期的にも長期的にも、保育の良質さは認知的・言語的にポジティブな影響を及ぼすことが一貫して確認されたと報告しています。

保育制度は国の歴史や文化を反映して多様ですが、参考までに表28-2に4カ国の比較を掲載しておきます。表以後の経過を含めて、国際的に幼児教育・保育制度を教育制度として位置づける動きがあります。その背景として、幼少接続の観点から学校教育と所管をそろえるメリットと生涯学習の基礎を築く上で乳幼児期が重要だと考えられるようになったこと、保育所を教育機関と位置づけることで、親の状況にかかわらず子ども本人に幼児教育を受ける権利が保証されることがあります。ここには保育の質の向上に向けた取り組み、費用対効果を意識した工夫が見られると指摘されています[19]。

表28-2　就学前教育・保育制度の国際比較（NICHD, 2009より）

	アメリカ	日本	フランス	イギリス
保育	施設型保育所（day care center, day nursery、主に0～4歳） 個人的な家庭保育（family day care）	保育所（0～5歳）	集団保育所（creche、0～2歳） 認定保育ママ（assistantes maternelle、0～5歳）	保育所（0～4歳） プレイグループ（保護者によって運営されている）
就学前教育	幼稚園（kindergarten、主に5歳） 保育学校（nursery school、主に3～4歳）	幼稚園（3～5歳）	幼稚園（3～5歳）	保育学校（2～4歳） 保育学級（2～4歳） レセプションクラス（4歳）
所管	各州	保育所は厚生労働省、幼稚園は文部科学省	保育所は労働社会関係家族連帯省	幼保とも子ども学校家庭省
無償化の状況	就学前1年（5歳）は公立幼稚園に所属するのが一般的で、無償	公私ともに有償	幼稚園は99％が公立で無償	3～4歳児はすべて無償

29 パーソナリティのダーク・トライアド

自己愛、マキャベリアニズム、サイコパシー

近年、外在化問題[1]につながる可能性のあるパーソナリティ特性が注目されています。その代表的な枠組みが、**ダーク・トライアド**（Dark Triad）と呼ばれる3つのパーソナリティ特性です。本項では、ダーク・トライアドの各特性を概観し、その測定方法や社会的な意義について論じていきます。

ダーク・トライアドとは――3つの特性とサディズム

ダーク・トライアドは、ポールハスらによって提唱されたパーソナリティの枠組みであり、**自己愛**、**サイコパシー**、**マキャベリアニズム**という3つの特性の複合体として表現されます（図29-1）[2]。これら3つのパーソナリティ特性は、互いに低い値から中程度の相関係数を示すことが知られており、背後に何らかの共通要素が存在することが想定されます。

自己愛は、自分自身に対する誇大な自己評価の感覚と賞賛を求める欲求、周囲の人々にも自分の素晴らしさを認識するように求める志向性という特徴をもちます。またサイコパシーは、冷淡で利己的、感情の希薄さ、そして衝動性を併せ持つパーソナリティ特性です。そしてマキャベリアニズムは、他者を自分の思いどおりに操作し、自分自身の利益を優先的に考える搾取的な傾向の強いパーソナリティ特性として描かれます。

これらの3つの特性に共通する要素としては、利己的で他者に対する配慮に欠け、冷淡

1 「10 犯罪・精神病理とパーソナリティ」の項参照。

2 Paulhus & Williams (2002)

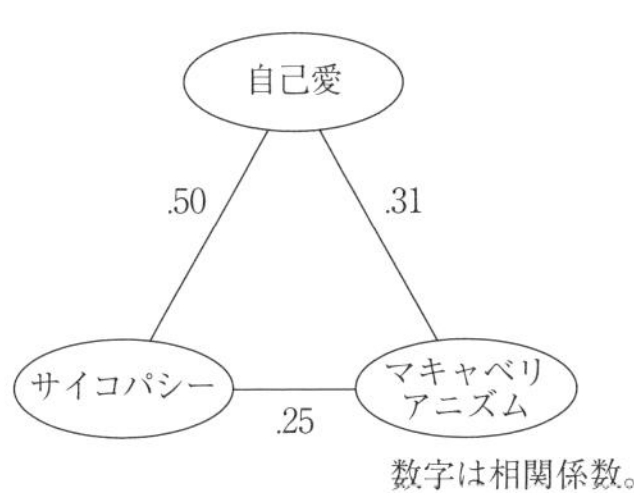

図29-1　ダーク・トライアドの3特性
（Paulhus & Williams, 2002を改変）

な態度や感情をもつ点にあります。ただし、単に共感性[3]が欠如しているわけではなく、ダーク・トライアドの持ち主は相手の気持ちを自分のことのように感じる**情動的共感性**は欠ける傾向にあるものの、相手が置かれた立場を想像する**認知的共感性**はそれほど欠けるわけではないことが示唆されています[4]。これは、他者を搾取し自分自身の利益とするためには、他者が置かれた状況をある程度は認識する必要性があるためである可能性があります。

また近年ポールハスは、ダーク・トライアドに**サディズム**を加えることでダーク・テトラッド（Dark Tetrad）という4つの組み合わせとしても考えることができることを提唱しています。サディズムは、以前から猟奇的で性的逸脱にも関わる特性として問題視されてきた特性ですが、近年では日常場面で他者が苦しむ様子を見て喜ぶ傾向を特徴とする、一般的なパーソナリティ傾向としても扱われるようになっています[5]。

ダーク・トライアドとビッグ5

ビッグ5パーソナリティ[6]との関連では、ダーク・トライアドの3つの特性に共通する要素はどのようなものとなるのでしょうか。これまでに検討された結果から、関連の程度は大小があるものの、いずれの特性も**協調性**（Agreeableness）との間に負の関連を示すことが明らかにされています[7]。

また、ビッグ5パーソナリティとは異なる、人間の全体的なパーソナリティを導き出そうと試みた独自のモデルにヘキサコ（HEXACO）モデルがあります。ヘキサコモデルでは、正直さ－謙虚さ（Honesty – Humility）、情緒安定性（Emotional stability）、外向性

3 「5　共感性と心の理論」の項参照。
4 Wai & Tiliopoulos (2012)
5 下司忠大ほか（2019）
6 「1　パーソナリティのビッグ5」の項参照。
7 田村紋女ほか（2015）

（eXtraversion）、協調性（Agreeableness）、勤勉性（Conscientiousness）、開放性（Openness to experience）という、ビッグ5パーソナリティに1つの次元を加えた6次元の構造で人間全体のパーソナリティを記述することを試みています[8]。そして、このモデルとダーク・トライアドとの関連を検討すると、いずれも正直さ－謙虚さを表すH因子との間に負の関連が見出されることが明らかにされています[9]。

このようにダーク・トライアドの特性に共通する要素とは、利他性や謙虚さ、公平性、慎み深さに欠ける冷淡さを特徴としていることがわかります。そしてこのような特徴をもつことから、ダーク・トライアドの持ち主はときに対人関係上のトラブルを起こしやすくなると考えられるのです。

ダーク・トライアドの測定――ＤＴＤＤとＳＤ３

自己愛、サイコパシー、マキャベリアニズムは、それぞれ異なる理論的背景をもつ概念であり、歴史的な経緯も異なっています。これまでの研究でこれら３つの概念それぞれについて心理尺度が開発されており、多くの研究で用いられてきました。

ところが、ダーク・トライアドという枠組みで研究を進める上で、その質問項目の多さがひとつの問題となっていました。３つの概念を同時に測定することを試みると、それだけで時には90項目以上の質問を用いる必要があります。このような多数の質問項目を用いると回答者の負担が大きくなり、また同時に他の複数の概念との関連を検討することを制限してしまうことが懸念されます。

そこでジョナソンら[10]は、自己愛、サイコパシー、マキャベリアニズムの３つの特性を

8　Lee & Ashton (2012)

9　Lee & Ashton (2014)

10　Jonason & Webster (2010)

それぞれ4項目、計12項目で捉える新たな尺度を構成しました。この簡便な尺度を、「ダーク・トライアドDirty Dozen」（ＤＴＤＤ）と呼びます。ＤＴＤＤが開発されたことにより、それ以降ダーク・トライアドの研究は爆発的に増加し、論文データベースPsycINFOによると、２０１０年から２０１８年にかけて実に５００本以上の論文が出版されています。ＤＴＤＤは日本語版も開発されており[11]、また日本以外でも各国で翻訳されることで、国際的な比較も行われるようになっています。

その一方で、非常に少数の質問項目で自己愛、サイコパシー、マキャベリアニズムという幅広い概念の範囲を測定することの問題についても、たびたび指摘されています。すなわち、少ない質問項目では、概念の一部しか測定できていないのではないかという懸念です。そこで、各次元9項目、計27項目でダーク・トライアドを測定する新たな尺度である、「ショート・ダーク・トライアド」（ＳＤ３）も開発されています[12]。このＳＤ３についても日本語版が開発されており、信頼性と妥当性が検討されています[13]。現在では、どちらの尺度も研究で盛んに用いられており、両方ともダーク・トライアドの研究を支える重要な尺度だと言えます。

ダーク・トライアドと社会的適応

これまでにダーク・トライアドのような、社会にとって問題を生じさせる可能性のあるパーソナリティ特性がどうして広がるのかという問題についても、考察がなされてきました。そのひとつの可能性は、生活史理論という枠組みによって示されるものです[14]。この理論は**進化**の枠組みから、行動における個人差を説明しようと試みます。生物は限られた資源

11　田村紋女ほか（２０１５）
12　Jones & Paulhus (2014)
13　下司忠大・小塩真司（２０１７）
14　スプレイグ（２００４）

を個体の成長と繁殖に振り分ける必要があります。そして、その資源配分は環境の厳しさと将来の予測に応じてなされます。人間の生活史は他の生物に比べて長いものだと言えますが、その中でも厳しい環境のもとに育ったり、将来の環境を厳しく予測したりすると、より性急な生活史のスタイルをとる傾向が見られるようになると言われています。

性急な生活史戦略をとる個体は、多くの子孫を残すような戦略をとる傾向があります。このことは、多くの異性と短期的に交流し、子育てにはあまり参画しない傾向となって表れます。逆に、遅い生活史戦略をとる個体は、限られた異性と親密な関係性を築き、人数の少ない子どもをじっくりと育てる傾向があるとされます。そして、ダーク・トライアドの適応戦略は、性急な生活史戦略にあるということが指摘されているのです。これは、厳しい環境で生活する人々にとっては、適応的な戦略だと言えるのかもしれません。すなわち、ダーク・トライアドのような冷淡なパーソナリティは、より厳しく急激かつ臨機応変な対応が求められるような社会の中で、うまく適応するために必要な特性であると考えることもできるのです。

●参考書

ケヴィン・ダットン／小林由香利（訳）（2013）『サイコパス――秘められた能力』NHK出版［ダーク・トライアドの一角を占めるサイコパシーですが、このような特徴が社会の中で適応的に機能する場所はどこにあるのでしょうか。身近な職業が、実はこのような冷淡さを特徴とするパーソナリティにとってうまく機能する場所となっているかもしれません。］

ジーン・M・トウェンギ、W・キース・キャンベル／桃井緑美子（訳）（2011）『自己愛過剰社会』河出書房新社［アメリカ合衆国では、近年になるほど人々の自己愛的な傾向が上昇してきているという研究があります。本書は、そのような現象が本当に生じているのか、その背景には何があるのかを明らかにしていきます。］

30 人の知能とAI

AIが学習と仕事を変える

IBMのワトソンが先鞭をつけた囲碁やゲームでのAIの勝利や、GoogleのアレクサＧ等の自然言語処理技術の発展は**人工知能**（**AI**）[1]技術の実用化を如実に示すとともに、人の自然知能[2]との優劣についての議論をもたらしました。2045年にはAI技術が人間より賢い知能を生み出すことが可能になるシンギュラリティ（技術的特異点）が来ると提唱されています。では、現時点でAIは何ができて、どんな革新的可能性が考えられるのでしょうか。AIは人の思考や判断、そして学習や仕事にどのような影響を及ぼすのでしょうか、現時点でどこまで見通せるのでしょうか。

AIの現状と未来

2021年現在、AIは第3次ブームの直中にあります（表30-1）。AIの解析エンジンは現在のコンピュータのような記号レベルで演算を行う記号処理系ではなく、脳の神経回路の一部を模した**ニューラルネットワーク**（**NN**[3]）の進歩と、膨大なビッグデータからデータの特徴や識別を超高速に学習する**ディープラーニング**（深層学習）[4]を特徴としています。具体的には、画像や音声認識に使われる神経回路を模した畳み込みニューラルネットワーク（CNN[5]）、自然言語処理や対話/自動翻訳などの時系列処理を扱うリカレントニューラルネットワーク（RNN[6]）、そして環境と相互作用しながらより良い行動を形成

1 AI：Artificial Intelligence
2 Natural Intelligence ないしHI：Human Intelligence
3 NN：Neural Network
4 ディープラーニング：Deep Learning（DL）
5 CNN：Convolutional NN
6 RNN：Recurrent NN

する強化学習（reinforcement learning）などを特徴としています。自動車の自動運転や医療における画像診断などへのＡＩ利用には、（１）優れた解析エンジンと、（２）具体的な適用場面での学習データが不可欠で、ＧｏｏｇｌｅやＡｍａｚｏｎ等の企業は膨大なデータベースを蓄積している点で、ＡＩ開発の強みがあります。

ＡＩが得意なのは、ざっくり言って、特定の非構造化データ（映像、画像、音声、自然言語）を対象とした理解、推論、学習などです。具体的には、（１）自然言語インターフェースを介してのやりとり（会話系）、（２）自然言語テキストの他言語への翻訳や文章特性からの執筆者のパーソナリティ推定や分類（言語系）、（３）キーワードや関係抽出からの洞察やトレンド発見（知識探索系）、（４）画像／音声からの意味抽出やテキストへの変換（画像・音声系）等です[7]。

人の知能とＡＩの根本的な違いと可能性

人の知能（intelligence）と心（mind）の根底には感情や欲望・欲求があり、かつ、人間には身体があって、身体は心と不可分に結びついています[8]。これに対して、人工知能は今のところ身体を持たず、鉄腕アトムは実現していません[9]。

ＡＩは、アルゴリズムの多層並列処理が可能なＡＩエンジンを持ち、データベース（ビックデータ／スモールデータ／特定領域）から、知識

表30-1　人工知能（AI）の歴史（総務省, 2016より）

	人工知能の置かれた状況	主な技術等	人工知能に関する出来事
1950年代			チューリングテストの提唱（1950年）
	第一次人工知能ブーム（探索と推論）	•探索、推論 •自然言語処理 •ニューラルネットワーク •遺伝的アルゴリズム	ダートマス会議にて「人工知能」という言葉が登場（1956年）
1960年代			ニューラルネットワークのパーセプトロン開発（1958年） 人工対話システムELIZA開発（1964年）
1970年代	冬の時代	•エキスパートシステム	初のエキスパートシステムMYCIN開発（1972年） MYCINの知識表現と推論を一般化したEMYCIN開発（1979年）
1980年代	第二次人工知能ブーム（知識表現）	•知識ベース •音声認識	第五世代コンピュータプロジェクト（1982～92年） 知識記述のサイクプロジェクト開始（1984年） 誤差逆伝播法の発表（1986年）
1990年代	冬の時代	•データマイニング •オントロジー •統計的自然言語処理	
2000年代	第三次人工知能ブーム（機械学習）	•ディープラーニング	ディープラーニングの提唱（2006年）
2010年代			ディープラーニング技術を画像認識コンテストに適用（2012年）

出典：総務省「ICTの進化が雇用と働き方に及ぼす影響に関する調査研究」（平成28年）

ないしデータを超高速でほぼ無限に取り込むことが可能です。人から特定領域の知識を学習して特定の知的課題を解く特化型ＡＩ（弱いＡＩ）と、人間と同等もしくはそれ以上の知能を持つ汎用ＡＩ（強いＡＩ）が考えられていますが、これまでのＡＩのほとんどは特化型ＡＩでした。知識の学習はＡＩの特技のひとつで、将棋やチェス等の特定領域では人を介さずに学ぶ教師なし学習による知識学習や推論、すなわちエキスパートシステムが人を超えつつあります。

他方、汎用ＡＩの実現は現時点では困難視されています。なぜなら、人にとって身体性の存在は本質的で、感覚と動き／行動表現は認知の前提であり、かつ、身体性が欲望や感情の基底にあると考えられるからです（しかも、欲望の発現は対人関係に起因します）。しかし、感覚に代わる各種センサーが開発され、ロボット技術と組み合わされることで、幅広い機能がＡＩに置き換えられつつあり、オズボーンらの論文「雇用の未来」[10]では、労働人口の47％が機械に代替される可能性が70％以上と推測され、若者の未来に物議を醸しています。自然知能にどこまで近づき得るかはまさしく近未来の問題で、ＡＩの集積回路が人の脳のニューロン構造を模している限り、将来の可能性はゼロではないでしょう。

教育／学習とＡＩ――学習や仕事を補助／連携するＡＩ

教育、特に、高等教育とＡＩに視点を置くと、歴史的に人間の認知に頼ってきた課題や活動を、コンピュータシステムを利用してより有効に達成できることがあります。ＡＩは個人個人の学習経験に即して、学生の学習への意欲的な関わり、すなわちエンゲージメントを高める新たな手段（たとえば、拡張現実を利用してより真正の学習に近づけるなど）を提供

7　吉崎敏文（２０１８）
8　河野哲也（２０１１、２０１８）、Hawkins & Blakeslee (2004/2005)
9　中馬宏之（２０１９）、浅田稔（２００９）。ただし、中馬の論文ではＡＩを〝自己変化する情報駆動型制御システム〟と定義した上で、ビッグデータ型ＡＩと脳神経／ニューロン模倣型ＡＩ（Neuromorphic AI）に分けています。
10　Frey & Osborne (2013)

でき、また、教育にかかるコストを低減することができます。すでに多様な試みが「ホライズン・レポート高等教育版」[11]などで報告されています[12]。たとえば、ジョージア州立大学のAdmitHubは大学生活の手続き用モバイルメッセンジャープラットフォームとして新入生の登録、アドレス指定、財政援助を支援しています。学生へのエンゲージメントには討論フォーラム、同様な課題を持つ学生へのＱ＆Ａ接続、学生提案の採用などのＡＩ解決案の設定が可能です。また、適切なコンテンツを適切な時期と方法で提供し、学生一人ひとりの欲求にカスタマイズする**適応学習**（adaptive learning）は、ＡＩを利用した個別学習だからこそ可能で、多人数同一教材の授業ではかなり困難です[13]。また、ＡＩ利用の前提として拡張現実（ＶＲ[14]）や仮想現実（ＡＲ[15]）を組み合わせた混合現実（ＭＲ[16]）を利用してのモバイル学習や、学習プロセスのログを学習評価に役立てる学習分析（learning analytics）が提案され、実用化されています[17]。また、図書館とＡＩのコラボレーションによって知性を持った広場（ＡＩＡ[18]）と位置づけられた図書館は、知識・情報の蓄積・提供の場や学修空間であることを超えて、社会における先端的な課題の解決の場として、解決のモデルケースを発信する空間になると予測されています[19]。

ＡＩの未来――シンギュラリティと人型ロボット

汎用ＡＩを目指すには、すなわち、言葉の意味を真に理解するには、身体をもって現実世界で行動することが不可欠です。そうしてはじめて他者の傷みとか、いわゆる人としての常識を備えた理解や行動が可能になります。人間の完全上位互換としてのＡＩには、常識を背景とした意味理解、創造性[20]、感情、心の理解、自律性が必要と考えられます。他方、部

---

11 ネットから入手できます（旧版の日本語版もあります）（https://library.educause.edu/-/media/files/library/2019/4/2019horizonreport.pdf ２０２０年11月12日アクセス）。
12 EDUCAUSE（2019）、アウン（２０２０）
13 田中晃（２０１７）
14 ＶＲ：Virtual Reality
15 ＡＲ：Augmented Reality
16 ＭＲ：Mixed Reality
17 EDUCAUSE（2019）
18 ＡＩＡ：Ambient Intelligence Agora
19 村田輝・田中はるみ（２０１９）
20 「15　創造性とイノベーション」の項参照。

分的上位互換、すなわち、道具としての人工知能は、これまで述べてきたようにさまざまに成功を収めています。知能とは環境に対して適切な行動を取る能力だと考えるならば、ＡＩによる新種の知能はこれからも人間を凌いでゆくでしょう。しかし、ここにいくつかの課題が出てきます。

まず、先に触れた「雇用の未来」はセンセーショナルで、表30－2には無くなりそうな職業が指摘されています。先のオズボーンは職種（job）単位で分析していますが、ＡＩ化は人が丸々置き換わるわけではありません。その職種が行う仕事（work）に分解して分析すべきです。また、ＡＩがもたらす新たな仕事も計算に入れると[21]、図30－1のように、繰り返しの多いルーティン（定型的）なタスクはＡＩに取って代わられますが、ノンルーティン（非定型的）なタスクは増えていきます。他方、スキルがとても低くてもルーティンではない仕事も増えていきますが、定型的仕事は技術で代替できるようになると雇用は消滅します。そこで教育の役割は、ストレスの生じるような定型的で苦痛な仕事は機械にやってもらい、人は創意工夫しながら**ディーセント・ワーク**（働きがい／やりがいのある仕事）に従事できるように、学生を準備させることになります。

ＡＩを活用していく上では、倫理的・社会的課題と

表 30-2　残りそうな職種と無くなりそうな職種（田中秀基, 2017）

残りそうな職種	無くなりそうな職種
• リクリエーション療法士	• 銀行の融資担当
• 機械、設置、修理の現場監督者	• 写真現像、現像機操作
• 緊急事態管理ディレクタ	• 税金申告補助
• メンタルヘルス薬物乱用ソーシャルワーカー	• 貨物取扱人
• 聴覚訓練士	• 時計修理工
• 作業療法士	• 保険審査担当
• 義肢装具士	• 数学技師
• 医療ソーシャルワーカー	• 縫い子（手縫い）
• 口腔外科	• 不動産調査
• 消防現場監督者	• 電話販売員

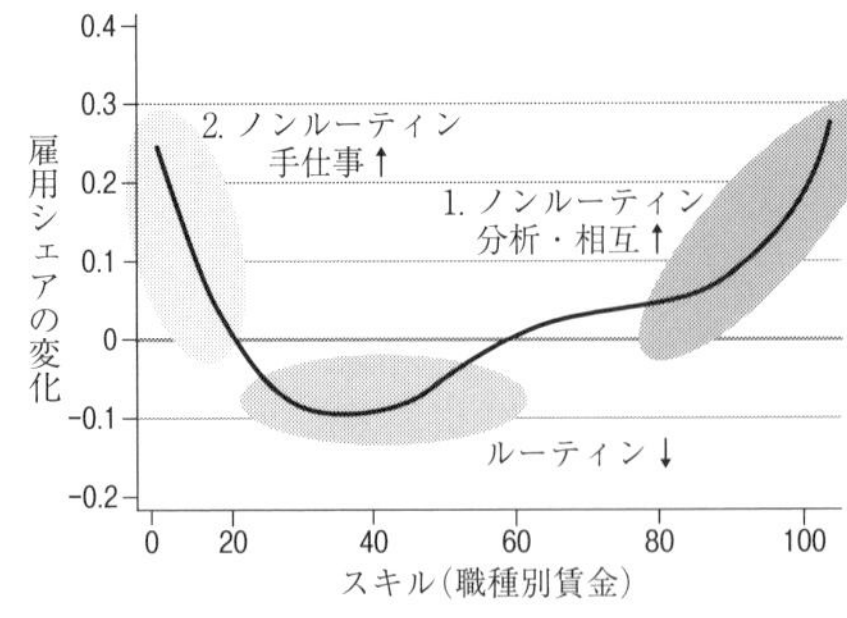

図 30-1　ルーティンとルーティンではない仕事の雇用の二極化（Autor & Dorn, 2013、安宅ほか, 2018 より）

21　Autor（2015）、岩本晃一（２０１９）、安宅和人ほか（２０１８）

22　人工知能の利点とリスク（http://futureoflife.org/background/benefits-risks-artificial-intelligence-japanese/　２０１９年５月14日アクセス）

23　麻生英樹（２０１８）

して、（1）データの利活用に関する倫理（データの囲い込み・プライバシー侵害・監視社会など）、（2）自律性に伴う倫理（説明可能性・自律型兵器の危険性[22]など）があり、技術・社会構造変革の受容と制度整備によって格差の拡大・産業構造と職業変化などに備える必要があります[23]。

●参考書

河野哲也（２０１１）『エコロジカル・セルフ（クロスロード・パーソナリティ・シリーズ①）』ナカニシヤ出版［人間の行動の特徴は社会性にあります。心理作用の成立には自己と人間的環境との循環的相互作用が不可欠で、対人関係の記憶と身体からアイデンティティやパーソナリティを考察。］

EDUCAUSE (2019) *EDUCAUSE Horizon Report 2019 Higher Education Edition.*［高等教育版で、教育テクノロジーの重要な発達、モバイル学習、分析技術、ＡＩ、バーチャルアシスタント、混合現実等の影響を短・中・長期に分けての年次報告書。］

ジョセフ・Ｅ・アウン／杉森公一・西山宣昭・中野正俊・河内真美・井上咲希・渡辺達雄（共訳）（２０２０）『ＲＯＢＯＴ‐ＰＲＯＯＦ――ＡＩ時代の大学教育』森北出版［大学はいかにして、ＡＩ化・ロボット化した社会・経済を闊歩できる人材、つまりロボット・プルーフな卒業生を輩出できるのか。ノースイースタン大学等の事例を紹介。］

ルネス教室』講談社
ミシェル, W.／柴田裕之（訳）(2017)『マシュマロ・テスト ― 成功する子・しない子』早川書房
ミシェル, W. ほか／黒沢香・原島雅之（訳）(2010)『パーソナリティ心理学 ― 全体としての人間の理解』培風館
水野里恵 (2017)『子どもの気質・パーソナリティの発達心理学』金子書房
光永悠彦 (2017)『テストは何を測るのか ― 項目反応理論の考え方』ナカニシヤ出版
村上宣寛 (2006)『心理尺度のつくり方』北大路書房
村上宣寛・村上千恵子 (1999)『性格は五次元だった ― 性格心理学入門』培風館
ライチェン, D. S., サルガニク, L. H.（編著）／立田慶裕（監訳）(2006)『キー・コンピテンシー ― 国際標準の学力をめざして』明石書店（Rychen, D. S. & Salganik, L. H. (Eds.) (2003) *Key Competencies for a Successful Life and a Well-Functioning Society*. Hogrefe & Huber Publishers.）
ラザルス, R. S., フォルクマン, S.／本明寛・春木豊・織田正美（監訳）(1991)『ストレスの心理学 ― 認知的評価と対処の研究』実務教育出版
リトル, B. R.／児島修（訳）(2016)『自分の価値を最大にするハーバードの心理学講義』大和書房
ロジャーズ, E.／三藤利雄（訳）(2007)『イノベーションの普及』翔泳社

ネフ, K.／石村郁夫・樫村正美（訳）(2014)『セルフ・コンパッション ── あるがままの自分を受け入れる』金剛出版
野口裕之・渡辺直登（編）(2015)『組織・心理テスティングの科学』白桃書房
野中郁次郎・紺野登 (2003)『知識創造の方法論 ── ナレッジワーカーの作法』東洋経済新報社
バウマイスター, R., ティアニー, J.／渡会圭子（訳）(2013『WILLPOWER 意志力の科学』インターシフト
速水敏彦（監修）(2012)『コンピテンス ── 個人の発達とよりよい社会形成のために』ナカニシヤ出版
バンデューラ, A.（編）／本明寛ほか（訳）(1997)『激動社会の中の自己効力』金子書房
平石界 (2013)「パーソナリティと進化心理学」日本パーソナリティ心理学会（企画）『パーソナリティ心理学ハンドブック』福村出版, pp. 29-35.
福間詳 (2017)『ストレスのはなし ── メカニズムと対処法』中央公論新社
藤永保 (2009)『「気になる子」にどう向き合うか ── 子育ての曲がり角』フレーベル館
藤永保 (2016)『藤永保の「子育ち・子育て」考 ── 子育ち困難時代への警鐘』チャイルド本社
フリードマン, M.／本明寛・野口京子・佐々木雄二（訳）(2001)『タイプA 行動の診断と治療』金子書房
フリン, J.／水田賢政（訳）(2015)『なぜ人類のIQ は上がり続けているのか? ── 人種、性別、老化と知能指数』太田出版
フロイト, S.／懸田克躬（訳）(2019)『精神分析学入門』中央公論新社
ヘックマン, J. J.／古草秀子（訳）(2015)『幼児教育の経済学』東洋経済新報社
ベム, S. L.／福富護（訳）(1999)『ジェンダーのレンズ ── 性の不平等と人間性発達』川島書店
ホーガン, T. P.／繁桝算男・椎名久美子・石垣琢麿（共訳）(2010)『心理テスト ── 理論と実践の架け橋』培風館
ホフステッド, G., ホフステッド, G. J., ミンコフ, M.／岩井八郎・岩井紀子（訳）(2013)『多文化世界 ── 違いを学び未来への道を探る（原書第3版）』有斐閣
堀毛一也 (2019)『ポジティブなこころの科学 ── 人と社会のよりよい関わりをめざして』サイエンス社
増田貴彦・山岸俊男（共著）(2010)『文化心理学 ── 心がつくる文化、文化がつくる心［上］［下］』培風館
McAdams, D. P. & Pals, J. L. (2006) A New Big Five: Fundamental Principles for an Integrative Science of Personality. *American Psychologist, 61*, 204-217.
松下佳代（編著）(2010)『〈新しい能力〉は教育を変えるか ── 学力・リテラシー・コンピテンシー』ミネルヴァ書房
松村暢隆・石川裕之・佐野亮子・小倉正義（編著）(2010)『認知的個性 ── 違いが活きる学びと支援』新曜社
スティーヴン・マーフィ重松／坂井純子（訳）(2016)『スタンフォード大学 マインドフ

ナカニシヤ出版

サンドバーグ, S., グラント, A.／櫻井祐子（訳）(2017)『OPTION B ── 逆境、レジリエンス、そして喜び』日本経済新聞出版社

ジェイ, M.／小西敦子（訳）(2016)『人生は20代で決まる ── 仕事・恋愛・将来設計』早川書房

Shiner, R. L. & DeYoung, C. G. (2013) The structure of temperament and personality traits: A developmental perspective. In P. D. Zelazo (Ed.), *The Oxford Handbook of Developmental Psychology. Vol.2. Self and Other*. New York: Oxford University Press. pp. 113-141.

杉浦義典・丹野義彦 (2008)『パーソナリティと臨床の心理学 ── 次元モデルによる統合』培風館

杉山憲司・松田英子 (2016)『パーソナリティ心理学 ── 自己の探究と人間性の理解』培風館

スターンバーグ, R. J.／松村暢隆・比留間太白（訳）(2000)『思考スタイル ── 能力を生かすもの』新曜社（Sternberg, R. J. (1997) *Thinking Styles*. New York: Cambridge University Press.）

高木秀明ほか (2019)『挫折と向き合う心理学 ── 青年期の挫折を乗り越えるための心の作業とその支援』福村出版

ダットン, K.／小林由香利（訳）(2013)『サイコパス ── 秘められた能力』NHK出版

タフ, P.／駒崎弘樹・高山真由美（訳）(2017)『私たちは子どもに何ができるのか ── 非認知能力を育み、格差に挑む』英知出版

テモショック, L., ドレイア, H.／大野裕（監修）(1997)『がん性格 ── タイプC症候群』創元社

デンワース, L. (2018)「共感の功罪」『別冊日経サイエンス230　孤独と共感 ── 脳科学で知る心の世界』日本経済新聞社, pp. 6-11.

ドゥエック, C. S.／今西康子（訳）(2016)『マインドセット ── 「やればできる！」の研究』草思社

トウェンギ, J. M., キャンベル, W. K.／桃井緑美子（訳）(2011)『自己愛過剰社会』河出書房新社

西岡加名恵・石井英真・田中耕治（編著）(2015)『新しい教育評価入門 ── 人を育てる評価のために』有斐閣

ニスベット, R. E.／村本由紀子（訳）(2004)『木を見る西洋人森を見る東洋人 ── 思考の違いはいかにして生まれるか』ダイヤモンド社

NICHD／日本子ども学会（編）菅原ますみ・松本聡子（訳）(2009)『保育の質と子どもの発達 ── アメリカ国立小児保健・人間発達研究所の長期追跡研究から』赤ちゃんとママ社

ネトル, D.／竹内和世（訳）(2009)『パーソナリティを科学する ── 特性５因子であなたがわかる』白揚社（Nettle, D. (2007) *Personality: What makes you the way you are.* Oxford University Press）

参考書

相川充 (2009)『人づきあいの技術 ―― ソーシャルスキルの心理学』サイエンス社

アイゼンバーグ, N., マッセン, P.／菊池章夫・二宮克美（訳）(1991)『思いやり行動の発達心理』金子書房

アウン, J. E.／杉森公一・西山宣昭・中野正俊・河内真美・井上咲希・渡辺達雄（共訳）(2020)『ROBOT-PROOF ―― AI時代の大学教育』森北出版

青野篤子・森永康子・土肥伊都子 (2004)『ジェンダーの心理学 ――「男女の思いこみ」を科学する［改訂版］』ミネルヴァ書房

アズベリー, K., プローミン, R.／土屋廣幸（訳）(2016)『遺伝子を生かす教育 ―― 行動遺伝学がもたらす教育の革新』新曜社

アッカーマン, J.／鍛原多惠子（訳）(2018)『鳥！ 驚異の知能 ―― 道具をつくり、心を読み、確率を理解する』講談社

有賀三夏 (2018)『自分の強みを見つけよう ――「８つの知能」で未来を切り開く』ヤマハミュージックメディア

安藤寿康 (2000)『心はどのように遺伝するか ―― 双生児が語る新しい遺伝観』講談社ブルーバックス

安藤寿康 (2011)「認知の個人差と遺伝」箱田裕司（編）『認知の個人差（現代の認知心理学７）』北大路書房, 第5章, pp. 103-129.

五百部裕・小田亮（編）(2013)『心と行動の進化を探る ―― 人間行動進化学入門』朝倉書店

EDUCAUSE (2019) *EDUCAUSE Horizon Report 2019 Higher Education Edition*. Retrieved from https://library.educause.edu/-/media/files/library/2019/4/2019horizonreport.pdf（2020年11月12日アクセス、この時点で2018年版は和訳あり）

エリクソン, E. H.／西平直・中島由恵（訳）(2011)『アイデンティティとライフサイクル』誠信書房

大野久ほか (2017)『君の悩みに答えよう ―― 青年心理学者と考える10代・20代のための生きるヒント』福村出版

越智啓太 (2012)『Progress & Application 犯罪心理学』サイエンス社

ガードナー, H.／松村暢隆（訳）(2001)『MI ―― 個性を生かす多重知能の理論』新曜社

亀田達也 (2017)『モラルの起源 ―― 実験社会科学からの問い』岩波新書

金井良太 (2013)『脳に刻まれたモラルの起源』岩波書店

河合俊雄 (2015)『ユング ―― 魂の現実性』岩波書店

北村晴朗 (1993)「パーソナリティを考える ―― 二段階の接近法の試論」『性格心理学研究』*1*(1), 2-14.

グリフィン, P., マクゴー, B., ケア, E.（編）／三宅なほみ（監訳）(2014)『21世紀型スキル ―― 学びと評価の新たなかたち』北大路書房

河野哲也 (2011)『エコロジカル・セルフ（クロスロード・パーソナリティ・シリーズ①）』

山本志都 (2014)「文化的差異の経験の認知 ── 異文化感受性発達モデルに基づく日本的観点からの記述」『多文化関係学』*11*, 67-86.

山本秀樹 (2018)『世界のエリートが今一番入りたい大学ミネルバ』ダイヤモンド社

山崎勝之 (2019)「タイプA 行動パターン」日本健康心理学会（編）『健康心理学事典』丸善, pp. 118-119.

矢野正晴・柴山盛生・孫媛・西澤正己・福田光宏（編）(2002)「創造性の概念と理論」国立国会図書館デジタルコレクション NII technical report. NII-2002-001J.

Yoakum, C. S. & Yerkes, R. M. (1920) *Mental Tests in the American Army*. London: Sidgwick and Jackson.

依田明 (1967)「ユンク」詫摩武俊（編著）『性格の理論』誠信書房, pp. 35-44.

横塚怜子 (1989)「向社会的行動尺度（中高生版）作成の試み」『教育心理学研究』*37*, 158-162.

横尾俊 (2008)「我が国の特別な支援を必要とする子どもの教育的ニーズについての考察 ── 英国の教育制度における「特別な教育的ニーズ」の視点から」『国立特別支援教育総合研究所研究紀要』*35*, 123-136.

吉崎敏文 (2018)「招待講演 拡がる IBM Watson の可能性」法政大学情報メディア教育研究センターシンポジウム配付資料

Zeigler-Hill, V. (2013) The importance of self-esteem. In V. Zeigler-Hill (Ed.) *Self-esteem*. New York: Psychology Press. pp.1-20.

Zhang, L. F. (2002) Thinking Styles and Modes of Thinking: Implications for Education and Research. *The Journal of Psychology, 13*(3), 245-261.

渡邉寛 (2017)「多様化する男性役割の構造 ── 伝統的な男性役割と新しい男性役割を特徴づける4領域の提示」『心理学評論』*60*(2), 117-139.

渡邉雅子 (2014)「国際バカロレアにみるグローバル時代の教育内容と社会化」『教育学研究』*81*(2), 176-186.

渡辺三枝子・松本純平・舘暁夫・松本真作 (1982)「Hollandの職業選択理論の日本人大学生への適用に関する研究（1）」『進路指導研究』*3*, 2-9.

Watts, T. W., Duncan, G. J. & Quan, H. (2018) Revisiting the Marshmallow Test: A Conceptual Replication Investigating Links Between Early Delay of Gratification and Later Outcomes. *Psychological Science*. *29*, 1159-1177.

ウェグナー, D., ヴァレカー, R.／倉智佐一（監訳）(1988)『暗黙の心理 ── 何が人をそうさせるのか』創元社

Weintraub, S. (1987) Risk factors in schizophrenia: The Stony Brook High-Risk Project. *Schizophrenia Bulletin, 13*, 439-449.

Werner, E. E. & Smith, R. S. (1992) *Overcoming the odds: High risk children from birth to adulthood*. Ithaca: Cornell University Press.

White, R. W. (1959) Motivation reconsidered: The concept of competence. *Psychological Review, 66*(5), 297-333.（ホワイト, R. W.／佐柳信男（訳）(2015)『モチベーション再考 ── コンピテンス概念の提唱』新曜社）

WHO ICF-CY (2007) *International Classification of Functioning, Disability and Health: Children & Youth Version*. Geneva: World Health Organization.

Wiggins, G. P. (1998) *Educative Assessment: Designing Assessments to Inform and Improve Student Performance*. Jossey Bass Education Series. California: Jossey-Bass.

ウィトキン, H. A., グーデナフ, D. R.／島津一夫（監訳）(1985)『認知スタイル ── 本質と起源』ブレーン出版

World Conference on Special Needs Education: Access and Quality (1994) *The Salamanca Statement and Framework for action on Special Needs Education*. Salamanca, Spain. Retrieved from https://www.right-to-education.org/sites/right-to-education.org/files/resource-attachments/Salamanca_Statement_1994.pdf（2020年11月19日アクセス）

World Economic Forum (2018) *Insight Report: The Future of Jobs Report 2018*. Retrieved from http://www3.weforum.org/docs/WEF_Future_of_Jobs_2018.pdf（2020年 11月12日アクセス）

山形伸二・菅原ますみ・酒井厚・眞榮城和美・松浦素子・木島伸彦・菅原健介・詫摩武俊・天羽幸子 (2006)「内在化・外在化問題行動はなぜ相関するか ── 相関関係の行動遺伝学的解析」『パーソナリティ研究』*15*(1), 103-119.

山岸俊男 (2011)「集団内協力と評判心理」『新世代法政策学研究』*10*, 109-144.

山口一大・岡田謙介 (2017)「近年の認知診断モデルの展開」『行動計量学』*44*(2), 181-198.

── なぜジェンダーフリーは叩かれたのか?』双風舎

上野雄己・小塩真司 (2019)「日本人成人における運動行動とBig Five パーソナリティ特性の関連」*Journal of Health Psychology Research, 31*, 165-173.

梅永雄二 (2017)「発達障害者の就労上の困難性と具体的対策 ── ASD 者を中心に」『日本労働研究雑誌』*59*(8), 57-68.

浦上昌則 (1996)「女子短大生の職業選択過程についての研究 ── 進路選択に対する自己効力、就職活動、自己概念の関連から」『教育心理学研究』*44*(2), 195-203.

Van der Linden, D., Dunkel, C. S. & Petrides, K. V. (2016) The General Factor of Personality (GFP) as social effectiveness: Review of the literature. *Personality and Individual Differences, 101*, 98-105.

Van der Linden, D., te Nijenhuis, J. & Bakker, A. B. (2010) The General Factor of Personality: A meta-analysis of Big Five intercorrelations and a criterion-related validity study. *Journal of Research in Personality, 44*, 315-327.

Van Iddekinge, C. H., Roth, P. L., Putka, D. J. & Lanivich, S. E. (2011) Are you interested? A meta-analysis of relations between vocational interests and employee performance and turnover. *Journal of Applied Psychology, 96*, 1167-1194.

Versteeg, H., Spek, V., Pedersen, S. S. & Denollet, J. (2011) Type D personality and health status in cardiovascular disease populations: A meta-analysis of prospective studies. *European Journal of Preventive Cardiology, 19*, 1373-1380.

Von Stumm, S. & Plomin, R. (2021) Using DNA to predict intelligence. *Intelligence, 86*, 1-5.

和田さゆり (1996)「性格特性用語を用いた Big Five 尺度の作成」『心理学研究』*67*, 61-67.

Wai, M. & Tiliopoulos, N. (2012) The affective and cognitive empathic nature of the dark triad of personality. *Personality and Individual Differences, 52*, 794-799.

Watson, J. & Crick, F. (1953) Genetical implications of the structure of deoxyribonucleic acid. *Nature, 171*, 964-967.

Way, W. D. & Reese, C M. (1990) *An Investigation of the Use of Simplified IRT Models for Scaling and Equating the TOEFL Test.* TOEFL Technical Report TR-2.

若林昭雄 (1992)「George A. Kelly の個人的構成概念の心理学 ── パーソナル・コンストラクトの理論と評価」『心理学評論』*35*, 311-338.

Wallas, G. (1926) *The art of thought*. New York: Harcourt.

Warnock, M. (1978) *Special Educational Needs: Report of the Committee of Enquiry into the Education of Handicapped Children and Young People*. London: Her Majesty's Stationery Office. Retrieved from http://www.educationengland.org.uk/documents/warnock/warnock1978.html（2020年11月19日アクセス）

渡辺千歳 (2018)「発達障害とは何か ── 自閉スペクトラム症・局限性学習症・注意欠如多動症」（平成30年度 保育：子育てアドバイザー協会 春期講習会 配付資料）

を活用した学習の個別最適化」『情報処理』*58*(3), 184-185.

田中耕治 (2015)「戦後教育評価史に関する覚書」『教育方法の探究』*18*, 1-11.

田中秀基 (2017)「人間と人工知能（ＡＩ）の協働」産業技術総合研究所 人工知能研究センター 第3回講義資料, pp. 1-12.

谷冬彦 (2001)「青年期における同一性の感覚の構造 ── 多次元自我同一性尺度（MEIS）の作成」『教育心理学研究』*49*, 265-273.

谷冬彦・宮下一博 (2004)『さまよえる青少年の心 ── アイデンティティの病理 発達臨床心理学的考察』北大路書房

丹治敬之・野呂文行 (2014)「我が国の発達障害学生支援における支援方法および支援体制に関する現状と課題」『障害科学研究』*38*, 147-161.

手嶋豊 (2019)「アメリカ法における性分化疾患についての近時の議論動向」『神戸法學雜誌』*68*(4), 253-272.

テモショック, L., ドレイア, H.／大野裕（監修）(1997)『がん性格 ── タイプC症候群』創元社

Thomas, A., Chess, S., Birch, H. G., Hertzig, M. E. & Korn, S. J. (1963) *Behavioral individuality in early childhood*. New York: New York University Press.

トマス, A., チェス, S., バーチ, H. G.／本明寛（訳）(1972)「人格はどのように形成されるか」『別冊サイエンス心理学特集 不安の分析』日本経済新聞社, pp. 91-100.

Thurstone, L. L. (1938) *Primary mental abilities*. Chicago: University of Chicago Press.

Tinbergen, N. (1963) On aims and methods of ethology. *Zeitschrift für Tierpsychologie, 20*, 410-433.

登張真稲 (2010)「協調性とその起源 ── AgreeablenessとCooperativenessの概念を用いた検討」『パーソナリティ研究』*19*(1), 46-58.

富永美佐子 (2008)「進路選択自己効力に関する研究の現状と課題」『キャリア教育研究』*25*(2), 97-111.

外山みどり(2019)「社会心理学における文化研究の成果と課題」『学習院大学文学部研究年報』(66), 163-181.

外山美紀 (2019)「オプティミズム」健康心理学会（編）『健康心理学事典』丸善 (pp. 116-117)

塚原修一 (2016)「アメリカ高等教育におけるルーブリックをもちいた評価」『教育総合研究叢書 』(9), 57-67.

塚原拓馬 (2019)「アイデンティティ」日本健康心理学会（編）『健康心理学事典』丸善, pp. 84-85.

Turkheimer, E. (2000) Three laws of behavior genetics and what they mean. *Current Directions in Psychological Science, 9*(5), 160-164.

植田一博・鷲田祐一・有田曉生・清水剛 (2010)「イノベーションのためのアイディア生成における情報と認知特性の役割」『認知科学』*17*(3), 611-634.

上野千鶴子 (2006)「ジェンダー概念の意義と効果」『学術の動向』*11*(11), 28-34.

上野千鶴子・宮台真司・斎藤環・小谷真理／双風舎編集部（編）(2006)『バックラッシュ！

自己の探究と人間性の理解』培風館, pp. v - viii.

杉山憲司 (2016b)「追悼 恩田彰先生を懐かしく思い出しながら」『応用心理学研究』*41*(3), 327-328.

杉山憲司・安永幸子 (2005)「Pervinの定義によるパーソナリティ観のファセット理論による検討の試み」『日本パーソナリティ心理学会発表論文集』*14*, 29-30.

杉山宙・高橋翠 (2015)「生活史理論のヒト発達への拡張 ── 個人差とその発達に対する新たな視点」『東京大学大学院教育学研究科紀要』*55*, 247-260.

鷲見聡 (2018)「発達障害の新しい診断分類について ── 非専門医も知っておきたいDSM-5の要点」『明日の臨床』*30*(1), 1-6.

スーパー, D. E.／日本職業指導学会（訳）(1960)『職業生活の心理学 ── 職業経歴と職業的発達』誠信書房

Sutin, A. R., Stephan, Y., Luchetti, M., Artese, A., Oshio, A. & Terracciano, A. (2016) The five-factor model of personality and physical inactivity: A meta-analysis of 16 samples. *Journal of Research in Personality, 63*, 22-28.

鈴木雅之・豊田哲也・山口一大・孫媛 (2015)「認知診断モデルによる学習診断の有用性の検討 ── 教研式標準学力検査NRT「中学1年数学」への適用」『日本テスト学会誌』*11*(1), 81-97.

鈴木淳子 (1994)「脱男性役割態度スケール（SARLM）の作成」『心理学研究』*64*(6), 451-459.

鈴木淳子 (2017)「ジェンダー役割不平等のメカニズム ── 職場と家庭」『心理学評論』*60*(1), 62-80.

髙本真寛・相川充 (2012)「行使意図を明確にしたコーピング尺度の開発と妥当性の検討」『心理学研究』*83*, 108-116.

武井祐子・寺崎正治・門田昌子 (2007)「幼児気質質問紙作成の試み」『パーソナリティ研究』*16*(1), 80-91.

竹内倫和 (2009)「新規学卒就職者の個人－環境適合が組織適応に及ぼす影響」『産業・組織心理学研究』*22*, 97-114.

竹澤正哲 (2018)「心理学におけるモデリングの必要性」『心理学評論』*61*(1), 42-54.

滝沢武久 (1971)『知能指数』中央公論社

詫摩武俊 (1967)「フロイト」詫摩武俊（編著）『性格の理論』誠信書房, pp. 11-33.

詫摩武俊 (1990)「性格の諸理論」詫摩武俊・瀧本孝雄・鈴木乙史・松井豊『性格心理学への招待』サイエンス社, pp. 14-31.

田村紋女・小塩真司・田中圭介・増井啓太・ジョナソン ピーター カール (2015)「日本語版 Dark Triad Dirty Dozen（DTDD-J）作成の試み」『パーソナリティ研究』*24*, 26-37.

田中教育研究所（編）(1987)『田中ビネー知能検査法（1987年全訂版）』田研出版

田中共子 (2009)「多文化社会に心理学はどう貢献できるか ── 日本の課題」『文化共生学研究』(8), 21-28.

田中晃 (2017)「アダプティブ・ラーニング（適応学習）の潮流 ── 教育ビッグデータ

Spearman, C. (1904) "General Intelligence" objectively determined and measured. *The American Journal of Psychology, 15*, 201-293.

Spencer, L. M. & Spencer, S. M. (1993) *Competence at Work*, Wiley.（梅津祐良・成田攻・横山哲夫（訳）(2001)『コンピテンシー・マネジメントの展開 ── 導入・構築・活用』生産性出版）

スプレイグ, D. (2004)『サルの生涯、ヒトの生涯 ── 人生計画の生物学』京都大学学術出版会

Stephan, Y., Sutin, A. R., Bovier-Lapierre, G. & Terracciano, A. (2017) Personality and walking speed across adulthood: Prospective evidence from five samples. *Social Psychological and Personality Science, 9*, 773-780.

Sternberg, R. J. (1985) *Beyond IQ: A triarchic theory of human intelligence*. New York: Cambridge University Press.

Sternberg, R. J. (1994) Thinking styles: theory and assessment at the interface between intelligence and personality. In R. J. Sternberg & P. Ruzgis (Eds.) *Personality and* Intelligence. New York: Cambridge University Press.

Sternberg, R. J. (1996) *Successful Intelligence: How Practical and Creative Intelligence Determine Success in Life*. New York: Plume Book.

スターンバーグ, R. J.／松村暢隆・比留間太白（訳）(2000)『思考スタイル ── 能力を生かすもの』新曜社（Sternberg, R. J. (1997) *Thinking Styles*. New York: Cambridge University Press.）

Stromswold, K. (2001) The heritability of language: A review and metaanalysis of twin, adoption, and linkage studies. *Language, 77*(4), 647-723.

菅原ますみ (1996)「気質」青柳肇・杉山憲司（編著）『パーソナリティ形成の心理学』福村出版, 一章, pp. 22-34.

菅原ますみ (1997)「養育者の精神的健康と子どものパーソナリティの発達 ── 母親の抑うつに関して」『性格心理学研究』*5*(1), 38-55.

菅原ますみ (2019)「子どもの頃の養育環境はその後の人生にどう影響するのか? ── 長期縦断研究から」2019年度保育：子育てアドバイザー協会 秋期講習会 配付資料

杉原保史 (2020)「心理療法において有効な要因は何か? ── 特定要因と共通要因をめぐる論争」『京都大学学生総合支援センター紀要』*49*, 1-13.

杉浦義典・丹野義彦 (2008)『パーソナリティと臨床の心理学 ── 次元モデルによる統合』培風館

杉山憲司 (1990)「対人動機 ── 共感性を素材として」『異常行動研究会誌』*29*, 39-48.

杉山憲司 (2004a)「パーソナリティの地平 ── 自我と社会をつなぐもの 学会名称変更記念講演・シンポジウムを企画して」『パーソナリティ研究』*13*(1), 110-112.

杉山憲司 (2004b)「人間科学の総合に向けて ── 一試案からの問題提起」『東洋大学人間科学総合研究所紀要』(1), 5-15.

杉山憲司 (2013)「性格心理学」藤永保（監修）『最新 心理学事典』平凡社, pp. 410-414.

杉山憲司 (2016a)「はじめに」杉山憲司・松田英子（著）『パーソナリティ心理学 ──

佐藤淳一 (2005)「Jungの心理学的タイプ測定尺度（JPTS）の作成」『心理学研究』*76*, 203-210.

Sawyer, R. K. & DeZutter, S. (2009) Distributed creativity: How collective creations emerge from collaboration. *Psychology of Aesthetics, Creativity, and the Arts, 3*(2), 81-92.

嶋田総太郎 (2014)「共感・他者理解におけるミラーシステムと情動・報酬系の活動変化」『心理学評論』*57*(1), 155-168.

島田徳子・中原淳 (2014)「新卒外国人留学生社員の組織適応と日本人上司の支援に関する研究」『異文化間教育』*39*, 92-108.

嶋信宏 (1994)「高校生のソーシャル・サポート・ネットワークの測定に関する一研究」『健康心理学研究』*7*, 14-25.

清水大地 (2019)「創造性の枠組み・測定手法に関するレビュー論文の紹介」『認知科学』*26*(2), 283-290.

下村英雄・菰田孝行 (2007)「キャリア心理学における偶発理論 ── 運が人生に与える影響をどのように考えるか」『心理学評論』*50*(4), 384-401.

下仲順子・中里克治・権藤恭之・高山緑 (2011)『日本版NEO-PI-R, NEO-FFI 使用マニュアル 改訂増補版』東京心理

下仲順子・中里克治・本間昭 (1991)「長寿にかかわる人格特徴とその適応との関係 ── 東京都在住100歳老人を中心として」『発達心理学研究』*1*(2), 136-147.

下司忠大・小塩真司 (2017)「日本語版Short Dark Triad（SD3-J）の作成」『パーソナリティ研究』*26*, 12-22.

下司忠大・陶山智・小塩真司・大東忠司 (2019)「サディズムとスポーツにおける競技成績との関連 ── 駆け引き上手を媒介変数として」『パーソナリティ研究』*27*, 263-265.

Shiner, R. L. & DeYoung, C. G. (2013) The structure of temperament and personality traits: A developmental perspective. In P. D. Zelazo (Ed.), *The Oxford Handbook of Developmental Psychology, Vol. 2. Self and Other*. New York: Oxford University Press. pp. 113-141.

白木三秀 (2016)「人事管理・労使関係・経営 G・ホフステード= G・J・ホフステード= ミンコフ『多文化世界：違いを学び未来への道を探る』（特集 労働研究のターニング・ポイントとなった本・論文）」『日本労働研究雑誌』*58*(4), 68-71.

荘島宏二郎 (2017)『計量パーソナリティ心理学（クロスロード・パーソナリティ・シリーズ③）』ナカニシヤ出版

Snyder, M. (1974) Self-monitoring of expressive behavior. *Journal of Personality and Social Psychology, 30*, 526-537.

スナイダー, M.／齊藤勇（監訳）(1998)『カメレオン人間の性格 ── セルフ・モニタリングの心理学』乃木坂出版

総務省 (2016)「人工知能（ＡＩ）の現状と未来」『平成28年版情報通信白書 ── IoT・ビッグデータ・AI』第4章, 第2節, (pp. 232-241)

of Personality and Social Psychology, 107(4), 677-718.

ロールズ, J.／川本隆史・福間聡・神島裕子（訳）(2010)『正義論』紀伊國屋書店

Rhodes, M. (1961) An analysis of creativity. *The Phi Delta Kappan, 42*, 305-310.

RMS Message (2015)「特集「適応」のメカニズムを探る」リクルートマネジメントソリューションズ『RMS Message』*39*, 5-14.

Roberts, B. W., Luo, J., Briley, D. A., Chow, P. I., Su, R. & Hill, P. L. (2017) A systematic review of personality trait change through intervention. *Psychological Bulletin, 143*, 117-141.

ロジャース, E.／三藤利雄（訳）(2007)『イノベーションの普及』翔泳社

Rosenberg, M. (1965) *Society and the adolescent self-image*. Princeton: Princeton University Press.

ロータッカー , E.／大久保幸郎・石川信一・針生亨（訳）(1995)『叢書・ウニベルシタス 人格の成層論』法政大学出版局

Rothbart, M. K. & Derryberry, D. (1981) Development of individual difference in temperament. In M. E. Lamb & A. L. Brown (Eds.), *Advances in developmental psychology. Vol.1*. Hillsdale, NJ: Lawrence Erlbaum Associates. pp. 37-86.

Rothbart, M. K. & Bates, J. E. (2006) Temperament. In W. Damon & R. Lerner (Series Eds.), & N. Eisenberg (Vol. Ed.), *Handbook of child psychology, Vol. 3. Social, emotional, and personality development* (6th ed.). New Jersey: John Wiley. pp. 99-166.

Rychen, D. S. (2001) Introduction. In D. S. Rychen & L. H. Salganik (Eds.) *Defining and Selecting Key Competencies,* pp. 1-15. Göttingen: Hogrefe & Huber Publishers.

ライチェン, D. S., サルガニク, L. H.（編著）／立田慶裕（監訳）(2006)『キー・コンピテンシー ── 国際標準の学力をめざして』明石書店（Rychen, D. S. & Salganik, L. H. (Eds.) (2003) *Key Competencies for a Successful Life and a Well-Functioning Society*. Hogrefe & Huber Publishers.）

坂野雄二・東條光彦 (1986)「一般性セルフ・エフィカシー尺度作成の試み」『行動療法研究』*12*(1), 73-82.

佐久間（保崎）路子・遠藤利彦・無藤隆 (2000)「幼児期・児童期における自己理解の発達 ── 内容的側面と評価的側面に着目して」『発達心理学研究』*11*(3), 176-187.

桜井茂男 (1983)「認知されたコンピテンス測定尺度（日本語版）の作成」『教育心理学研究』*31*(3), 245-249.

佐々木掌子 (2017)「性差のメカニズム ── 行動遺伝学の観点から」『心理学評論』*60*(1), 3-14.

佐々木掌子・尾崎幸謙 (2007)「ジェンダー・アイデンティティ尺度の作成」『パーソナリティ研究』*15*(3), 251-265.

笹森洋樹・後上鐵夫・久保山茂樹・小林倫代・廣瀬由美子・澤田真弓・藤井茂樹 (2010)「発達障害のある子どもへの早期発見・早期支援の現状と課題」『国立特別支援教育総合研究所研究紀要』*37*, 3-15.

小塩真司 (2005)「こころの個人差」浦上昌則・神谷俊次・中村和彦（編著）『心理学 Introduction to Psychology』ナカニシヤ出版, pp. 127-160.

小塩真司 (2016)「心理尺度構成における再検査信頼性係数の評価 ──「心理学研究」に掲載された文献のメタ分析から」『心理学評論』*59*, 68-83.

小塩真司・阿部晋吾・カトローニ ピノ (2012)「日本語版 Ten Item Personality Inventory（TIPI-J）作成の試み」『パーソナリティ研究』*21*(1), 40-52.

小塩真司・中谷素之・金子一史・長峰伸治 (2002)「ネガティブな出来事からの立ち直りを導く心理的特性 ── 精神的回復力尺度の作成」『カウンセリング研究』*35*, 57-65.

大隅尚広・金山範明・杉浦義典・大平英樹 (2007)「日本語版一次性・二次性サイコパシー尺度の信頼性と妥当性の検討」『パーソナリティ研究』*16*(1), 117-120.

大竹文雄・亀田達也・マルデワ グジェゴシュ・川越敏司 (2016)「パネルディスカッション「行動経済学の過去・現在・未来」」『行動経済学』*9*, 46-64.

大竹恵子・島井哲志 (2001)「中学生の喫煙ステージと行動関連要因との関係」『行動医学研究』*7*(2), 117-124.

Parsons, F. (1909) *Choosing a vocation*. Boston and New York: Houghton Mifflin.

Paulhus, D. L. & Williams, K. M. (2002) The Dark Triad of personality: Narcissism, Machiavellianism, and psychopathy. *Journal of Research in Personality, 36*, 556-563.

Pervin, L. A. (2003) *The Science of Personality (2nd Ed.)*. New York: Oxford University Press.

ピアジェ, J.／大伴茂（訳）(1956)『児童道徳判断の発達』同文書院

ピンカー, S.／椋田直子・山下篤子（訳）(2013)『心の仕組み（上・下）』ちくま学芸文庫

Pleck, J. H. (1976) The male sex role: Definitions, problems, and sources of change. *Journal of Social Issues, 32*(3), 155-164.

プロミン, R.／安藤寿康・大木秀一（共訳）(1994)『遺伝と環境 ── 人間行動遺伝学入門』培風館

Plomin, R. & Von Stumm, S. (2018) The new genetics of intelligence. *Nature Reviews Genetics, 19*(3), 148-159.

ポランニー, M.／佐藤敬三（訳）(1980)『暗黙知の次元』紀伊國屋書店

Poropat, A. E. (2009) A meta-analysis of the Five-Factor Model of personality and academic performance. *Psychological Bulletin, 135*, 322-338.

Premack, D. & Woodruff, G. (1978) Does the chimpanzee have a theory of mind? *Behavioral and Brain Sciences, 1*, 515-526.

Ramanaiah, N. V., Rielage, J. K., & Cheng, Y. (2002) Cloninger's temperament and character inventory and the Neo Five-Factor Inventory. *Psychological Reports, 90*, 1059-1063.

Rauthmann, J. F., Gallardo-Pujol, D., Guillaume, E. M., Todd, E., Nave, C. S., Sherman, R. A., Ziegler, M., Jones, A. B. & Funder, D. C. (2014) The Situational Eight DIAMONDS: A taxonomy of major dimensions of situation characteristics. *Journal*

研究』*38*, 97-107.

Nisbett, R. E. (2003) *The Geography of Thought: How Asians and Westerners Think Differently--and Why*. New York: Free Press.（村本由紀子（訳)(2004)『木を見る西洋人森を見る東洋人 ── 思考の違いはいかにして生まれるか』ダイヤモンド社）

西あゆみ・加藤真紀 (2017)「複数の学術領域におけるコンピテンス概念把握の試み」一橋大学森有礼高等教育国際流動化センター ワーキングペーパー Technical Report, 1-24.

西川一二・雨宮俊彦 (2015)「知的好奇心尺度の作成 ── 拡散的好奇心と特殊的好奇心」『教育心理学研究』*63*, 412-425.

西村多久磨・村上達也・櫻井茂男 (2015)「共感性を高める教育的介入プログラム ── 介護福祉系の専門学校生を対象とした効果検証」『教育心理学研究』*63*(4), 453-466.

西岡加名恵・石井英真・田中耕治（編著)(2015)『新しい教育評価入門 ── 人を育てる評価のために』有斐閣

野中郁次郎 (2007)「イノベーションの本質 ── 知識創造のリーダーシップ」『学術の動向』*12*(5), 60-69.

野崎優樹・子安増生 (2015)「情動コンピテンスプロフィール日本語短縮版の作成」『心理学研究』*86*(2), 160-169.

大芦治 (2002)「タイプA 行動パターンの心理学的研究 ── 理論の発展史」『心理学評論』*45*, 417-436.

落合純・真家優子・和田裕一 (2016)「思考スタイル質問紙日本語版の信頼性・妥当性の検討」『心理学研究』*87*(2), 172-178.

OECD アンドレアス・シュライヒャー／秋田喜代美ほか11名（仮訳)(2019) OECD Education 3030プロジェクト「教育とスキルの未来 ── Education2030（仮訳)」中等教育資料 平成30年5月号, 92-100.

OECD 教育研究革新センター（編)／青山貴子ほか（訳) (2012)『知識の創造・普及・活用 ── 学習社会のナレッジ・マネジメント』明石書店

小笠原哲史 (2016)「高等教育機関における日本と米国の発達障害学生支援の比較」『明星大学発達支援研究センター紀要 MISSION』(1), 25-38.

緒方広明 (2017)「大学教育におけるラーニング・アナリティクスの導入と研究」『日本教育工学会論文誌』*41*(3), 221-231.

大平英樹 (2015)「共感を創発する原理」『エモーション・スタディーズ』*1*(1), 56-62.

大石さおり・北方晴子 (2013)「現代日本社会における男らしさ測定尺度の作成」『文化学園大学紀要. 服装学・造形学研究』*44*, 63-73.

岡村尚昌・津田彰 (2013)「不安」藤永保（監修)『最新 心理学事典』平凡社, pp. 660-664.

大木桃代 (2019)「タイプCパーソナリティ」日本健康心理学会（編)『健康心理学事典』丸善, pp. 114-115.

大沢真理 (1993)『企業中心社会を超えて ── 現代日本を〈ジェンダー〉で読む』時事通信社

h30honpen/pdf_index.html、2019年10月11日アクセス）
内藤美加 (2011)「“心の理論”の概念変化 ── 普遍性から社会文化的構成へ」『心理学評論』*54*(3), 249-263.
中川敦子・木村由佳・鋤柄増根 (2009)「乳児の行動のチェックリスト（IBQ-R）短縮版の作成」『名古屋市立大学大学院人間文化研究科人間文化研究』*12*, 15-25.
仲間大輔 (2019)「オープン・イノベーションを生み出す組織とは」『RMS Message 53 特集 オープン・イノベーションを成功させる組織のあり方』リクルート マネジメント ソリューションズ, pp. 7-10.
中間玲子・杉村和美・畑野快・溝上慎一・都筑学 (2015)「多次元アイデンティティ発達尺度（DIDS）によるアイデンティティ発達の検討と類型化の試み」『心理学研究』*85*, 549-559.
中村美亜 (2019)「芸術活動における共創の再考 ── 創造とエンパワメントのつながりを探る」『共創学』*1*(1), 31-38.
並川努・谷伊織・脇田貴文・熊谷龍一・中根愛・野口裕之 (2012)「Big Five 尺度短縮版の開発と信頼性と妥当性の検討」『心理学研究』*83*, 91-99.
並木博 (1997)『個性と教育環境の交互作用 ── 教育心理学の課題』培風館
成田健一・下仲順子・中里克治・河合千恵子・佐藤眞一・長田由紀子 (1995)「特性的自己効力感尺度の検討 ── 生涯発達的利用の可能性を探る」『教育心理学研究』*43*(3), 306-314.
Nettle, D. (2006) The Evolution of Personality Variation in Humans and Other Animals. *American Psychologist, 61*(6), 622-631.
Nettle, D. (2007) *Personality: What makes you the way you are*. Oxford University Press.（竹内和世（訳）(2009)『パーソナリティを科学する ── 特性５因子であなたがわかる』白揚社）
Neuenschwander, M. P. & Kracke, B. (2011) Career development. In B. B. Brown & M. J. Prinstein (Eds.). *Encyclopedia of Adolescence*. London: Elsevier.（子安増生・二宮克美（監訳）(2014)『青年期発達百科事典 第1巻』丸善, pp. 79-88.）
Newman, R. (2005) APA’s resilience initiative. *Professional Psychology: Research and Practice, 36*, 227-229.
NICHD／日本子ども学会（編）菅原ますみ・松本聡子（訳）(2009)『保育の質と子どもの発達 ── アメリカ国立小児保健・人間発達研究所の長期追跡研究から』赤ちゃんとママ社（National Institute of Child Health and Human Development. (2006) The NICHD study of early child care and youth development: Findings for children up to age 4 1/2 years. Report No. 05-4318.）
日本学生支援機構「障害学生に関する紛争の防止・解決等事例集 事例紹介（発達障害）」Retrieved from https://www.jasso.go.jp/gakusei/tokubetsu_shien/chosa_kenkyu/kaiketsu/case_dev/index.html（2020年11月21日アクセス）
二村英幸 (2013)「職業適性」藤永保（監修）『最新 心理学事典』平凡社, pp. 352-353.
二宮衆一 (2012)「イギリスのARGによる「学習のための評価」論の考察」『教育方法学

水野里恵 (2003)「乳幼児の気質研究の動向と展望」『愛知江南短期大学紀要』*32*, 109-123.

水田善次郎 (1995a)「人格の層学説についての文献的研究（上）」『長崎大学教育学部教育科学研究報告』*48*, 103-115.

水田善次郎 (1995b)「人格の層学説についての文献的研究（下）」『長崎大学教育学部教育科学研究報告』*49*, 93-109.

茂垣まどか (2005)「青年の自我理想型人格と超自我型人格の精神的健康 ── 志向性とべきの専制の様相の観点から」『教育心理学研究』*53*, 344-355.

文部科学省 (2012)「共生社会の形成に向けたインクルーシブ教育システム構築のための特別支援教育の推進（報告）」Retrieved from https://www.mext.go.jp/b_menu/shingi/chukyo/chukyo3/044/attach/1321669.htm（2021年9月28日アクセス）

門田新一郎 (2002)「大学生の生活習慣病に関する意識、知識、行動について」『日本公衆衛生雑誌』*49*, 554-563.

森本幸子・丹野義彦 (2004)「大学生における被害妄想的観念に関する研究 ── 素因ストレスモデルを用いて」『心理学研究』*75*, 118-124.

森田愛子・福屋いずみ・舩越咲 (2017)「中学生のテスト不安および自己効力感と学習行動との関連」『学校心理学研究』*17*(1), 45-57.

諸井克英 (1985)「高校生における孤独感と自己意識」『心理学研究』*56*, 237-240.

棟方哲弥・海津亜希子・玉木宗久・齋藤由美子 (2010)「諸外国における発達障害等の早期発見・早期支援の取り組み」『国立特別支援教育総合研究所研究紀要』*37*, 17-45.

村上宣寛 (2006)『心理尺度のつくり方』北大路書房

村上宣寛・村上千恵子 (1999)『性格は五次元だった ── 性格心理学入門』培風館

村田藍子・齋藤美松・樋口さとみ・亀田達也 (2015)「ヒト社会における大規模協力の礎としての共感性の役割」『心理学評論』*58*(3), 392-403.

村田輝・田中はるみ (2019)「AI・ビッグデータによる学修環境のイノベーション ── 電気通信大学附属図書館UEC Ambient Intelligence Agora」『情報の科学と技術』*69*(3), 111-116.

村山綾・三浦麻子 (2019)「日本語版道徳基盤尺度の妥当性の検証 ── イデオロギーとの関係を通して」『心理学研究』*90*(2), 156-166.

村山恭朗・伊藤大幸・浜田恵・中島俊思・野田航・片桐正敏・高柳伸哉・田中善大・辻井正次 (2015)「いじめ加害・被害と内在化／外在化問題との関連性」『発達心理学研究』*26*(1), 13-22.

村山航 (2003)「テスト形式が学習方略に与える影響」『教育心理学研究』*51*(1), 1-12.

Myers, I. B. & Briggs, K. C. (1998) *Myers-Briggs Type Indicator Form M.* Palo Alto, CA: Consulting Psychologists Press.

Myrtek, M. (1995) Type A behavior pattern, personality factors, disease, and physiological reactivity: A meta-analytic update. *Personality and Individual Differences, 18*, 491-502.

内閣府 (2018)「平成30年版 子供・若者白書」(https://www8.cao.go.jp/youth/whitepaper/

Standpoints of Dispositional Traits, Characteristic Adaptations, and Life Stories. 『パーソナリティ研究』*18*(3), 173-186.

McAdams, D. P. & Pals, J. L. (2006) A New Big Five: Fundamental Principles for an Integrative Science of Personality. *American Psychologist, 61*, 204-217.

McClelland, D. C. (1973) Testing for Competence Rather Than for 'Intelligence'. *American psychologist, 28*(1), 1-14.

McCrae, R. R. & Costa, P. T. Jr. (2008) The Five-Factor Theory of Personality. In O. P. John, R. W. Robins & L. A. Pervin (Eds.), *Handbook of personality: theory and research (3rd ed.)*, pp. 159-181, New York: The Guilford Press.

McKenna, M. C., Zevon, M. A., Corn, B. & Rounds, J. (1999) Psychosocial factors and the development of breast cancer: A meta-analysis. *Health Psychology, 18*, 520-531.

Mischel, W. (1958) Preference for delayed reinforcement: An experimental study of a cultural observation. *The Journal of Abnormal and Social Psychology, 56*, 57-61.

Mischel, W. (1961) Delay of gratification, need for achievement, and acquiescence in another culture. *The Journal of Abnormal and Social Psychology, 62*, 543-552.

Mischel, W. (1968) *Personality and assessment*. New York: John Wiley & Sons.（詫摩武俊（監訳)(1992)『パーソナリティの理論 ── 状況主義的アプローチ』誠信書房）

ミシェル, W.／柴田裕之（訳)(2015)『マシュマロ・テスト ── 成功する子・しない子』早川書房

Mischel, W. & Ebbesen, E. B. (1970) Attention in delay of gratification. *Journal of Personality and Social Psychology, 16*, 329-337.

Mischel, W., Ebbesen, E. B. & Zeiss, A. R. (1972) Cognitive and attentional mechanisms in delay of gratification. *Journal of Personality and Social Psychology, 21*, 204-218.

光永悠彦 (2017)『テストは何を測るのか ── 項目反応理論の考え方』ナカニシヤ出版

宮川充司 (2000)『日本の児童における熟慮性－衝動性認知様式に関する研究（椙山女学園大学研究叢書7)』中部日本教育文化会

宮川充司 (2014)「アメリカ精神医学会の改訂診断基準DSM-5 ── 神経発達障害と知的障害、自閉症スペクトラム障害」『椙山女学園大学教育学部紀要』*7*, 65-78.

三好昭子 (2003)「主観的な感覚としての人格特性的自己効力感尺度（SMSGSE）の開発」『発達心理学研究』*14*(2), 172-179.

溝口全子・松岡緑・西田真寿美 (2000)「女子大学生のダイエット行動に及ぼす影響要因」『日本看護科学会誌』*20*(3), 92-102.

溝上慎一 (2018)「高校生のアイデンティティホライズンが大学進学、仕事へのトランジション、地元志向に及ぼす影響」『日本青年心理学会大会発表論文集第26回大会発表論文集』26-27.

水野雅之・菅原大地・千島雄太 (2017)「セルフ・コンパッションおよび自尊感情とウェルビーイングの関連 ── コーピングを媒介変数として」『感情心理学研究』*24*, 112-118.

Luciano, M., Wright, M., Smith, G. A., Geffen, G. M., Geffen, L. B. & Martin, N. G. (2001) Genetic Covariance Among Measures of Information Processing Speed, Working Memory, and IQ. *Behavior Genetics, 31*(6), 581-592.

毛新華・大坊郁夫 (2012)「中国文化の要素を考慮した社会的スキル・トレーニングのプログラムの開発および効果の検討」『パーソナリティ研究』*21*, 23-39.

Marcia, J. E. (1966) Development and validation of ego-identity status. *Journal of Personality and Social Psychology, 3*, 551-558.

Markus, H. R. & Kitayama, S. (1991) Culture and the Self: Implications for Cognition, Emotion, and Motivation. *Psychological Review, 98*(2), 224-253.

増田貴彦 (2014)「文化と認知研究の新展開 ── 「文化行動の社会心理学」の視角から」大坊郁夫・竹村和久（編著）『社会心理学研究の新展開 ── 社会に生きる人々の心理と行動』北大路書房, 12章

増田貴彦 (2017)「文化心理学理論のこれまでとこれから」『心理学ワールド』(76), 5-8.

増田貴彦・山岸俊男（共著）(2010)『文化心理学 ── 心がつくる文化、文化がつくる心［上］［下］』培風館

松村暢隆 (2010)「知能の三部理論 ── IQを超えて」松村暢隆・石川裕之・佐野亮子・小倉正義（編）『認知的個性 ── 違いが活きる学びと支援』新曜社, pp. 27-32.

松村暢隆 (2016)「アメリカの2E教育の新たな枠組 ── 隠された才能・障害ニーズの識別と支援」『関西大学文学論集』*66*(3), 143-171.

松村暢隆・石川裕之・佐野亮子・小倉正義（編）(2010)『認知的個性 ── 違いが活きる学びと支援』新曜社

松村良之・木下麻奈子・太田勝造・山田裕子 (2011)「裁判員制度と刑事司法に対する人々の意識 ── 2011年第２波調査に基づいて」『北大法学論集』*62*(4), 1025-1110.

松沼光泰 (2004)「テスト不安、自己効力感、自己調整学習及びテストパフォーマンスの関連性 ── 小学校４年生と算数のテストを対象として」『教育心理学研究』*52*, 426-436.

松尾知明 (2017)「21世紀に求められるコンピテンシーと国内外の教育課程改革」『国立教育政策研究所紀要』*146*, 9-22.

松下佳代 (2012)「パフォーマンス評価による学習の質の評価 ── 学習評価の構図の分析にもとづいて」『京都大学高等教育研究』(18), 75-114.

松下佳代 (2014)「学習成果としての能力とその評価 ── ルーブリックを用いた評価の可能性と課題」『名古屋高等教育研究』*14*, 235-255.

松下佳代 (2019)「汎用的能力を再考する ── 汎用性の４つのタイプとミネルヴァ・モデル」『京都大学高等教育研究』(25), 67-90.

Maxfield, M . G. & Widom, C. S. (1996) The cycle of violence: Revisited 6 years later. *Archives of Pediatrics and Adolescent Medicine, 150*, 390-395.

McAdams, D. P. (2006) *The Person: A New Introduction to Personality Psychology (4th ed)*. John Wiley & Sons, Inc.

McAdams, D. P. (2010) The Problem of Meaning in Personality Psychology from the

研究科紀要』*47*, 28-50

クレッチメル, E.／相場均（訳）(1960)『体格と性格 ── 体質の問題および気質の学説によせる研究』文光堂

久米是志 (2000)「共創と自他非分離心 ── 創出の「こころ」の実践的・主観的考察」清水博（編著）久米是志・三輪敬之・三宅美博（著）『場と共創』NTT出版, 第2章, pp. 179-272.

紅林伸幸 (2012)「学校カリキュラムの社会学的課題」加野芳正・越智康詞（編著）『新しい時代の教育社会学』ミネルヴァ書房

黒田美保 (2014)「心理学的見方から ── ASDのアセスメント（特集 自閉症スペクトラム障害 ── 新しい発達障害の見方）」『心理学ワールド』(67), 9-12.

桑原斉 (2014)「医学的見方から ── ASDの診断基準（特集 自閉症スペクトラム障害 ── 新しい発達障害の見方）」『心理学ワールド』(67), 5-8.

桑原知子 (1986)「人格の二面性測定の試み ── NEGATIVE 語を加えて」『教育心理学研究』*34*(1), 31-38.

Lahey, B. B. (2009) Public health significance of neuroticism. *American Psychologist, 64*, 241-256.

Lambert, M. (1992) Psychotherapy Outcome Research: Implication for Integrative and Eclectic Therapists. In Goldfried, M. & Norcross, J. (Eds.), *Handbook of Psychotherapy Integration*. New York: Basic Books. pp. 94-129.

Lazarus, R. S. & Folkman, S. (1984) *Stress, appraisal, and coping*. New York: Springer.（本明寛・春木豊・織田正美（監訳）(1991)『ストレスの心理学 ── 認知的評価と対処の研究』実務教育出版）

Lee, K. & Ashton, M. C. (2004) Psychometric properties of the HEXACO personality inventory. *Multivariate Behavioral Research, 39*, 329-358.

Lee, K. & Ashton, M. C. (2012) *The H Factor of Personality: Why Some People are Manipulative, Self-Entitled, Materialistic, and Exploitive? And Why It Matters for Everyone*. Waterloo, ON: Wilfrid Laurier University Press.

Lee, K. & Ashton, M. C. (2014) The Dark Triad, the Big Five, and the HEXACO model. *Personality and Individual Differences, 67*, 2-5.

Levenson, M. R., Kiehl, K. A. & Fitzpatrick, C. M. (1995) Assessing psychopathic attributes in a noninstitutionalized population. *Journal of Personality and Social Psychology, 68*, 151-158.

Lilienfeld, S. O., Lynn, S. J. & Lohr, J. M. (Eds.) (2003) *Science and Pseudoscience in Clinical Psychology*. New York: The Guilford Press.（厳島行雄・横田正夫・齋藤雅英（訳）(2007)『臨床心理学における科学と疑似科学』北大路書房）

リトル, B. R.／児島修（訳）(2016)『自分の価値を最大にするハーバードの心理学講義』大和書房

Li, H., Hunter, C. V. & Lei, P. W. (2016) The selection of cognitive diagnostic models for a reading comprehension test. *Language Testing, 33*(3), 391-409.

ケリー, G. A.／辻平治郎（訳)(2016)『パーソナル・コンストラクトの心理学（第1巻）理論とパーソナリティー』北大路書房

Kernis, M. H. (2003) Toward a conceptualization of optimal self-esteem. *Psychological Inquiry, 14*, 1-26.

木島伸彦 (2000)「Cloningerのパーソナリティ理論の基礎」『精神科診断学』*11*, 387-396.

木島伸彦 (2014)『クロニンジャーのパーソナリティ理論入門 ―― 自分を知り、自分をデザインする』北大路書房

木島伸彦・斎藤令衣・竹内美香・吉野相英・大野裕・加藤元一郎・北村俊則 (1996)「Cloningerの気質と性格の7次元モデルおよび日本語版Temperament and Character Inventory (TCI)」『精神科診断学』*7*, 379-399.

菊池章夫 (1988)『思いやりを科学する』川島書店

菊池章夫 (2004)「KiSS-18研究ノート」『岩手県立大学社会福祉学部紀要』*6*(2), 41-51.

菊池章夫 (2007)『社会的スキルを測る ―― KiSS-18ハンドブック』川島書店

木村通治・真鍋一史・安永幸子・横田賀英子 (2002)『ファセット理論と解析事例 ―― 行動科学における仮説検証・探索型分析手法』ナカニシヤ出版

北村晴朗 (1993)「パーソナリティを考える ―― 二段階の接近法の試論」『性格心理学研究』*1*(1), 2-14.

木内亜紀 (1996)「独立・相互依存的自己理解 ―― 文化的影響、およびパーソナリティ特性との関連」『心理学研究』*67*, 308-313.

小原美紀・大竹文雄 (2009)「子どもの教育成果の決定要因」『日本労働研究雑誌』*51*, 67-84.

コールバーグ, L.／永野重史（監訳)(1987a)『道徳性の形成 ―― 認知発達的アプローチ』新曜社

コールバーグ, L.／岩佐信道（訳)(1987b)『道徳性の発達と道徳教育 ―― コールバーグ理論の展開と実践』広池学園出版部

国立特殊教育総合研究所・日本学生支援機構 (2007)「発達障害のある学生支援ケースブック ―― 支援の実際とポイント」Retrieved from http://www.nise.go.jp/kenshuka/josa/kankobutsu/pub_b/b-210/b-210_all.pdf（2020年11月21日アクセス）

Kolb, D. (1984) *Experiential Learning: Experience as the Source of Learning and Development*. New Jersey: Prentice Hall.

米谷充史・齊藤誠一 (2019)「パーソナリティ発達についての生活史理論からのアプローチ」『神戸大学発達・臨床心理学研究』*18*, 36-42.

近藤伸彦 (2020)「教育／学習における予測モデルの活用」『教育システム情報学会誌』*37*(2), 93-105.

河野哲也 (2011)『エコロジカル・セルフ（クロスロード・パーソナリティ・シリーズ①）』ナカニシヤ出版

河野哲也 (2018)「人工知能に代替されない能力とその教育を考える」京都大学第24回大学教育研究フォーラムシンポジウム配付資料

子安増生 (2001)「多重知能理論からみた近年の教育改革批判」『京都大学大学院教育学

石戸光 (2007)「地球規模の公共経済哲学を見据えて ―― 異質な他者との対話の可能性」『公共研究』*4*(2), 105-122.

石黒千晶 (2019)「創造性の遺伝的基盤に関する研究動向」『玉川大学脳科学研究所紀要』(12), 25-30.

石原俊一・水野邦夫 (1992)「改訂セルフ・モニタリング尺度の検討」『心理学研究』*63*, 47-50.

石原俊一・内堀知美・今井有里沙・牧田茂 (2015)「心疾患患者におけるタイプDパーソナリティ尺度の開発」『健康心理学研究』*27*, 177-184.

岩淵千明・田中国夫・中里浩明 (1982)「セルフ・モニタリング尺度に関する研究」『心理学研究』*53*, 54-57.

岩本晃一 (2019)「〈産業界の技術動向〉人工知能（AI）等と「雇用の未来」「人材育成・働き方」」『京都大学電気関係教室技術情報誌』(41), 10-20.

岩脇千裕 (2007)「日本企業の大学新卒者採用におけるコンピテンシー概念の文脈 ―― 自己理解支援ツール開発にむけての探索的アプローチ」JILPT Discussion Paper Series 07-04, pp. 1-35.

Jokela, M., Pulkki-Raback, L., Elovainio, M. & Kivimäki, M. (2013) Personality traits as risk factors for stroke and coronary heart disease mortality: pooled analysis of three cohort studies. *Journal of Behavioral Medicine, 37*, 881-889.

Jonason, P. K. & Webster, G. D. (2010) The Dirty Dozen: A concise measure of the Dark Triad. *Psychological Assessment, 22*, 420-432.

Jones, D. N. & Paulhus, D. L. (2014) Introducing the Short Dark Triad (SD3): A brief measure of dark personality traits. *Assessment, 21*, 28-41.

Kagan, J., Reznick, J. S. & Gibbons, J. (1989) Inhibited and uninhibited types of children. *Child Development, 60*, 838-845.

鹿毛雅治・並木博 (1990)「児童の内発的動機づけと学習に及ぼす評価構造の効果」『教育心理学研究』*38*(1), 36-45.

亀田達也 (2015)「ヒトの心の社会性を考える ―― 群れ行動の神経・認知・生態基盤」東洋大学大学院社会学研究科研究会配付資料

亀田達也 (2020)「行動科学の視点から見た行動経済学」『日本労働研究雑誌』*62*(1), 28-38.

金井良太 (2013)『脳に刻まれたモラルの起源 ―― 人はなぜ善を求めるのか』岩波書店

唐沢穣 (2013)「社会心理学における道徳判断研究の現状」『社会と倫理』(28), 85-99.

柏木繁男 (1997)『性格の評価と表現 ―― 特性５因子論からのアプローチ』有斐閣

河西正之 (2017)「思考スタイルの低い学生の学習に対する取り組みの意識」『仏教大学教育学部学会紀要』(16), 109-123.

川嶋太津夫 (2009)「アウトカム重視の高等教育改革の国際的動向 ――「学士力」提案の意義と背景」『比較教育学研究』*38*, 114-131.

慶應義塾大学 FinTEK センター (2020)（http://fintek.keio.ac.jp/news/265、2020年8月11日アクセス）

115.

比留間太白 (2000)「日本の大学生の思考スタイル」R. J. スターンバーグ／松村暢隆・比留間太白（訳）『思考スタイル ── 能力を生かすもの』新曜社, pp. 237-246.

比留間太白 (2003)「大学生の思考スタイルとテスト選択行動」『関西大学教育科学セミナリー』(34), 11-17.

Hoffman, M. L. (1981) Is altruism part of human nature? *Journal of Personality and Social Psychology, 40*, 121-137.

Hofstede, G., Hofstede, G. J. & Minkov, M. (2010) *Cultures and Organizations: Software of the Mind, Intercultural Cooperation and Its Importance for Survival* (3rd ed.), McGraw Hill.（岩井八郎・岩井紀子（訳）(2013)『多文化世界 ── 違いを学び未来への道を探る（原書第3版）』有斐閣）

Hogan, T. P. (2007) *Psychological Testing: A Practical Introduction*, 2nd ed. New York: John Wiley & Sons.（繁桝算男・椎名久美子・石垣琢磨（訳）(2010)『心理テスト ── 理論と実践の架け橋』培風館）

Holland, J. L. (1997) *Making vocational choices: A theory of vocational personalities and work environments*, 3rd ed. NJ: Prentice-Hall.（渡辺三枝子・松本純平・道谷里英（訳）(2013)『ホランドの職業選択理論 ── パーソナリティと働く環境』雇用問題研究会）

堀毛一也 (1994)「恋愛関係の発展・崩壊と社会的スキル」『実験社会心理学研究』*34*, 116-128.

堀毛一也 (1999)「認知的立場からの性格理解」杉山憲司・堀毛一也（編）『性格研究の技法』福村出版, 10章, p. 90-98.

堀毛一也 (2020)「人間－状況論争は続いている」安藤清志・大島尚（監修）北村英哉・桐生正幸・山田一成（編）『心理学から見た社会 ── 実証研究の可能性と課題』誠信書房, pp. 41-59.

Huntington, S. P. (1996) The clash of civilizations and the remaking of world order. New York: Simon & Schuster.（鈴木主税（訳）(1998)『文明の衝突』集英社）

池田祥子 (2016)「保育制度の課題 ── 現場から考える教育と福祉」平成28年度保育：子育てアドバイザー協会 秋期講習会 配付資料

池上知子 (2012)『格差と序列の心理学 ── 平等主義のパラドクス』ミネルヴァ書房

池上知子 (2015)「何が社会的共生を妨げるのか ── 平等主義文化における蔑みと排斥」『エモーション・スタディーズ』*1*(1), 29-35.

池上知子 (2017)「性差研究の最前線からのメッセージ ── 進化・文化論争は超えられるか」『心理学評論』*60*(1), 95-104

池本美香 (2011)「経済成長戦略として注目される幼児教育・保育政策 ── 諸外国の動向を中心に」『教育社会学研究』*88*, 27-45.

一般社団法人 日本経済団体連合会 (2018)「2018年度 新卒採用に関するアンケート調査結果」Retrieved from http://www.keidanren.or.jp/policy/2018/110.pdf（2019年11月11日アクセス）

── 学びと評価の新たなかたち』北大路書房）

Grigorenko, E. L. & Sternberg, R. J. (1997) Styles of thinking, abilities, and academic performance. *Exceptional Children, 63*(3), 295-312.

Guilford, J. P. (1967) *The nature of human intelligence*. New York: McGraw-Hill.

Hagger, M. S., Wood, C., Stiff, C. & Chatzisarantis, N. L. (2010) Ego Depletion and the Strength Model of Self-Control: A Meta-Analysis. *Psychological Bulletin 136*, 495-525.

Haidt, J. (2007) The new synthesis in moral psychology. *Science, 316*(5827), 998-1002.

Haidt, J. (2012) *The righteous mind: Why good people are divided by politics and religion*. New York: Pantheon Books.

Haidt, J. (2013) Moral psychology for the twenty-first century. *Journal of Moral Education. 42*(3), 281-297.

Hammer, M. R., Bennett, M. J. & Wiseman, R. (2003) Measuring intercultural sensitivity: The Intercultural Development Inventory. *International Journal of Intercultural Relations, 27*, 421-443.

原田恵理子・渡辺弥生 (2011)「高校生を対象とする感情の認知に焦点をあてたソーシャルスキルトレーニングの効果」『カウンセリング研究』*44*, 81-91.

Harter, S. (1982) The Perceived Competence Scale for Children. *Child Development, 53*(1), 87-97.

Hast, H. (2001) Ambiguity, Autonomy, and Agency: Psychological Challenges to New Competence. In D. S. Rychen & L. H. Salganik (Eds.) *Defining and Selecting Key Competencies,* pp. 93-120. Göttingen: Hogrefe & Huber publishers.

畑野快・杉村和美・中間玲子・溝上慎一・都筑学 (2014)「エリクソン心理社会的段階目録（第5段階）12項目版の作成」『心理学研究』*85*, 482-487.

Hawkins, J. & Blakeslee, S. (2004) *On Intelligence.* Times Book.（伊藤文英（訳)(2005)『考える脳考えるコンピューター』ランダムハウス講談社）

速水敏彦（監修)(2012)『コンピテンス ── 個人の発達とよりよい社会形成のために』ナカニシヤ出版

ヘックマン, J. J.／古草秀子（訳)(2015)『幼児教育の経済学』東洋経済新報社

日高茂暢 (2020)「知的ギフテッドの子どもの持つ特別な教育的ニーズの理解 ── 特別支援教育の「個に応じた学習」を用いたインクルーシブな才能教育」『佐賀大学教育学部研究論文集, *4*(1), 147-161.

平林ルミ (2017)「特別支援教育における合理的配慮の動向と課題」『教育心理学年報』*56*, 113-121.

平石界 (2011)「認知の個人差の進化心理学的意味」箱田裕司（編)『認知の個人差（現代の認知心理学7)』北大路書房, 第4章, pp. 76-102.

平石界 (2013)「パーソナリティと進化心理学」日本パーソナリティ心理学会（企画）『パーソナリティ心理学ハンドブック』福村出版, pp. 29-35.

平石界 (2017)「性差研究とジェンダー差研究に共通する視点」『心理学評論』*60*(1), 111-

trajectories in toddlers' self-restraint predict individual differences in executive functions 14 years later: A behavioral genetic analysis. *Developmental Psychology, 47*(5), 1410-1430.

藤本学・大坊郁夫 (2007)「コミュニケーション・スキルに関する諸因子の階層構造への統合の試み」『パーソナリティ研究』*15*, 347-361.

藤永保 (2009)『「気になる子」にどう向き合うか ── 子育ての曲がり角』フレーベル館

藤永保・春日喬・斎賀久敬・内田伸子 (1987)『人間発達と初期環境 ── 初期環境の貧困に基づく発達遅滞児の長期追跡研究』有斐閣

藤田哲雄 (2018)「デジタル時代のオープンイノベーションの展開と日本の課題」『JRIレビュー』*2018*(2), 5-31

福岡景奈・赤松利恵 (2018)「児童の学校給食における食べ残し ── 理論に基づいた給食指導教材の開発」*Journal of Health Psychology Research, 30*, 113-119.

Fullard, W., McDevitt, S. C. & Carey, W. B. (1984) Assessing temperament in one-to three-year-old children. *Journal of Pediatric Psychology, 9*, 205-217.

ファーンハム, A. F.／細江達郎（監訳）(1992)『しろうと理論 ── 日常性の社会心理学』北大路書房

古見文一・子安増生 (2012)「ロールプレイ体験がマインドリーディングの活性化に及ぼす効果」『心理学研究』*83*(1), 18-26.

ガードナー , H.／松村暢隆（訳）(2001)『MI ── 個性を生かす多重知能の理論』新曜社

ギリガン, C.／岩男寿美子（監訳）(1986)『もうひとつの声 ── 男女の道徳観のちがいと女性のアイデンティティ』川島書店

ギップス, C. V.／鈴木秀幸（訳）(2001)『新しい評価を求めて ── テスト教育の終焉』論創社

Giudice, M. D., Gangestad, S. W. & Kaplan, H. S. (2005) Life history theory and evolutionary psychology. In D. M. Buss (Ed.), *The handbook of evolutionary psychology (2nd ed.)*, New York: Wiley. pp. 78-114.

Goldstein, A. P., Sprafkin, R. F., Gershaw, N. J. & Klein, P. (1980) *Skill-Streaming the adolescent: A structured learning approach to teaching prosocial skills*. Illinois: Research Press.

Graham, J., Nosek, B. A., Haidt, J., Iyer, R., Koleva, S. & Ditto, P. H. (2011) Mapping the moral domain. *Journal of Personality and Social Psychology. 101*, 366-385.

Grande, G., Romppel, M. & Barth, J. (2012) Association between Type D personality and prognosis in patients with cardiovascular diseases: a systematic review and meta-analysis. *Annals of Behavioral Medicine, 43*, 299-310.

Greenwald, A. G., McGhee, D. E. & Schwartz, J. L. (1998) Measuring individual differences in implicit cognition: The implicit association test. *Journal of Personality and Social Psychology, 74*, 1464-1480.

Griffin, P., McGaw, B. & Care, E. (Eds.) (2012) *Assessment and Teaching of 21st Century Skills*. Springer Netherlands.（益川弘如・望月俊男（編訳）(2014)『21世紀型スキル

learned helplessness. *Journal of Personality and Social Psychology, 31*, 674-685.

EDUCAUSE (2019) *EDUCAUSE Horizon Report 2019 Higher Education Edition*. Retrieved from https://library.educause.edu/-/media/files/library/2019/4/2019horizonreport.pdf (2020年11月12日アクセス、この時点で2018年版は和訳あり)

アイゼンバーグ, N., マッセン, P. H.／菊池章夫・二宮克美（訳)(1991)『思いやり行動の発達心理』金子書房

Endler, N. S. & Magnusson, D. (1976) Toward an interactional psychology of personality. *Psychological Bulletin, 83*, 956-974.

遠藤貴広 (2005)「G. ウィギンズのカリキュラム論における「真正の評価」論と「逆向き設計」論の連関 ―― 「スタンダード」概念に注目して」『京都大学大学院教育学研究科紀要』*51*, 262-274.

遠藤利彦 (2018)「「非認知」なるものの発達と教育 ―― 殊に学力形成との関わりにおいて」『教育心理学年報』*57*, 220-225.

遠藤由美 (2013)「自尊感情」藤永保（監修）『最新 心理学事典』平凡社, pp. 287-290.

Erikson, E. H. (1968) *Identity: Youth and crisis*. New York: W. W. Norton.

European Commission. (2015) Open Innovation 2.0 and Horizon 2020: Opportunities and Challenges.

アイゼンク, H. J.／梅津耕作（訳)(1973)『人格の構造 ―― その生物学的基礎（岩崎学術双書20)』岩崎学術出版社

Feist, G. J. (2010) The Function of Personality in Creativity: The Nature and Nurture of the Creative Personality. In J. C. Kaufman & R. J. Sternberg (Eds.) *The Cambridge Handbook of Creativity*. New York: Cambridge University Press. Chp. 6, pp. 113-130.

Ferguson, R. (2012) Learning analytics: drivers, developments and challenges. *International Journal of Technology Enhanced Learning, 4*(5/6), 304-317.

Flynn, J. R. (2007) *What is Intelligence?: Beyond the Flynn Effect*. New York: Cambridge University Press.

フリン, J. R.／水田賢政（訳)(2015)『なぜ人類のIQは上がり続けているのか? ―― 人種、性別、老化と知能指数』太田出版

フロイト, S.／懸田克躬（訳)(2019)『精神分析学入門』中央公論新社

Frey, C. B. & Osborne, M. A. (2013) The future of employment: how susceptible are jobs to computerisation?, *Oxford: Oxford Martin Programme on the Impacts of Future Technology*.

Friedman, H. S., Tucker, J. S., Tomlinson-Keasey, C., Schwartz, J. E., Wingard, D. L. & Criqui, M. H. (1993) Does childhood personality predict longevity? *Journal of Personality and Social Psychology, 65*, 176-185.

Friedman, M. & Rosenman, R. H. (1974) *Type A behavior and your heart*. New York: Ballantine Books.

Friedman, N. P., Miyake, A., Robinson, J. L. & Hewitt, J. K. (2011) Developmental

── インテリジェンスとは何かを考える」『経済研究所年報』(32), 43-113

Coffield, F., Ecclestone, K., Hall, E., & Moseley, D. (2004) *Learning styles and pedagogy in post-16 learning: A systematic and critical review*. London: Learning and Skills Research Centre.

Colman, A. M. ／藤永保・仲真紀子（監訳）(2004)『心理学辞典』丸善

Cosmides, L. & Tooby, J. (1992) Cognitive adaptations for social exchange. In J. H. Barkow, L. Cosmides, & J. Tooby (Eds.), *The adapted mind: Evolutionary psychology and the generation of culture*. Oxford University Press. pp. 163-228.

Costa, P. T. Jr. & McCrae, R. R. (1992) Four ways five factors are basic. *Personality and Individual Differences, 13*(6), 653-665.

Côté, J., Skinkle, R. & Motte, A. (2008) Do perceptions of costs and benefits of post-secondary education influence participation? *Canadian Journal of Higher Education, 38*, 73-93.

Cronbach, L. J. (1957) The two disciplines of scientific psychology. *American Psychologist, 12*(11), 671-684.

Csikszentmihalyi, M. (1999) Implications of a Systems Perspective for the Study of Creativity. In R. J. Sternberg (Ed.), *Handbook of Creativity*. Cambridge University Press. pp. 313-335.

Curry, L. (1983) *An organization of learning styles theory and constructs*. ERIC Document 235185.

Davis, M. H. (1983) Measuring individual differences in empathy: Evidence for a multidimensional approach. *Journal of Personality and Social Psychology, 44*, 113-126.

ドーキンス, R.／日高敏隆ほか（訳）(1991)『利己的な遺伝子 ── 増補改題「生物=生存機械論」（科学選書9）』紀伊國屋書店

Deci, E. L. & Ryan, R. M. (1995) Human autonomy: The basis for true self-esteem. In M. H. Kernis (Ed.) *Plenum series in social/clinical psychology. Efficacy, agency, and self-esteem*. Plenum Press. pp. 31-49.

デンワース, L. (2018)「共感の功罪」『別冊日経サイエンス230　孤独と共感 ── 脳科学で知る心の世界』日本経済新聞社, pp. 6-11.

ドゥ・ヴァール, F.／柴田裕之（訳）(2010)『共感の時代へ ── 動物行動学が教えてくれること』紀伊國屋書店

DeYoung, C. G. (2006) Higher-order factors of the Big Five in a multi-informant sample. *Journal of personality and social psychology, 91*(6), 1138-1151.

Diamond, M. (1965) A critical evaluation of the ontogeny of human sexual behavior. *The Quarterly Review of Biology, 40*, 147-175.

Dunn, R. S., & Dunn, K. J. (1993) *Teaching secondary students through their individual learning styles: Practical approaches for grades 7-12*. Boston: Allyn and Bacon.

Dweck, C. S. (1975). The role of expectations and attributions in the alleviation of

と人間性発達』川島書店）

Bennett, M. J. (1986) A developmental approach to training for intercultural sensitivity. *International Journal of Intercultural Relations, 10*, 170-196.

Berne, E. (1961) *Transactional analysis in psychotherapy: A systematic individual and social psychiatry*. New York: Grove Press.

Binet, A. & Simon, T. (1948) The development of the Binet-Simon Scale, 1905-1908. In W. Dennis (Ed.) *Century psychology series. Readings in the history of psychology*. Appleton-Century-Crofts. pp. 412-424.

ビョークランド, D. F., ペレグリーニ, A. D.／無藤隆（監訳）(2008)『進化発達心理学 ── ヒトの本性の起源』新曜社

ブルーム, B. S. ほか／梶田叡一・渋谷憲一・藤田恵璽（訳）(1973)『教育評価法ハンドブック ── 教科学習の形成的評価と総括的評価』第一法規出版

Bogg, T. & Roberts, B. W. (2004) Conscientiousness and health-related behaviors: A meta-analysis of the leading behavioral contributors to mortality. *Psychological Bulletin, 130*, 887-919.

ブリッグス, K. C., マイヤーズ, I. B.／園田由紀（訳）(2000)『MBTI タイプ入門（第5版）』金子書房

Bruner, J. S. & Tagiuri, R. (1954) The perception of people. In G. Lindzey (Ed.), *Handbook of social psychology. Vol. 2.* Cambridge Mass. : Addison-Wesley. pp. 634-654.

Buss, A. H. & Plomin, R. (1984) Theory and measurement of EAS. In A. H. Buss, & R. Plomin, *Temperament: Early developing personality traits*. New Jersey: Lawrence Erlbaum Associates. pp. 84-104.

Buss, D. M. (2009) How Can Evolutionary Psychology Successfully Explain Personality and Individual Differences? *Perspectives on Psychological Science, 4*(4), 359-366.

Carroll, J. B. (1993) *Human Cognitive Abilities: A Survey of Factor-Analytic Studies*. New York, NY: Cambridge University Press.

Carter, E. C. & McCullough, M. E. (2014) Publication bias and the limited strength model of self-control: Has the evidence for ego depletion been overestimated? *Frontiers in Psychology, 5*, 823.

Cattell, R. B. (1963) Theory of fluid and crystallized intelligence: A critical experiment. *Journal of Educational Psychology, 54*, 1-22.

チェインバーズ, C.／大塚紳一郎（訳）(2019)『心理学の7つの大罪 ── 真の科学であるために私たちがすべきこと』みすず書房

Charlesworth, T. E. S. & Banaji, M. R. (2019) Patterns of implicit and explicit attitudes: I. long-term change and stability from 2007 to 2016. *Psychological Science, 30*, 174-192.

チェスブロウ, H.／大前恵一朗（訳）(2004)『OPEN INNOVATION ── ハーバード流イノベーション戦略のすべて』産業能率大学出版部

中馬宏之 (2019)「ヒューマン・インテリジェンスとビッグデータ型及び脳神経模倣型AI

アズベリー, K., プローミン, R.／土屋廣幸（訳）(2016)『遺伝子を生かす教育 ── 行動遺伝学がもたらす教育の革新』新曜社

Asch, S. E. (1946) Forming impressions of personality. *Journal Abnormal and Social Psychology, 41*, 258-290.

麻生英樹 (2018)「人工知能とは ── 人工知能技術の発展と展望」九州 ICT セミナー配付資料

安宅和人・チェン ドミニク・山口高平・山本勲 (2018)「サイエンスアゴラ2017トークセッション 人工知能（AI）との共生 ── 人間の仕事はどう変化していくのか」『情報管理』*60*(12), 865-881.

Autor, D. H. (2015) Why Are There Still So Many Jobs?: The History and Future of Workplace Automation. *Journal of Economic Perspectives, 29*(3), 3-30.

Autor, D. H. & Dorn, D. (2013) The Growth of Low-Skill Service Jobs and the Polarization of the US Labor Market. *American Economic Review, 103*(5), 1553-1597.

Banaji, M. R. & Greenwald, A. G. (1995) Implicit gender stereotyping in judgments of fame. *Journal of Personality and Social Psychology, 68*, 181-198.

Bandura, A. (1977). Self-efficacy: Toward a unifying theory of behavioral change. *Psychological Review, 84*(2), 191-215.

バンデューラ, A.／本明寛ほか（訳）(1997)『激動社会の中の自己効力』金子書房

バロン=コーエン, S.／長野敬・長畑正道・今野義孝（訳）(1997)『自閉症とマインドブラインドネス』青土社

Barrick, M. R. & Mount, M. K. (1991) The Big Five personality dimensions and job performance: A meta-analysis. *Personnel Psychology, 44*, 1-26.

Barrick, M. R., Mount, M. K. & Gupta, R. (2003) Meta-analysis of the relationship between the five-factor model of personality and Holland's occupational types. *Personnel Psychology, 56*, 45-74.

Bateson, M., Nettle, D. & Roberts, G. (2006) Cues of being watched enhance cooperation in a real-world setting. *Biology Letters, 2*, 412-414.

Baumeister, R. F., Smart, L. & Boden, J. M. (1996) Relation of threatened egotism to violence and aggression: The dark side of high self-esteem. *Psychological Review, 103*, 5-33.

バウマイスター, R., ティアニー, J.／渡会圭子（訳）(2013)『WILLPOWER 意志力の科学』インターシフト

Beaujean, A. A. (2015) John Carroll's views on intelligence: Bi-factor vs. higher-order models. *Journal of Intelligence, 3*, 121-136.

Bem, S. L. (1974) The measurement of psychological androgyny. *Journal of Consulting and Clinical Psychology, 42*(2), 155-162.

Bem, S. L. (1993) *The Lenses of Gender: Transforming the Debate on Sexual Inequality.* Yale University Press.（福富護（訳）(1999)『ジェンダーのレンズ ── 性の不平等

引用文献

AAC&U (2007) *College Learning for the New Global Century: A Report from the National Leadership Council for Liberal Education & America's Promise*. Washington, DC: AAC&U.

安達圭一郎・上地安昭・浅川潔司 (1985)「男性性・女性性・心理的両性性に関する研究（１）── 日本版 BSRI 作成の試み」『日本教育心理学会第27回総会発表論文集』, 484-485.

相川充 (2000)『人づきあいの技術 ── 社会的スキルの心理学』サイエンス社

Alderson, J. C. (2005) *Diagnosing foreign language proficiency: The interface between learning and assessment*. London, UK: Continuum.

Allen, T. A. & DeYoung, C. G. (2017) Personality Neuroscience and the Five Factor Model. In T. A. Widiger (Ed.) *The Oxford Handbook of the Five Factor Model*. New York: Oxford University Press.

オールポート, G. W.／詫摩武俊・青木孝悦・近藤由紀子・堀正（共訳)(1982)『パーソナリティ ── 心理学的解釈』新曜社

Alverno College Faculty (1994) *Student assessment-as-learning at Alverno College*. Milwaukee, WI: Alverno College Institute.

American Psychiatric Association（著）日本精神神経学会（監修）高橋三郎・大野裕（監訳)(2014)『DSM-5 精神疾患の診断・統計マニュアル』医学書院

安藤寿康 (2011)「認知の個人差と遺伝」箱田裕司（編）『認知の個人差（現代の認知心理学７）』北大路書房, 第5章, pp. 103-129.

安藤寿康 (2014)『遺伝と環境の心理学 ── 人間行動遺伝学入門』培風館

安藤寿康 (2018)『なぜヒトは学ぶのか ── 教育を生物学的に考える』講談社現代新書

青木多寿子 (2014)「品格教育とは何か ── 心理学を中心とした理論と実践の紹介」『発達心理学研究』*25*, 432-442.

青野篤子 (2017)「性差とジェンダー差をめぐる問題と課題」『心理学評論』*60*(1), 81-90.

青山美樹 (2018)「道徳とは何か? ── その研究の変遷と道徳基盤理論の誕生」『日本大学大学院総合社会情報研究科紀要』*19*, 121-132.

アウン, J. E.／杉森公一・西山宣昭・中野正俊・河内真美・井上咲希・渡辺達雄（共訳）(2020)『ROBOT-PROOF ── AI 時代の大学教育』森北出版

有光興記 (2014)「セルフ・コンパッション尺度日本語版の作成と信頼性、妥当性の検討」『心理学研究』*85*, 50-59.

有阪治 (2018)「脳の性分化、性差の研究について」『小児保健研究』*77*(4), 310-318.

浅田稔 (2009)「認知発達ロボティクスによる身体・脳・心の理解と設計の試み」『心理学評論』*52*(1), 5-19.

浅野良輔・五十嵐祐・塚本早織 (2014)「日本版 HEMA 尺度の作成と検討 ── 幸せへの動機づけとは」『心理学研究』*85*, 69-79.

わ行

な行

は行

ま行

や行

ら行

人名索引

あ行

か行

さ行

た行

な行

は行

ま行

や行

ら行

さ行

た行

事項索引

あ行

か行

著書紹介

杉山憲司（すぎやま　けんじ）

東洋大学名誉教授、ＮＰＯ法人保育：子育てアドバイザー協会顧問、日本パーソナリティ心理学会名誉会員。専門はパーソナリティ心理学、学習心理学、高等教育論。著書に『パーソナリティ心理学』（杉山憲司・松田英子 共著、培風館）、『最新 心理学事典』（監修 藤永保、責任編集委員 内田伸子・繁桝算男・杉山憲司、平凡社）、『大学教育と質保証』（斎藤里美・杉山憲司編著、明石書店）、『心理学教育の視点とスキル』（日本心理学会心理学教育研究会編、ナカニシヤ出版）、『パーソナリティ形成の心理学』（青柳肇・杉山憲司編著、福村出版）など。

小塩真司（おしお　あつし）

早稲田大学文学学術院教授。専門はパーソナリティ心理学、発達心理学。著書に『性格とは何か』（中央公論新社）、『性格がいい人、悪い人の科学』（日本経済新聞出版社）、『Progress & Application　パーソナリティ心理学』（サイエンス社）、『性格を科学する心理学のはなし』（新曜社）、『はじめて学ぶパーソナリティ心理学』（ミネルヴァ書房）など。

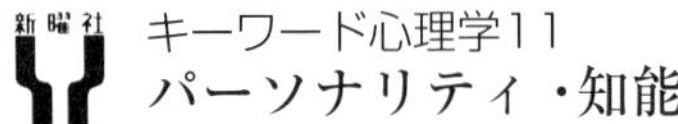

初版第1刷発行　2021年12月10日

著　者　杉山憲司・小塩真司
監修者　重野　純・高橋　晃・安藤清志
発行者　塩浦　暲
発行所　株式会社　新曜社
101-0051　東京都千代田区神田神保町３－９
電話（03)3264－4973（代）・FAX（03)3239－2958
e-mail : info@shin-yo-sha.co.jp
URL : https://www.shin-yo-sha.co.jp

組版　Katzen House
印刷　新日本印刷
製本　積信堂
ISBN978-4-7885-1745-5 C1011

〈キーワード心理学〉シリーズ

第6巻　臨床　春原由紀 著　定価：本体2100円＋税

児童虐待、高齢者への虐待、育児ノイローゼ、不登校、ひきこもり――臨床の現場で、カウンセラーはどんな知見を用い、実践をしているのか。ライブな臨床心理の世界の基礎的な考え方、代表的な問題と援助の方法が、30のキーワードでよくわかる！

1　対人援助の学としての臨床心理学
――ますます広がる活動領域
2　臨床心理学と精神医学
――その相補的な関係
3　カウンセリングと心理療法
――代表的な考え方
4　心理アセスメント
――支援の方針をたてる
5　子どもの心理臨床
――「問題」を誰がどのようにとらえるのか
6　プレイセラピー（遊戯療法）
――遊びを通しての変容
7　箱庭療法
――箱の中に繰り広げられる私の世界
8　家族療法
――家族というシステム
9　自助グループ
――当事者同士による支援
10　グループセラピー（集団心理療法）
――集団の力を活かす
11　スクールカウンセリングと教育相談
――教育現場との協力関係
12　境界性パーソナリティ障害
――生きづらさを抱える人々
13　神経症
――自分の行動を止めることができない
14　ＰＴＳＤ（外傷後ストレス障害）
――コントロールできない衝撃
15　解離性障害
――意識や感覚を切り離す防衛
16　心身症（ストレス関連疾患）
――心と体の強い関係
17　精神疾患
――臨床心理学からの支援
18　摂食障害（過食症・拒食症）
――「食べる」ことの問題行動
19　児童虐待
――必要な周囲の気づき
20　虐待の影響
――虐待を受けた子どもの特徴
21　家庭内暴力
――子から親への暴力
22　ドメスティックバイオレンス
――配偶者やパートナーによる暴力
23　高齢者虐待
――ソーシャルサポートの必要性
24　アディクション（嗜癖）・依存症
――抜けられない悪習慣
25　共依存
――問題行動を助けてしまう人の問題
26　育児ノイローゼ
――母親になるプロセスでの問題
27　社会的ひきこもり
――対人関係の悪循環
28　不登校
――成長途上のつまづき
29　集団適応
――集団と個の関係
30　反社会的行動
――仲間への所属感

〈キーワード心理学〉シリーズ

心理学の幅広い世界を満喫できる全12巻

「キーワード心理学」は、心理学を身近な学問として学ぶための新しいシリーズです。心理学のさまざまな領域について、各巻精選した30個のキーワードで学んでいきます。心理学をまったく勉強したことのない人も読んで納得できるように、キーワードは身近な現象や出来事と関連づけて、取り上げられています。また文章も、わかりやすいことをモットーに書かれています。

第1巻　視　覚　石口　彰著　定価：本体2100円＋税

物理的な光が網膜や視覚神経を通って脳に達し、意味のある世界として知覚される不思議に、30のキーワードで迫ります。私たちがものを認識するしくみだけでなく、知って楽しい錯覚の話題や工業デザインへの応用までとりあげ、今まで何気なく見ていた世界がさらにクリアに見えてくる一冊です。

1　視覚情報処理システム
——視覚は「見る」システム
2　ヘルムホルツの無意識的推論
——2次元から3次元を推論する「暗黙の仮説」
3　近眼と老眼
——眼球のしくみ
4　ヘルマン格子とマッハバンド
——明暗の境が、より暗く見えたり明るく見えるわけ
5　視覚経路と大脳皮質
——視神経と脳のつながり
6　空間周波数分析
——光の波が画像をつくる
7　プライマルスケッチ
——まずはじめにエッジや線を検出する
8　信号検出理論
——見たいものは見えやすい
9　カラーサークル
——色の要素
10　3色説と反対色説
——色が見えるしくみ
11　レティネックス理論
——暗いところでも白黒は白黒
12　色覚異常
——3つの錐体が色を知覚する
13　線遠近法
——2次元が3次元に見えるしくみ
14　ステレオグラム
——3Dメガネのしくみ
15　仮現運動
——ぱらぱらマンガが動いて見える適切な速さは？
16　バイオロジカル・モーション
——光点の動きからヒトだとわかる
17　オプティカル・フロー
——動くときに見える景色
18　サッカード
——探索する眼
19　グループ化の原理とアモーダル知覚
——図と地の区別
20　知覚の恒常性
——遠くの山はヒトより小さい？
21　ジオン理論
——木をヒトと間違える
22　標準的視点
——車は左斜め前から、電話は正面から
23　コンフィギュレーション理論
——空に浮かぶ雲が顔に見えるわけ
24　カニッツァの三角形
——視覚のトリック：錯覚
25　マッカロー効果
——見慣れたあとの影響
26　選好法
——赤ちゃんの視覚を知る方法
27　モリヌークス問題
——開眼手術後の知覚世界
28　ストループ効果
——赤インク文字「ミドリ」を「アカ」と読む？
29　メンタル・ローテーション
——心の中で映像を動かす
30　アフォーダンスとエコロジカル・デザイン
——行為を引きおこす視覚デザイン